SD選書 274

ルドルフ・ラー

デヴィッド・ゲバード著
末包伸吾訳

鹿島出版会

SCHINDLER

By

David Gebhard

Published 1999 in Japan
by Kajima Institute Publishing Co., Ltd.
Japanese edition published by arrangement
through The Sakai Agency, Tokyo

SD選書刊行によせて

本書を訳出した一九九九年以降、ルドルフ・M・シンドラーやリチャード・ノイトラに関する、数々の著書や作品集の出版等によって彼らの新しい像が導き出され、また、エッサー・マッコイが、ロサンゼルス近代建築の「第二・三世代」とした建築家たちを世界に送り出した雑誌『アーツ・アンド・アーキテクチャー』の復刻版が出版されただけではなく、同誌が企画したケース・スタディ・ハウスを創出した建築家たち、チャールズとレイのイームズ夫妻をはじめ、ラファエル・ソリアノ、ピエール・コーニック、クレイグ・エルウッド、キリングワース・ブラディ&スミス、クインシー・ジョーンズといった建築家たちが、ケース・スタディ・ハウス以外にも数々の独自性の高い作品をつくり出していたことが見出され、彼らの作品集や評伝の出版が重なった。まさに、ロサンゼルス近代建築に関する関心は、高まりを見せるばかりである。

こうしたことから、旧来であれば、アメリカにおける近代建築の形成と発展過程は、シカゴ派、フランク・ロイド・ライト、そしてニューヨークの摩天楼を中心に語られてきたが、今や、アメリカはおろか世界の近代建築の進展に、ロサンゼルスの近代建築家たちによる貢献が自明のものとされるようになっただけでなく、それに対する更なる検討も日々進んでいる。

そうした中にあって、その源流の一人であるシンドラーの評伝が、一九七一年のアメリカでの出版から半世紀を経て、この度、ＳＤ選書に加えられることになったことは、ロサンゼルス近代建築に対する評価の高まりを考えると、訳者として光栄であるとともに、その判断は時節を得たものと思われる。

本書では、著者であるゲバードにしろ、序文を寄せたヒッチコックにしろ、シンドラーの建築に通底するものをみるというより、ゲバードであれば、（これは多分に一九六六年に出版されたロバート・ヴェンチューリの『建築の多様性と対立性』に影響を受けたものであると推察するが……）、シンドラーの建築の特質を、「複合性」「恣意性」「対立性」とし、ヒッチコックは、シンドラーの建築を「恣意的でブルータルなもので（中略）成熟するようには思われない」とする。

しかし現在にあっては、シンドラーに関する上記の特質にも、幾つかの修正が加えられる必要があろう。たとえば、シンドラーが、ウィーンでの学生時代に卒業制作に沿えるかたちで著した「建築宣言（一九一二年）」における「建築家はついに彼の芸術の媒体を見出した。『空間（SPACE）』である」という声明である。上松佑二先生によれば、「空間」という主題は、一八世紀半ばから主に哲学の領域で精力的に論じられてはいるものの、それらの検討を踏まえ、建築における空間というものを意識的かつ組織的に検討し、「空間芸術としての建築」として規定するのは、一八九三年のアウグスト・シュマルゾウによる『建築的創造の本質』をもって、その嚆矢とするのである。そして、職業的な建築家（まだ学生ではあったが）として、建築の本質が「空間」であるとしたのは、シンドラーをして最初期の一人とする歴史家もいる。

そして、シンドラーの生涯は、この「空間」という難題に挑み続けるものとなった。この「宣言」の二〇余年後に著された、彼の主論考の一つ「スペース・アーキテクチャー」でも、「空間」の重要性は変わらず提起されるものの、依然、その定義には至っていない。シンドラーの「空間」への模索は、彼の活動の初期からその終わりまで、生涯を通じて続くこととなり、こうしたことが、先のゲバードやヒッチコックの評価を招いたこととの要因でもあろう。

しかし、シンドラーの試みには、明らかな一貫性があることも訳者の考察で判明している。あくまで近代的な建築言語を用い、モデュール・システムを平面・断面に生涯にわたり適応したこと。素材や形態の点では、およそ五年ごとに変化させる要素と変化させない要素を慎重かつ限定的に抽出して試行し、その効果、すなわち「空間」および「空間形態」としての様態を充分に吟味した上で、さらに新たな要素を変化させ、その効果に吟味を加えるといった一連のプロセスを貫き、「空間建築」の達成を企図する。しかし、そうした展開にあっても、内部空間における連続性、内外空間における連続性を、常に高い質をもって達成していたのである。シンドラー独自の方法で。すなわち、シンドラーは、生涯をかけて「スタイル」に回収されない建築を企図し続けた建築家でもあると、訳者は考えている。

こうした展開の背景には、ロサンゼルスという新天地における文化的・地勢的風土との呼応を求めた、シンドラーの意識が大きく影響しているようにも思われる。これに関しては、ロサンゼルスの第二世代の一人、ハミルトン・ハーウェル・ハリスの文章を、ケネス・フランプトンが「批判的地域主義に向けて――抵抗の建築に関する六つの考察」の中に引用しているが、それは、まさにシンドラーの実践への言及とも読みうるものである。

「『制限する地域主義』に対して、もう一つの地域主義、すなわち『解放する地域主義』が存在する。これは、とりわけその時代に登場しつつある思想と歩調を合わせた、地域の自己表明なのである。われわれがそうした表明を地域的だと呼ぶのは、単にそれがまだそこでしか現れていないからである……。地域は思想を育むかもしれないし、思想を受け入れるかもしれない。いずれにしても、想像力と知性とが必要である。二〇年代の終わりから三〇年代にかけてのカリフォルニアでは、近代ヨーロッパの思想が、なお発展しつつある地域主義に出会った。他方ニューイングランド（グロピウスやブロイヤーらを指していると思われる。訳者註）では、ヨーロッパの「モダニズム」は厳格で制限的な地域主義に出会い、最初その抵抗を受けたが後にはそれを征服してしまったのである。ニューイングランドがヨーロッパの「モダニズム」を全面的に受け入れてしまったのは、それがもっていた地域主義が制限の寄せ集めになっていたからだ」。（ケネス・フランプトン「批判的地域主義に向けて——抵抗の建築に関する六つの考察」ハル・フォスター編、室井尚訳、吉岡洋訳『反美学——ポストモダンの諸相』勁草書房、五〇一五一頁、一九八七）

本人は意識していなかったであろうが、批判的地域主義の先駆的位置に、シンドラーを位置づけることも今や不可能ではないのではないか。すなわち、近代自身による近代批判の、さらには現代的実践への途を示したものとして、シンドラーを位置づけられるのではないか、という提起を行い、筆をおくこととする。

本書が、伝統と格式のあるＳＤ選書の一角という新たな生命を得られたことで、永く広く愛されんことを願っている。

二〇二三年三月　末包伸吾

ルドルフ・シンドラー――明日の建築への夢想

隈研吾

シンドラーは負け犬である。負け続けた建築家である。しかしその負け方のなかに、僕は魅力を感じ、そして大きな可能性を感じるのである。

彼が負けたとしたならば、では誰が勝ったのか。身近なところではライバルであった建築家リチャード・ノイトラである。あるいはノイトラという建築家に代表される手法であり、そして文化である。では、なぜシンドラーは負けて、ノイトラは勝ったのだろうか。

シンドラーとノイトラとは、ともにウィーンの出身である。シンドラーは一八八七年生まれであり、ノイトラは一八九二年生まれであるから、シンドラーが五年の先輩である。ともにウィーン工科大学で学び、オットー・ワグナーとアドルフ・ロースの影響を受け、フランク・ロイド・ライトの建築に憧れ、ともにアメリカに渡った。最初に渡米したのはシンドラーである。一九一四年にシカゴに渡り、一九一七年、憧れのライトの事務所に入所し、一九二〇年ロサンゼルスのバーンズドール邸の現場監理の責任者を命じられ、シカゴからロサンゼルスへと移った。さらに一九二一年にライトのもとを離れ、自分自身の事務所を開いた。一九二二年には代表作のひとつであるキングス・ロードの自邸をすでに完成させている。

その先輩の成功を見て、ノイトラもまた、ロザンゼルスに移り住んだ。キングス・ロードのシンドラー邸にしばらく居候した後、ノイトラもまた自らの事務所を開いて、設計活動を再開した。当時ロサンゼルスでは、新しい経済、新しい文化が興りつつあった。シンドラーは若く、自由で、才能にあふれ、その新しい文化の中心にいたのである。

そこに、ひとりのユニークなクライアントが登場する。フィリップ・ロヴェル博士である。ドクター・ロヴェルは新しい健康法、ライフスタイルの提唱者として、シンドラーと同じく、ロサンゼルスの新しいカルチャーの中心人物であった。ロヴェルの提唱したコンセプトは、一九七〇年以降のナチュラル志向を先取りするものであった。彼は室内ではなく、屋外で眠ることを提唱し、野菜を中心とする新しい食事療法を唱えた。シンドラーとロヴェルは意気投合し、ロヴェルはシンドラーに三軒の建物を発注した。ひとつはパーム・スプリングスの砂漠のなかのコテッジであり、ひとつはライトウッドの山中に建つ小屋であり、もう一軒はニューポート・ビーチに建つロヴェル・ビーチハウス（一九二六）であった。それぞれユニークであり、また、その造形は、当時の世界のモダニズムの先端をゆくものであった。コンクリートのボックスが空中高く持ち上げられたロヴェル・ビーチハウスは、同様の造形原理に基づくル・コルビュジエのサヴォア邸（一九三二）に、六年も先行するものであった。

しかしロヴェルは、必ずしもこの三軒の建物に満足していたわけではなかった。パーム・スプリングスのコテッジは火事で全焼し、山小屋は雪の荷重で倒壊し、ビーチハウスは雨季に浸水した。ロヴェルは徐々にシンドラーへの信頼と、そして友情とを失っていった。

グリフィスパースを見下ろす美しい崖の上に新しく計画していた巨大な自邸の設計を、ロヴェルはシンドラーには依頼しなかった。そしてリチャード・ノイトラに――よりによってシンドラーの後輩であり、弟分であったノイトラに――依頼したのである。

シンドラーにとっては、ひどくショッキングな事件であった。しかしこの事件だけなら、シンドラーの傷は、それほど深くはなかったかもしれない。より大きなショックは、より大きな審判はその後にやってくる。一九三二年、ニューヨークの近代美術館で、建築史家ヘンリー゠ラッセル・ヒッチコックと、建築家フィリップ・ジョンソンのキュレーションのもとに、「モダン・アーキテクチュア」と題する大規模な建築展が開かれた。二〇世紀初頭以来、ヨーロッパを中心にして巻き起こり、建築界に革命的転換をもたらしたモダニズムのムーヴメントを紹介し、総括しようというのがこの展覧会の主旨であった。この展覧会は、世界で初めての大規模な建築の展覧会であり、また主催者の期待以上の成功をおさめた。

モダニズムのムーヴメントは、この展覧会によって広く認知され、ここで展示された建築作品はマスターピースとしての評価を獲得し、ここで紹介された建築家は、一夜にして巨匠の地位を確保してしまったのである。

二〇世紀の建築界のフレームワークは、この展覧会によって決定されたといっても過言ではない。その記念すべき展覧会に、ノイトラとロヴェル邸は選ばれ、そしてシンドラーと彼のロヴェル・ビーチハウスは落選したのである。それゆえ、この審判の当事者であるヒッチコックが、審判の内容を覆すような好意的序文を、この書籍の一九七二年版に寄せている事実は、極めて興味深いのである。この審判は、その後の二人の人生に、長く長く、ヒッチコックの懺悔の序文では償いきれないほどの深い影を落とすことになった。ノイトラはアメリカ西海岸を代表する建築家として、公共建築を含む数多くの建築物を設計し、一方シンドラーはロサンゼルスのローカル・アーキテクトのひとりとして、個人住宅を中心として地味な活動を続けたのである。もちろん、一九三二年の審判だけが原因のすべてであったわけではない。ノイトラには、勝つだけの理由があったわけであるし、またシンドラーには負けるだけの理由があったのである。

その理由とは、ひと言に要約すれば形式性の有無である。シンドラーには形式性がなく、ノイトラには形式性があった。別の言い方をすれば、シンドラーは形式性を否定し、一方ノイトラは形式性を偽装するのに巧みであった。シンドラーもノイトラも、同じ場所から出発している。それは世紀末のウィーンであった。世紀末のウィーンは、形式性への悪意にあふれていた。建築のみならず、すべての芸術・科学の領域において、パリを中心とする、近代ヨーロッパの、形式性重視の文化に対して、ウィーンは批判的であった。プラニングの形式性ではなく、内部での空間体験を重視した、ワグナーからロースへと至る系譜は、その文化的伝統の産物である。東方的な非形式的な文化が流入し続けるウィーンという立地と、世紀末という時代との遭遇が、この伝統を生成したのである。

シンドラーもノイトラもその場所から出発している。そして二人は最終的にロサンゼルスに流れ着いた。この漂着は、一見偶然のようにも見えるが、文化的コンテクストから眺めれば、ほとんど必然と呼びうるものであった。ロサンゼルスもまた、形式性への悪意があふれていた。東海岸はヨーロッパの形式性を継承し、西海岸はそれを批判し嘲笑したのである。さらにウィーンに東方が流入していたように、西海岸にもまた日本文化という東方が流入し続けていた。ドクター・ロヴェルの身体性への着目もまた、この文化的伝統の産物だったのである。

シンドラーは、この文化的伝統を、すなわち形式性の否定を生涯にわたって貫き通した建築家である。しかしそれが、二〇世紀に建築を設計する人物として適切な選択であったか否かは、はなはだ疑わしい。建築には依然として形式性が求められ、その形式性を写真というメディアによって伝達することが求められたのである。それが二〇世紀という時代の特徴であり、また限界でもあった。その要請に最もよく応えたのが、ル・コルビュジエでありミースであった。モダニズムもまた形式性への批判としてスタートし、空間性や身体性をその中心に据えた。しかし、それらのテーマを踏まえながら、その全体を見事に形式的なパッケージ、外装に包み込んで提示することにかけて、ル・コルビュジエやミースは天才的であったのである。

しかし、シンドラーには、それができなかった。彼はあまりにも正直であったのかもしれない。建築もまた、ざっくばらんであり、正直であった。彼の建築は素晴らしく伸びやかな体験をわれわれに与えてくれる。それはロサンゼルスの気候が与えるものと、同質のものである。しかし、それを写真という媒体や、図面という媒体で伝えることは難しい。形式性の欠如、彼に言わせれば形式性への批判が、邪魔をしてしまうのである。一方ノイトラは、そのシンドラーの弱点を見ながら、自らの手法を選び取った。彼の建築は、ロサンゼルス的でありながら、しかも巧妙に形式性を偽装するのである。ゆえに一九三二年の審判に勝ち残ることができたのである。

しかし本当のところ、勝負はまだ終わっていないのである。今日から見ればノイトラの形式性は退屈でしかない。シンドラーの非形式性のなかに、われわれは多くのヒント——次なる建築を拓くための多くのヒントを見出すことができるのである。彼の関心は多彩だった。技術にも、素材にも、生活にも深い関心を寄せた。しかし、それらを決して形式性へと還元しようとはしなかった。その自由に、その乱雑とも思えるほどの自由のなかに、われわれは、明日の建築を夢想するのである。

ルドルフ・シンドラー　目次

謝辞

シンドラーの作品がアメリカやヨーロッパで注目を集めている今日、このデヴィッド・ゲバードによるシンドラーの書の改訂版を出版するよい機会が訪れたと思われる。初版は一九六〇年代後期から七〇年代初頭に書かれたもので、シンドラーに関する最初のそして主要な書であることを述べておかねばならない。最初、私は、シンドラーの美しい色彩画をポートフォリオの形で出版できないかと思い、デヴィッドに相談した。彼は、このアイデアを気に入ってはくれたが、彼自身の著作の方が学生や研究者によりいっそう興味をもたれるであろうと考えた。私は、シンドラーが色彩を好んでいる人だとは思わなかったが、彼の色彩画は魅力あふれるものであった。そこで私は、デヴィッドの文章を使い、アーカイブの収蔵品から最も良い色つきの図面を加えて本にすることにした。デヴィッドは、本書のために文章を改訂し、いくつかの章を付け加えることを計画していた。これは彼の早すぎる死によって完遂されることはなかった。しかしデヴィッドは、彼だけに可能な洞察力によって、シンドラーを生き生きと描写したこの書を遺してくれたのである。

この版では、ページあたりの写真や文章量を増やしている。私やスタッフは、時に変更はしたものの、基本的には原書のレイアウトをいかすようにした。本書の出版にあたっては、ハンス・フィリップス、ケリー・ロドリギウス、サラ・ヘルダの協力があったことに感謝している。本書のデザインは、有能なジャック・スタウファチャーにコンサルタントを仰いだ。

この改訂三版の出版にあたっては、パトリシア・ゲバード夫人に謝意を表したい。本書の図版は、下記の特記をのぞいてすべて、カリフォルニア大学サンタバーバラ校美術館にある建築図面コレクションのR・M・シンドラー・コレクションもしくはデヴィッド・ゲバード自身の資料やファイルによる。

写真クレジット：
ジュリウス・シュルマン　26, 30, 89, 97, 118, 121, 122, 124, 126, 127, 129, 131, 132, 133, 134, 135, 143, 149, 151, 152, 163, 164, 167, 168
マーヴィン・ランド　44, 103, 105, 106, 168, 178

ウィリアム・スタウト

一九七二年版への序文

ヘンリー＝ラッセル・ヒッチコック

私は、シンドラーを理解しているとは公言できない。彼の建築には、西海岸の最良の建築家たちの多くには欠けているであろう、強固なヴァイタリティが確かにある。しかし、このヴァイタリティも、往々にして恣意的でブルータルな効果へと導かれているように見受けられる。彼の近年の作品さえも、一九二〇年代半ばの急進的な表現主義者や新造形主義者たちの主要な作品を想起させずにはいられない。シンドラーの手法は成熟するようには思われない。彼は、他の建築家であれば、それから自身を防御しようとする、地域の熱狂的な雰囲気といったものを反映し続けるのである。その結果、H・G・ウェルズ流の未来をテーマとした映画のセットのように見える建築をつくり出すのである。

右記の文章を著した一九四〇年の時点では、私はシンドラーをよく理解していなかった。それから三〇年を経た今日、本書の序文にあたって先の文章のいくつかを繰り返すこともできよう。しかし、いくつかの用語は今日では全く使いづらいものとなっている。たとえば「ブルータル」という用語は、近代建築の批評において極めて特殊な意味をもつようになり、シンドラーに、この「ブルータル」という用語を適用することはできない。しかし何よりも、ここで私は、ゲバード氏がこの点に関して卓越した詳細さをもって論を展開されていることを記させていただく。前の世代の近代建築に対する態度の変化に伴い、三〇年代であれば依然として評価されていた近代建築の厳正さや純粋さに対する態度は、よりリラックスしたものへとその道を譲った。表現主義やH・G・ウェルズ流の未来をテーマとした映画を参照することは、一九四〇年代には確かに軽蔑されていたという人もいるであろう。しかし、それらは第二次世界大戦以降の近代建築の進展する方向の一部であったと、今日にして思えるのである。戦後の近代建築の動向の中、シンドラーの作品は、一九二〇年代の彼の創造的な活動の当初からヴァラエティに富み、それを予告していたのである。

建築史家として、より厳密に言うと、当時シンドラーのロヴェル・ビーチハウスの重要性がほとんど認識されていなかったことは、異常なことであると言わざるを得ない。ひるがえってみて、ル・コルビュジエのシトロアン住宅計画[1]と同じ一九二二年に設計が開始されたロヴェル・ビーチハウスは、一九二〇年代の新建築において非常に重要な作品の一つであると言えよう。ゲバード氏は、シンドラーの作品と二〇年代のオランダの建築家たちの作品との相違点を適切に述べている。ゲバ

1　ル・コルビュジエ、吉阪隆正訳『建築をめざして』鹿島出版会、一九六七、一八二－一八三頁では、一九二一年の記載がある。

ード氏は、シンドラーの長い活動の中で、新造形主義のある種の要素が繰り返しあらわれるさまを見出している。当然、これだけがシンドラーが発展させたテーマではない。なぜなら彼のバックグラウンドは、ウィーンでのワーグナーへの師事や、フランク・ロイド・ライトへの師事を基につくられたものだからである。

一九世紀におけるレオポルド・エイドリッツ[2]をはじめ、シンドラーやノイトラ[3]という二人のウィーン人のように、中央ヨーロッパ出身の建築家たちはアメリカの建築史において重要な役割を果たしてきた。シンドラーとノイトラに関しては、彼らは一時期は共働し、ロサンゼルスと密接な関係をもっていた。幸いなことにゲバード氏は、南カリフォルニアの建築を熟知しているので、シンドラーの作品を、アメリカにおけるこの特別な環境との関係のもとに位置づけることができるのである。その結果、かつて私のような東海岸の批評家には，ほぼ受け入れられなかったシンドラーの作品を、完全ではないにしろかなり評価することができるのである。この序文を書かせていただいたことで、シンドラーやカリフォルニアの近代建築に対する私の、一世代前の心の狭いアプローチを修正する機会が与えられたことをうれしく思っている。

ヘンリー＝ラッセル・ヒッチコック、ロンドン、一九七一年

2 Leopold Eidlitz（1823-1908）：プラハ生まれ、ウィーン工科大学で学んだのち、ニューヨークで活動を行う。AIAの創設者の一人。有機的な機能主義を提唱し、後のサリヴァン等に影響を与えた。

3 Richard Joseph Neutra（1892-1970）：ウィーン生まれ。ウィーン工科大学に学び、オットー・ワーグナーやアドルフ・ロースの影響を受ける。第一次世界大戦後、スイスやドイツで仕事をし、一九二二年からはエリッヒ・メンデルゾーンに師事する。一九二三年に渡米。フランク・ロイド・ライトのアトリエ等を経て、一九二六年にロサンゼルスに落ち着く。その後、ロサンゼルスにおいて質の高い住宅をつくり続け、アメリカを代表する建築家の一人となる。

第一章　新旧の世界

ルドルフ・シンドラーとロサンゼルスは、一つの、そして不可分なものである。ロサンゼルスが、不承不承ながらも今日のような都市として見られるようになって、初めて、シンドラーについての理解が可能となる。またロサンゼルスは、インターナショナル・スタイルの流行や形式的な都市計画が、もはや当世風なものでも「洗練された」ものでもなくなって、ようやく「発見される」ものでもある。多様性、曖昧さ、対立性こそ、シンドラーの建築の特質であり、同時に、それがこの新しい都市の意欲であり実態でもある。可視のものであれ不可視のものであれ、計画は全体としてではなく断片としてのみ存在する。それこそがシンドラーの建築であるとともに、ロサンゼルスという都市そのものなのである。

では、ウィーンで修行を積んだシンドラーが、一九二〇年にカリフォルニアに来たときに目にした風景（図1）とはどのようなものであっただろう。当時のロサンゼルス市の人口は五八万人であった。そしてシンドラーが生涯にわたり居を構えることとなるハリウッドには三万六〇〇〇人しか住んでいなかった。当時のロサンゼルスは、典型的なアメリカの都市ではあったが、物理的に統一された都市ではなかった。ロサンゼルスは、ハリウッド、サンタモニカ、パサディナといった、何エーカーもの大地やオレンジの森、そして豆類の畑で隔てられた、いくつかの町から構成されていた。ロサンゼルスのダウンタウンは、都市としての偉

［図1］一九二〇年頃のロサンゼルスの住宅地

容を誇っていたにせよ、人口は二〇万人であり人口が五〇万人を超えているような「都市」としては認知されない状態にあった。第一次世界大戦前、こうした個々の町は電車によって曖昧ながらも互いに連結はされていた。しかし、一九二〇年までに自家用車が鉄道を凌駕するようになり、二〇年代中頃までには、ロサンゼルスにおける人口あたりの自動車登録台数は、他の都市を大きく上回っていたのである。

シンドラー一家は、彼ら以前に、また彼ら以後にやって来た人びと同様、南カリフォルニアの人工的な環境に容易に馴染んだ。新参者は常に「先住民」の数を上回っていた。二〇年代の映画や石油産業の出現によって、「南の地」の首都は、エキセントリックでコスモポリタンな存在にも関わらず、より恒久的な都市という立場をとるようになった。ロサンゼルスを構成しているコミュニティの目的や目標は、いつも新しいことであったのだろう。これらの町は新しく進歩的で変わったものを、正しいやり方によってであろうとなかろうと歓迎した。こうした風土とともに物理的にも文化的にも全く異なった環境が、シンドラーを、そして短期間ながらライトをも、ロサンゼルスで活動することを鼓舞したのである。一九二〇年までに進歩的な建築的理念は、シカゴや中西部では受け入れられなくなっていた。その結果、アメリカにおいては西海岸のみが、伝統的ではない価値や理念に対して同調できる環境をつくり出していたのである。シンドラーとライトは、ハイ・アートの世界における純粋に新しいものを受容しようとする気運も、表層的なものにすぎないことをすぐに見出した。しかし、彼らのどちらもが、この国の他の地域で同様の活動を展開できたかどうかは疑問である。

シンドラーをカリフォルニアへと導いた直接的な要因は、ライトとの協働によるものであるが、彼が一九一五年にアメリカ西部を旅行した時の記録によると、シンドラーはこの時点で、この南の地に興味を抱いていたことが窺える。また、シンドラーと同様の関心によって、ケム・ウェーバー[4]、J・R・デビッドソン[5]、そしてリチャード・J・ノイトラといった、中央ヨーロッパの人びとがロサンゼルスへと導かれることとなる。一九三〇年までに、これらオーストリアやドイツからの移入者たちが、南カリフォルニアにおいて前衛的なデザインを主導していくことになる。また、一九一〇年から一三年にかけてヨーロッパで発行された書籍や雑誌の図版等を通して、間接的ながらシンドラーたちは、カリフォルニアの建築、特にミッション・リヴァイヴァルの建築に共感を抱いていたことがわかる。アメリカやその工業技術を礼賛していたアドルフ・ロースに感化されたこの若きウィーン人にとって、カリフォルニアは具現化された、あるいは未だ具現化には至らない理想郷であったに違いない。

4 Kem Weber（1889-1963）：ベルリン生まれ。ベルリン応用芸術アカデミーで学び、一九一四年、サンフランシスコで開かれるパナマ・太平洋万国博覧会のドイツ館のデザインの補助のため渡米。その後もアメリカ西海岸に留まり、一九二七年、ハリウッドで自身の事務所を構える。その後、住宅をはじめインテリアや家具・食器等のデザインを行っている。南カリフォルニアにおけるアール・デコ建築における第一人者。

5 Julius Ralph Davidson（1889-1977）：ベルリン生まれ。ドイツ、イギリス、そしてフランスでの修行の後、一九一九年にパリで事務所を構える。一九二三年渡米し、一九二五年にロサンゼルスを訪れる。ケース・スタディ・ハウス#1をはじめ、計三軒のケース・スタディ・ハウスをつくり出した。

「近代建築は、スコットランドのマッキントッシュ、ウィーンのオットー・ワーグナー、そして、シカゴのルイス・サリヴァンによってはじめられた」と、シンドラーは一九三四年に記している。シンドラーは、三〇歳になるまでに彼らの建築やその概念について知っていたようである。またシンドラーは、ヴォイジーやベイリー・スコット、そしてマッキントッシュやグラスゴー派のデザインについて、ウィーンの学生時代に熟知していた。というのも一九〇〇年代初頭においては最も進歩的な建築教育を受けようとした場合、その理想的な場所はウィーンかベルリンであったのである。当時のウィーンには才能のある人々が集積し、他の都市とは一線を画していた。ワーグナー、ホフマン、ロース、そしてオルブリッヒたちが、ウィーンやその近傍で活動していた。彼らはまた、クリムト、ココシュカ、シーレといった画家たちの世界とも併走していた。ウィーンの独自性は、こうした才能のある人々が単に集まっていたことによるものではなく、こうした才能が発揮される仕方なのである。さまざまな点で、これらの重要人物は保守的なエスタブリッシュメントの世界の内や外で活動を行ったのである。

青年期をウィーンで過ごしたシンドラーも同様の経過をたどる。彼は真面目で品行方正な中流階級の青年であった。彼の両親はウィーンの中産階級であった。父は家具の製造業を営み、ニューヨークで数年を過ごした後にウィーンで輸入業を始めた。シンドラーは一八八七年九月五日にウィーンに生まれた。彼自身の記述によるとシンドラーの幼少期は平穏なものであったようである。彼には一人の妹がいた。小学校、中・高等学校を終えたシンドラーは一九〇六年、一九歳で帝国工業学校に入学する。そして帝国工業学校卒業の前年である一九一〇年、彼はウィーン美術アカデミーに入学する。こうして一九一三年にアカデミーを卒業する頃には、シンドラーは工学と建築に関する知識を有するという魅力的な履歴を得ることとなる。アカデミーのカリキュラムそのものは表面上は退屈で形式的なものであったが、実際は、ワーグナーの指揮のもと驚くべき開放性と自由さをもっていた。当時のアメリカにおけるボザール流の建築学校では、シンドラーも、彼のとても因習的とはいえない卒業制作や、その他の作品を提出できなかったに違いない。彼は、アカデミーへの通学とともに、一九一一年九月から一九一四年の二月までハンス・マイル&セオドア・マイヤーの事務所でドラフトマンとして働いた。

絵画というハイ・アートの世界において、クリムト、ココシュカ、そしてシーレは、アカデミーの若い学生たちに強い影響を与えていた。シンドラーの絵画も彼らのマニエリスムを強く引き継ぐものである。アカデミーに籍こそないものの、ロースもまた、学生たちに賞賛され模倣される存在であった。ロースの著書や、フランク・ロイド・ライトが一九一〇年にヴァスムート社から出版した作品集を通じて、シンドラーをはじめとするウィーンの学生たちは、アメリカの建築で起こりつつある構造や形態に関する新たな展開を鋭く感知していた。ライトの『ヴァスムート・ポートフォリオ』の急速な普及は、近代建築史における極めて重要な史実の一つであるが、依然として適切な検証が行われていないものでもある。一九一二年までにこの『ポートフォリオ』は、ヨーロッパ全土や、海峡を越えイギリスの若い建築の学生たちも見入られることとなった。シンドラーや彼の同世代の人々にとって、ライトのプレーリー・スタイルの建築は、彼らがそれまで見知っていたどの建物より生き生きとしリアリティを持つ建築であった。ライトのデザインの衝撃は、単にそれらの形態の独創性だけにあるのではなく、プレゼンテーションにおいて何を重視するかという点にもあった。それは、図面だけを用いて、つまり二次元の紙面を通して体験する空間を完全に統御するという、ライトの決断に基づくものである。この『ヴァスムート・ポートフォリオ』の中心をなすのはライトの建築理論である。しかし、それも言葉というよりはむしろ図面で表現されたものである。この『ポートフォリオ』、ワーグナーの『近代建築』、そしてロースの『装飾と罪悪』が、シンドラーが渡米にあたって持参した建築理論についての資料なのである。

シンドラーの学生時代の作品は、当時の同世代の学生たちの作品と同様に、基本的には古典建築を簡潔な形態にまで還元したものであり、彼らの教授であるワーグナーの作品に類似しているものである。シンドラーの還元化の手法は、ワーグナーやホフマンの手法に見られる洗練化へと向かう傾向にあり、ロースの大部分の作品のように攻撃的な外観をもつものではなかった。シンドラーは、一九一二年の猟小屋の計画において、建築の主要な部分である二階建てのパヴィリオンを古典的なU字型で構成した。旧来の古典的な柱は、露出された垂直にのびる鉄柱へと置換されている。その表層は、ワーグナーの作品のように規格化された石の薄いパネルで覆われているが、鉄筋コンクリート造として計画された。この表層とヴォリュームはロココ調で、それは一八世紀における客間の空間を単純に内外反転させたもののようである。

一九一二年のホテル・ロング（Hotel Rong: wrongとringをかけたものか？、図2）の計画でも、猟小屋と同様に外部を規格化されたパネルで覆っている。このデザインにおけるワーグナーの影響は明らかである。この計画の基本的な形態は、ワーグナーのノイシュティフト通り四〇番地のアパート（図3、一九〇九－一一年）に似ているし、また屋根のトレリスからキャンチレバーで突き出たガラスのパヴィリオンも、ワーグナーによるロック邸（一九〇六－七年）の川沿いの

［図2］ホテル・ロング計画、ウィーン、一九一二

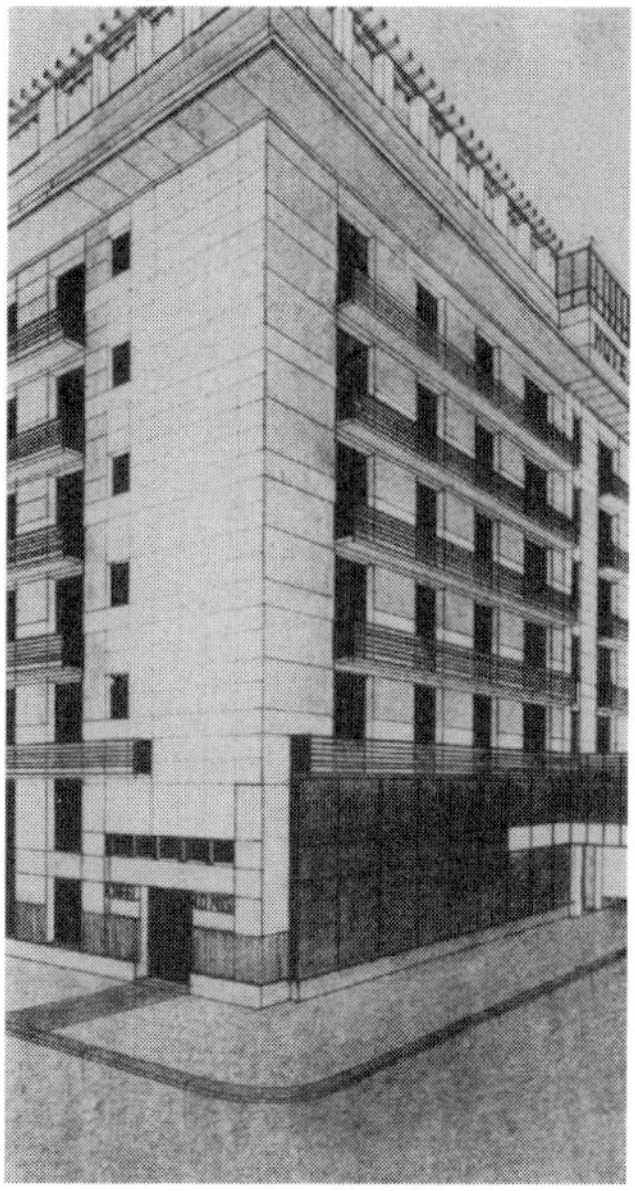

［図3］オットー・ワーグナー、ノイシュティフト通り四〇番地のアパート、ウィーン、一九〇九－一一

パヴィリオンと似ている。しかしシンドラーのデザインは、ワーグナーの作品に比べ、やや正統性に欠けるものである。金属製の手摺がつくり出す水平性は、バルコニーとなる突き出た薄い床スラブとともに、建物の表層性を解体するだけでなく、それぞれの階の存在を示しており、さらに内部空間が蝶番付きのガラスのドアを通してバルコニーへと伸張するように見せているのである。この建物の基壇となる地上階とメザニン階はガラスで覆われ、表層と構造体とが全く別のものであることを示している。シンドラーが、後年好みとする長方形のヴォリュームや面の重ね合わせは、三階部分のバルコニーが、その上階のバルコニーより突き

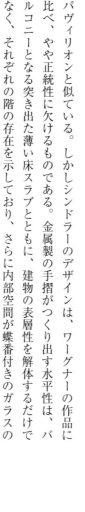

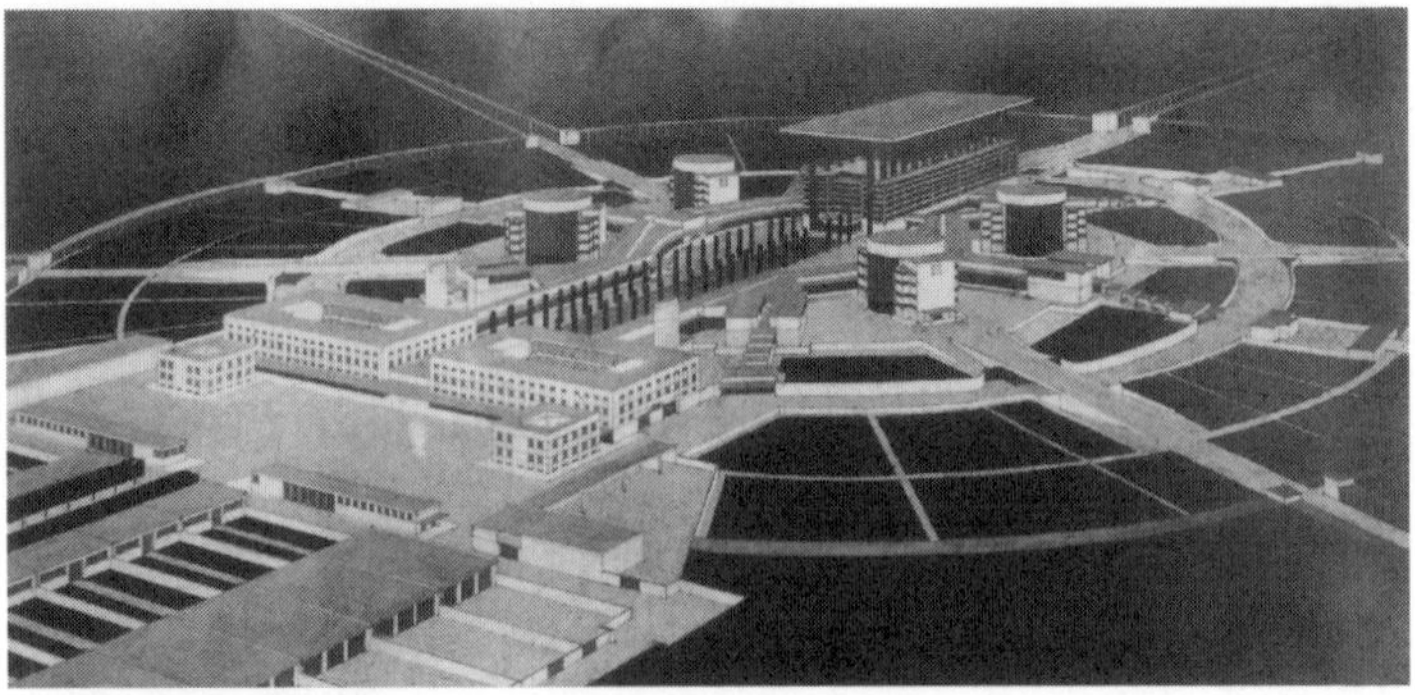

［図4］卒業制作「火葬場と教会」ウィーン、1912-13、全体図

出していることや、パネルがガラス部分に貫入していることによって、すでに示されている。

シンドラーが一九一二年から一三年にかけてアカデミーで取り組んだ卒業制作（図4・5）は、さまざまな視覚的なアイデアの荒々しい混成品である。火葬場と教会を主題とする、この計画に見られる巨大なスケールは、ボザール流の絵画的な世界ではよくあるものである。さまざまな要素を一つの円によって関係づけていく手法は、ルドゥーやブレーといった一八世紀後期の理想主義的合理主義者の世界を想起させる。この計画に実現性は求められないため、幾何学の重ね合わせに見られる恣意性は、すべてではないものの、少なくとも象徴性を希求したものとして理解されよう。後年の

［図5］卒業制作「火葬場と教会」教会

シンドラーや近代建築にとって評価の対象となるのは、全体の計画ではなく個々の部分なのである。配置計画では、サンクン状になった内側の円形道路があり、ここに陸橋とインターチェンジが設けられていることを述べておけばよかろう。ほぼ同時期のサンテリアの未来都市の計画案と比較すると、シンドラーのデザインは抑制が利き正統的なものである。より詳細に見ると、シンドラーの計画はサンテリアのSFの世界よりも今日の現実的な計画にずっと近いものとなっている。このことは道路のパターンだけではなく、建物の関係についても言えることである。平面計画の中心となるのは、四棟の中層の建物と一～二階建ての低層の建物、それらとはオープンスペースによって分離された中央の建築である。建物のデザインは前衛と正統の間を揺れ動いている。すべての建物は、単独でも対称的ではあるが、同じ形の建物を対にすることによって、群としても対称性を重んじた構成がなされている。建物は互いに、南北軸、東西軸、そして放射軸に沿った配置がなされ、シンドラーがボザール流の手法を是認していることが窺える。エントランスの広場に面し平行に配された中庭型の建物は、建築の形態が還元されるさまを純粋にそして簡潔に示すものである。四棟の中層の建物に認められる中央の円形とそれに続く水平の連続窓は、三〇年代の流線型のモデルヌと見間違えんばかりである。四本ある円形の道路の最も外側に沿って配された一層の建物では、屋根スラブの直下に窓が設けられており、そのことによってインターナショナル・スタイルや流線型のモデルヌを予告するだけでなく、特にシンドラー自身のコルセンのための計画（一九二一年）を予告するものである。同時にそれは、ノイトラの三〇年代の作品に驚くほど似ている。

中央にある主要な建物である「教会」は、後にロヴェル・ビーチハウスで展開されるシンドラーの観念が完全に表現されたものである。構造と内部空間は、おのおのが別々のもので、切り離されていることが示されている。重々しく突き出した屋根は、鉄製の梁と鉄筋コンクリートからなり、二列の計三二本の柱で支持されている。この屋根が、鉄製の梁、垂木、そしてコンクリートの屋根スラブの複合体であることは、見上げれば理解できる。教会の内部空間は、屋根とその下の吹き抜けのさらに下に配されている。フレーベルの影響からか子供の積木のように要素を重視した構造は、屋根とそれを支える柱がともに独立したものであることを示している。ここにおいてシンドラーは、彼がこの計画を作成中の一九一二年に著した「建築宣言」で述べた、「その（建物の）架構は、もはやシンボルではなく形態そのものとなる」という観念を、部分的ではあるが具現化しているのである。

シンドラーが、ヨーロッパで実現させた建築の一つにウィーンにある俳優のためのクラブハウス（図6、一九一二年）がある。この建築は、彼がマイル＆マイヤー事務所でドラフトマンとして働いている間に建設された。この建物は今日では気づかずに前を通り過ぎてしまうほどのものである。ファサードの上層部分は、ウィーンの一九〇〇年代初頭の通りではよく見られた典型的なもので、ロココ調の古典的意匠をいくぶん参照したパネルと、ペディメント、そして突き出たコーニスからなる。低層部の屈折を重ねる窓の列に、唯一、ロースやワーグナーの作品との親近性が認められる。シンドラーにとっては、ほどよい規模の建物のデザインと監理を経験した点にこの建物の意義がある。ここでの経験とそれに関するマイル＆マイヤーの推薦状が、後にアメリカでの就職の際に大いに役立つこととなる。

［図6］俳優のためのクラブハウス、ウィーン、1912

ウィーンの若い建築家や建築の学生たちと同様、シンドラーは、まずワーグナーに、ついでロースに魅了される。しかし長い目で見ると、良かれ悪しかれ、深くそして長くシンドラーに影響を与えたのはロースであった。この年長者が、ハイ・アートとしての建築を希求し、そのことによって自身の実在や人生そのものを強く規定しているさまを、シンドラーは完全に吸収した。ヨーロッパにおける近代運動の先駆者と同様に、ロースもまた、建築の問題は本質的にモラルの問題であるという、ラスキンやモリスが主張した観点を二〇世紀においても継承していた。つまり、建築を効用性や視覚的な様式で評価するのではなく、モラルで評価するという観点である。こうした尊大な福音主義は積極的な価値を有していたものの、シンドラーは、これによって深刻な危機に直面することもあった。彼は、自身が完全に適応した南カリフォルニアにおいて、自身や作品を売り込むことに困難を覚えたのである。たとえ、彼が、おそらくどの他の建築家よりも巧みにハイ・アートとロー・アートを統合した、南カリフォルニアの象徴となるような提案を作成できるようになっても、こうした困難は続くのであった。

シンドラーは、ロースの還元化された建物にとりわけ魅せられたとは思えないが、ロースの内部空間の操作には影響を受けている。シンドラーは、ロースがつくり出す内部空間が、層になった空間であるというより、立体的な空間であると理解した数少ない人物の一人である。内部空間は、水平のプラットフォームが立体的に関係づけられたものとして考えられるべきであるというロースの観念を、シンドラーは幾度も振り返る。しかし、ロースの影響のなかで最も直接的なものは、シンドラーに渡米を勧めたことである。アメリカについて彼の父親がアメリカで働いていたことから間接的ではあるが知っていたシンドラーに、ロースはアメリカにおける工業化や、そのすばらしい機材やさまざまな建設技術、特に鉄骨のラーメン構造を、魅力的な写真によって示したのである。

第二章　アメリカでの修業

ロースに鼓舞されたシンドラーは、シカゴの建築設計事務所オッテンハイマー・スターン&レイチャートによる所員の募集に応募する。シンドラーは数名の応募者の中から選出されたが、それは、彼にマイル&マイヤー事務所での実務経験があること、工学と建築の双方の学位を持っていること、さらにシンドラーが十分に訓練されたドラフトマンであったことによる。シカゴの事務所からの資金でシンドラーは、第一次世界大戦が勃発する直前の一九一四年六月に船でアメリカへと向かう。シンドラーの当初の計画は、オッテンハイマー・スターン&レイチャート事務所との三年間の契約を全うした後、一〜二年間をフランク・ロイド・ライトのもとで働き、その間に可能な限りの旅行をし、最終的にはウィーンに帰り、ロースのもとで働くことであった。ウィーンへ帰りたいという想いを、彼はカリフォルニアに来た後も持ち続けていた。しかしその可能性も徐々に薄らいでいった。ヨーロッパでの戦争によって帰国すること自体が危険あるいは不可能でさえあった。一九一七年のアメリカの参戦によってシンドラーは敵国人となった。また一九一九年以降の中央ヨーロッパの戦後の状況は悲惨なものであった。当時、行政の建築家であったロースでさえ、ウィーンでの仕事の見込みはついていない状況にあった。シンドラーは、一九一九年、社会的・政治的問題に強い関心を持っていたポーリーン・ギブリングと結婚する。この結婚と南カリフォルニアに魅了されたことによって、彼のヨーロッパに帰還するという考えは全く現実性のないものとなった。

シンドラーが、アメリカで最初に働いたオッテンハイマー・スターン&レイチャート事務所はシカゴで成功をおさめていた。その代表の一人ヘンリー・A・オッテンハイマーは、アドラー&サリヴァンの事務所でドラフトマンを務め、またパリのエコール・デ・ボザールに学んだ。彼らの事務所は、予算をまもり堅実な建物をつくることで、シカゴの実業界において名声を博していた。彼らは、自身の建築に様式的な「パッケージ」を施すことに積極的ではなかった。彼らの作品の大半は、マッキム・ミード&ホワイト由来の一般的な古典主義の作風を呈していたが、彼らのデザインのいくつかは、明らかに一八九〇年代のサリヴァンの作品に影響を受けたものであった。この事務所ではシンドラーが最も必要としていた実務的な経験を積むことができた。というのも、ここは中規模で活気のある事務所で、シンドラーはヨーロッパの人たちが賞賛した、摩天楼を含むさまざまな計画を担当できたからである。彼は、工学についての理論的な知識や自身のデザインの概念を適用した建物を実際に監理できたのである。

当時のシカゴの建物の外観は、まさに玉砕混交の様相を呈していた。サリヴァンがつくり出した商業建築における伝統は滅亡寸前で、ライトの土着的なプレーリー・スタイルの流行も衰えをみせていた。ウッドロウ・ウィルソン[6]の就任中にもかかわらず、あらゆるリベラリズムに関する事象が下降線をたどるようにな

6 Woodrow Wilson (1856-1924):アメリカの第二八代大統領。一四カ条の平和原則(一九一八)を発表。一九一九年にはノーベル平和賞を受賞している。

る。もはや開拓者の無邪気さもなく、その後に現れた、カリフォルニア・バンガローを生み出したアーツ・アンド・クラフツの厳格な倫理性も、洗練されたより温厚な観念や形態へと変わっていった。中西部や西海岸では、進歩的な建築は、いずれも一九世紀のアーツ・アンド・クラフツの簡素で正直な生活との密接な関係を有していたので、そのイデオロギーや美学を刷新することは困難であったのである。

一九一四年当時のシカゴの建築は、技術的にはそれまで同様に最先端を走っていた。ただ一つ変わったことがあるとすれば、それは建物の様式である。古典もしくはゴシック様式の外観を装った高層ビルは、サリヴァンや彼の後継者が外観を整えた建築に比べても、ほんの少し機能性が劣る程度であった。戦時中や二〇年代におけるアメリカ中西部における中流階級向けの郊外住宅は、ライトやパーセル&エルムジル[7]の作品に比べて、視覚的な形態という点では魅力に乏しいものかもしれないが、さまざまな点において住みやすいものであった。こうした住宅は、なによりも快適性を重視した環境であり、最新式の暖房、配管やその他の機械設備が備えられていた。これらの住宅のデザイナーは、施工業者であれ建築家であれデザインに対するこだわりがなかったので、最新の技術的な装置を導入したり、最新の流行に応じて表層をつくり出すことなど容易なことであった。住宅を近代的なものにするのは設備機器であり、様式ではなかったのである。

7 Willam Gray Purcell（1880-1965），George Grant Elmsile（一八六九－一九五二）：ともにサリヴァンの事務所に勤務し、一九〇九年以降、共同で事務所を営む。一般にプレーリー派の建築家の中で、最も作品が多い事務所とされている。

シンドラーはシカゴに熱狂した。シカゴに来てすぐに小さなカメラを買い（彼は正しい使い方を最後まで身につけなかった）、シカゴにある、多くの特殊な建物や、より一般的な建物を撮影した。彼は建築雑誌を貪欲に読み、興味をもった記事や図版を切り抜いたりノートに描き写したりした。彼が興味をもったのは建物の形態ではなく構造的・設備的な部分である。つまり、都心のオフィスや大規模なホテルにおいて、暖房や照明、エレベーターなど、どういった設備が必要なのか、さらに、構造や設備に必要な空間の規模やそれらの関係といったことである。こうした構造を隠してしまうアカデミックで古典的な表層について彼は特に煩わされることはなかった。単に無視をしたように思われる。

ウィーンでの学生時代と同様に、シンドラーは人物画の教室（パレット&チゼル・クラブ）に通い始め、そしてシカゴ建築クラブの会合や展覧会に参加するようになる。今日まで残されている彼の絵画（図7・8）には、すべてシカゴに来てからの日付がつけられている。これらは彼がウィーンで一九一〇年から一四年にかけて作成したものとスタイルが似ているものである。これらの源流はクリムトやシーレの水彩画や油絵である。もちろんシンドラーだけがこうしたモードを引き継いでいたのではない。クリムトとシーレは、ウィーンの若く進歩的なすべての学生の憧れの的で、ノイトラの絵画も同様の影響を受けているのである。とりわけシーレの場合、後期ゼツェッションやアール・ヌーヴォー調の線による扇動性が、時としてキュビスム的な幾何学模様に対峙することがあった。シンドラーはこの主題を引き継ぐが、予想されるように、その結果は全く異なったものとなった。シーレの動きのある線は、シンドラーの手にかかると厳密にコントロールされ、その線を用いて、生物の形を描く代わりに、スタティックで建築的なヴォリュームが構築されるのである。シンドラーとシーレに共通する最も重要な点は、伝統的な人体の描き方をとらずに、二次元的な長方形や線によるパターンによって全体を曖昧に形づくっていく、その手法にある。シンドラーの絵画の多くは全

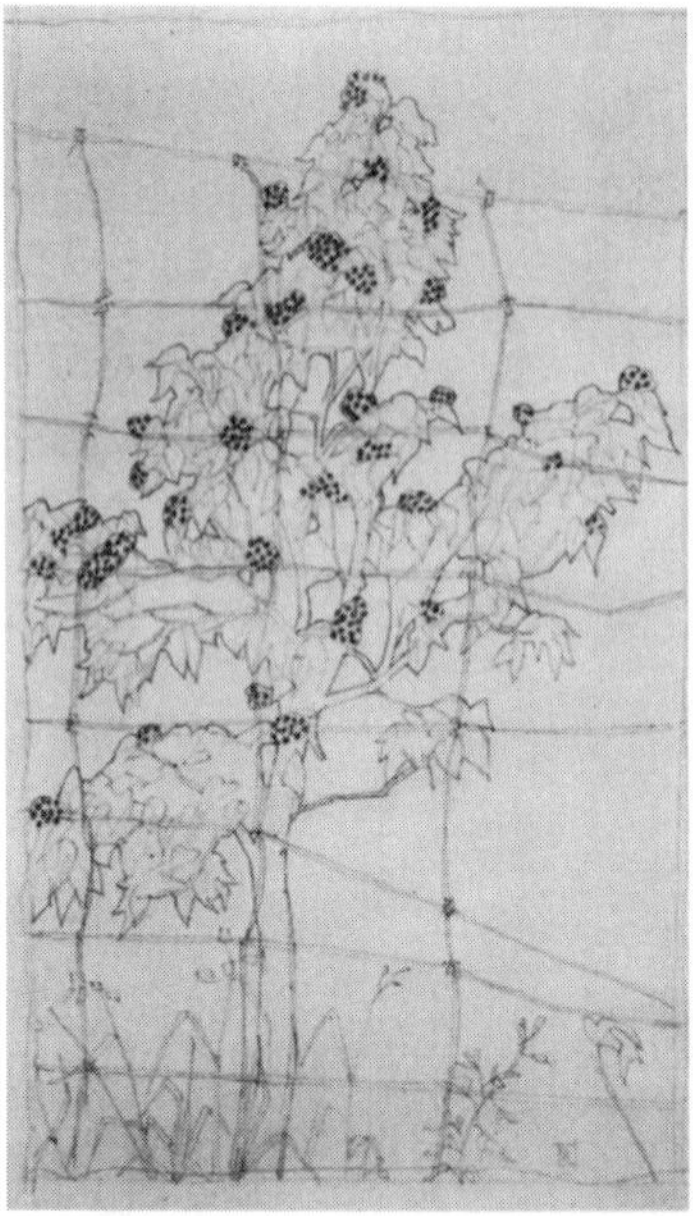

［図7］鉛筆・クレヨン画、シカゴ、1914/18

［図8］鉛筆・クレヨン画、シカゴ、1914/18

体像であれ部分であれ女性のヌードである。ここに描かれた女性像は魅惑的でもエロティックでもない。興味深いものではあるがやや不快感を伴うものでもある。

一九一四年の渡米の数カ月後、シンドラーはシカゴ建築クラブ主催による近隣センターの競技設計（図9）に応募する。彼が描いた二枚の透視図はライト調であるとともに日本調でもある。この図は、細長い用紙に水平線を用いない手法で描かれ、大部分を占める金色の背景に色インクで描かれている。レタリングをは

［図9］近隣センター計画、シカゴ、1915

じめ、長方形や正方形の垂直線はライト調で、図面の下方にはシーレとライトの影響が明確なシンドラーのモノグラムの最初の使用が認められる。

近隣センターの図面は、彼の卒業設計の図面に比べ、二次元の構成として見ると整い成熟したものとなっており、建築的にもずいぶんと正統的なものとなっている。近隣センターの個々の建物は、シンドラーが一九一二年にデザインしたホテル・ロングや猟小屋に近似している。卒業設計と近隣センターの、唯一の明確な共通点は、複層になった歩道と敷地を分断する大通りの上部を通るペデストリアン・デッキである。

シンドラーは、オッテンハイマー・スターン&レイチャート事務所での日々の製図や技術的な仕事に加えて、いくつかの建設されなかった計画のプレゼンテーション図面を作成している。その中で最も興味深いのが、一九一五年の一一階建てのホテルとホテルのバーの計画案である。ホテルは、赤いレンガの単純な直方体で、その表層には鉄の格子とガラスの出窓が各部屋に一つずつ差しこまれて列をなしている。バーの計画（図10）は、ロースがウィーンで設計したカフェやバーを彷彿とさせるものである。

［図10］バー計画、シカゴ、1915

一九一五年の夏の終わりにシンドラーは、ニューメキシコ、アリゾナ、そしてカリフォルニアに長期間の旅行をする。この地を訪れた多くの人びとと同様、シンドラーは、リオグランデ谷の上流にあるヴァナキュラーな日干しレンガ造の住宅に深く魅了される。彼は、サンタフェやタオスにある建物を数多く撮影しスケッチも残している。ある意味、シンドラーが厚い壁の初源的な構築物に魅せられたことは、多くの近代建築家が、建築の概念への希求と視覚的な形態の間で感じてきた内的な矛盾を表しているともいえる。一九一二年に著した「建築宣言」で、シンドラーは、「素材を効率的に用いることによって、可塑的な構造材としてのそれを破棄する」と記してはいたが、一九一五年のタオスのT・P・マーチン邸計画（図11・12）では、伝統的な日干しレンガを用いて、建物の形態を彫刻的な作法でつくり出しているのである。この計画は、シンドラーが活動の初期段階から設計の展開に応じて、自身の建築思想に改変をしたり、その束縛を取り去ることも辞さないことを示している。マーチン邸の平面構成は、ニューメキシコの地場の建築と、ライト、ロース、そしてボザールといった、それぞれの要素を統合したものである。中庭とそこにある屋根付きのポーチに面して諸室や廊下を配する構成は、タオスにおける伝統的な構成を完全に継承したものである。ライトのプレーリー調の建築の多くにも認められるものの、バランスのとれた対称的な構成はボザール的である。

［図11］「アドベの田舎家」
T. P. マーチン邸計画、タオス、
ニューメキシコ州、1915、透視図

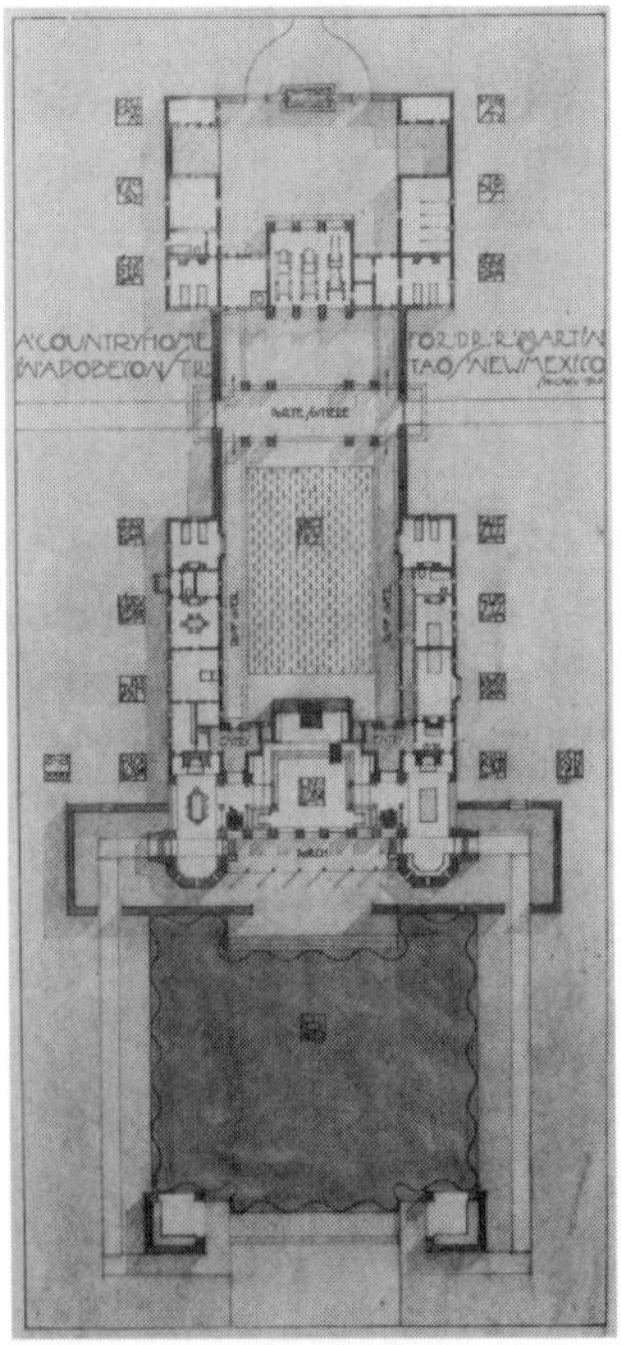

［図12］「アドベの田舎家」
T. P. マーチン邸計画、平面図

しかし、居間やそれに隣接するダイニングやビリヤード室、さらに二つの玄関のそれぞれの関係は、純粋にライト的なものである。居間の床のレベルに変化をつけること、特に居間のレベルをより低い位置に配するのはロース的である。このマーチン邸は、シンドラーが初めてデザインにおいて積極的にさまざまな対立性を全面的に受け入れたものなのである。内部の空間はある場所では外部に開き、他の場所では閉じている。つまり、ダイニングとビリヤード室の大きなピクチャー・ウィンドウは、内部空間を外部空間へと流動させている。一方、各室のアルコーヴには細いスリット状の窓しかなく、囲まれた穴蔵を思わせるものとしている。

リオグランデを後にしたシンドラーはカリフォルニアへと向かう。サンフランシスコとサンディエゴで開かれていた環太平洋博覧会を見学し、その後ロサンゼルスに着く。彼のノートやスケッチから窺うと、先のニューメキシコと比べ当時のカリフォルニアにはあまり興味を抱かなかったようである。シンドラーは、サンフランシスコ博のマルガルドの建築や、サンディエゴ博のグッドヒューの建築を撮影し、さらに、ミッション・リヴァイヴァルの建物や、サンディエゴにあるアーヴィン・ギル[8]の建築について数多くの写真を残している。彼のスケッチや写真にはグリーン兄弟[9]の建築が一つもなく、同様にカリフォルニアのバンガロー・スタイルにも興味をもたなかったことが窺える。

8　Irvin John Gill（1870-1936）：ニューヨークに生まれる。一八九〇年から九三年にかけサリヴァンの事務所に勤務し、一八九五年にサンディエゴにて事務所を開設。その後、スパニッシュ・ミッション・リヴァイヴァルを主軸に、装飾を控えた簡潔な形態の住宅をつくり出した。

9　Greene & Greene：兄チャールズ・サムナー・グリーン（1868-1957）と弟ヘンリー・マザー・グリーン（1870-1954）はともにシンシナティに生まれ、その後セントルイスに移り工芸高等訓練学校に通う。ともにMITを卒業後、ボストンでの勤務を経て、一八九三年にパサディナに移り、住宅を中心に、カリフォルニア・バンガローと呼ばれる、端正な装飾を備えた木造の住宅をつくり出した。代表作にギャンブル邸（一九〇七－〇九）がある。

シカゴに帰ったシンドラーが、ライトのためにフルタイムで働き始める前の一九一六年から一九一七年にかけての作品群は、二つの傾向に分かれる。ヴァン・デン通りの新しい店のファサード（一九一六年頃）、中央管理ビル計画（一九一六年）、ホーマー・エムニム寺院・学校計画（一九一五－一六年）、ワンルームのアパート（一九一九年）、そしてブエナ・ショア・クラブ（一九一七－一八年）は、すべてシカゴにあり、オッテンハイマー・スターン＆レイチャート事務所での仕事である。

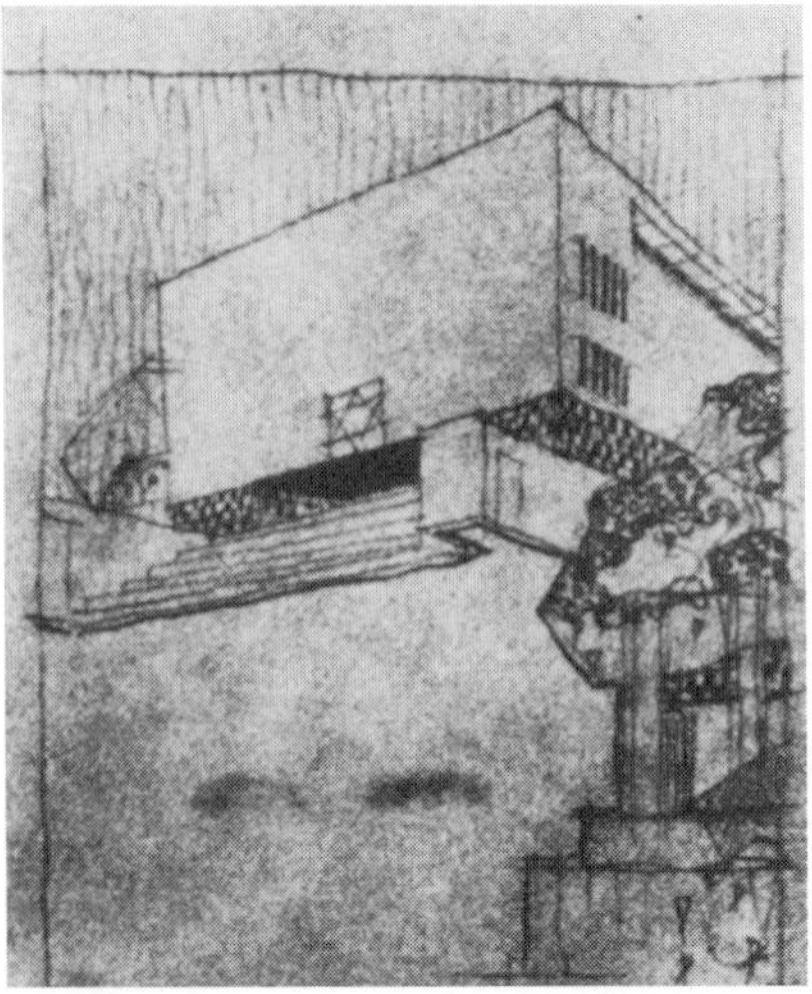
［図13］ホーマー・エムニム寺院・学校計画、シカゴ、1915-16

これらの作品は、シンドラーがウィーン時代から展開させてきた形態と大きな差異はない。しかし彼自身の小規模な作品、ログ・ハウス計画（一九一六－一七年）、シカゴ婦人クラブ計画（一九一六年）、そしてメイウッドのJ・B・リー邸改修（一九一六年）では、ライトのプレーリー・スタイルを試行している。

［図15］ブエナ・ショア・クラブ、庭側の外観（シンドラー撮影）

［図14］ブエナ・ショア・クラブ、シカゴ、1917-18、透視図

ホーマー・エムニム寺院・学校計画（図13）の形態は、単一のキューブで、ヴォリュームというより彫刻的な扱いがされた点に特色がある。それに反して、中央管理ビル計画は、上げ下げ式の窓が規則正しく配され、低層部をレンガで、上部をスタッコで覆うことでモニュメンタルなものとなっている。これらの作品でシンドラーが試みたのは商業建築一般に見られる乱雑なヴォキャブラリーの再構成を図ることであった。

ブエナ・ショア・クラブ（図14－16）は、先の計画

［図16］ブエナ・ショア・クラブ、通り側の外観（シンドラー撮影）

に見られた、おのおの特質をともに示すものである。この建物は鉄骨造で、鉄筋コンクリートと中空のタイルとで壁面が構成されている。シンドラーは、部分的に下地のタイルをそのまま表出させて白いスタッコの外壁との対比を図っている。L字型の矩形のブロックと垂直性を強く打ち出した細部のデザインは、一九一〇年代後半から二〇年代にかけてのオランダの前衛建築家の作品と同質のものである。また、コーナー部分に回り込む細い連続窓のように、シンドラーの一九一二年から一三年の卒業設計から継承されたデザインも見てとれる。庭園と湖に面した背の高い雁行するベイ・ウィンドウも、シンドラーによる一九一二年の俳優のためのクラブハウスにおけるロース風の窓と関係があろう。ダイニングがある長い低層の部分、特にきついテーパーのついた三角形の柱はライト風といってよいものである。

シンドラーのオッテンハイマー・スターン&レイチャート事務所における最後の計画が、一二階建てのワンルームのアパート（図17）である。個々の住戸は、独立した浴室・キッチンと、ダイニングと居間とに分けられた主室とを、コンパクトに配した計画となっている。シンドラーは、ダイニング・キッチン・ホール・浴室の壁やドアをガラス製のものとはしているものの、居間の端にある三割の窓だけでは十分な採光を得ることはできないであろう。外観に見られる窓割りと表層の構成はスタイルとしては優れたものである。各住戸に設けられた三つ

［図 17］ワンルームのアパート計画、シカゴ、1919

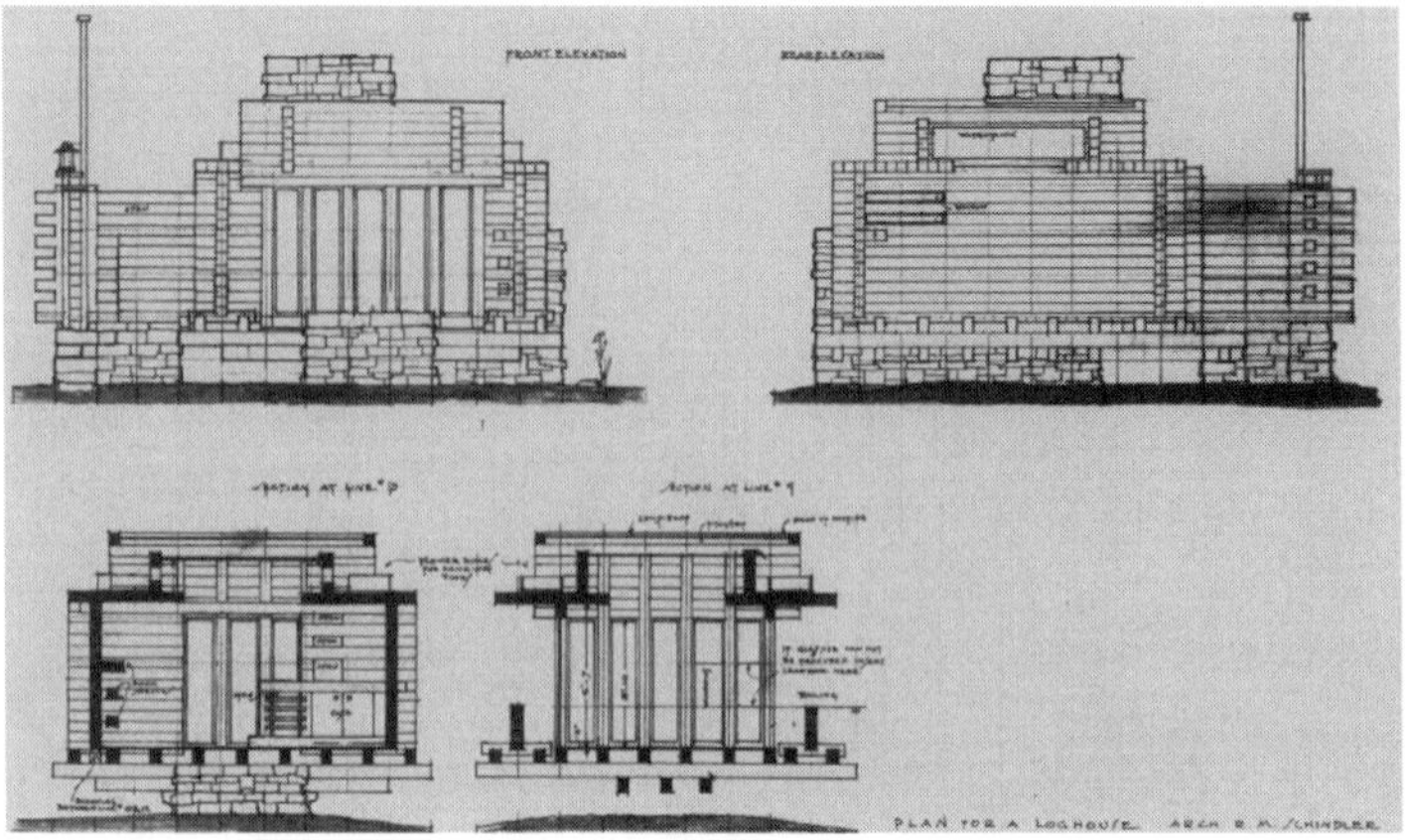

［図 18］ログ・ハウス計画、1916-17、立面図・断面図

割の窓は深い絵画的な窓枠に嵌め込まれ、その枠の上下にもガラスが嵌め込まれ、全体として垂直の列として表現されている。このガラスの列以外の壁面は、プレキャスト・コンクリートの薄い規格化された外壁材で覆われている。

シンドラーが、ライトへの師事を始める前に設計した数軒の建物は、短期間であれ彼をプレーリー派として位置づけるものとなっている。その最初のものは、単にログ・ハウス（図18）と名付けられた小さな夏の別荘である。設計は一九一六年に行われ、その翌年にタリアセンで図面が完成された。この案は、対称性を有する主屋にそれより小さなヴォリユームが重ね合わされているが、これはもちろんライト的なものである。しかし、シンドラーのヴォリュームの関係のつけ方は、ライトのプレーリー期の多くの作品に比べ、かなり彫刻的である。彼は、木材でつくられたヴォリュームを、埋め込まれるか、あるいは突き出た基礎の上に配している。このように地面から浮いた建物というのは、ライトの一九三六年の落水荘の前兆となるものではあるが、ライト的ではない。さらに丸太による構造を積極的に見せていく手法もライト的ではない。シンドラーは、木材の端部を大きく突き出すだけではなく、床の根太や天井の垂木を見えるようにしている。縦長の窓だけが、この建物で木材のない開口部となっている。この縦長の窓とほぼ同じタイプのものは、シンドラーが一九二三年に設計したプエブロ・リベラ・コートにおいて密接な関係をもって再現される。また、シンドラーはシカゴに来てすぐにモデュールを用いた計画に関心を示し始める。ログ・ハウス計画は、彼が四フィートのモデュールを平面と断面の双方に適用したものである。この四フィートのモデュールは、若干の洗練を経ながら、彼のその後のほとんどの作品に適用されることとなる。

シンドラーは、一九一六年にメイウッドにある小さなありふれた農家であったJ・B・リー邸（図19）を、プレーリー・スタイルのいささか月並みでない建物に改修した。この改修によって内部空間は完全に再構成された。低層部には大きな居間が、その上階には寝室が再編され浴室が加えられた。さらに大きな広がりのあるポーチが配され、地上階での空間に広がりがもたらされた。また屋根には新たにドーマー窓が設けられて、空間の広がりと採光を確保している。ログ・ハウス計画と同様に、この住宅においても、木造のヴォリュームをキャンチレバーで突き出し、その結果、基礎の上に住宅が浮くようにしている。

シカゴの婦人クラブ計画（図20、一九一六年）は、明確にライト的であるとともに、一九一〇年代後半から二〇年代にかけてのオランダでの展開、特にユトレヒト近郊にあるロバート・ファント・ホフが一九一五年に設計した住宅や、J・P・アウトの一九一九年の工場案と近似するものである。シンドラーと同世代のオランダの建築家たちと同様に、シンドラーは、外観としてのヴォリュームと表層が長方形の幾何学的な形態による操作によって完全に支配されるものとなるよう、ライト流のプレーリー・スタイルの原型を見直している。しかし、ヨーロッパの建築家たちに比べ、シンドラーの形態はかなりルーズなものとなっている。それもこの計画において彼は、アメリカ独自の納屋の形態に似た低いダブル・ピッチの屋根——その内部の上層にはクラブのオーディトリウムがある——と長方形の幾何学とを完全に対比しようとしたからである。さらにシンドラーは、ライトの平面構成を十分に理解していた点でも、ヨーロッパの建築家たちとは異

［図19］J. B. リー邸改修、メイウッド、イリノイ州、1916

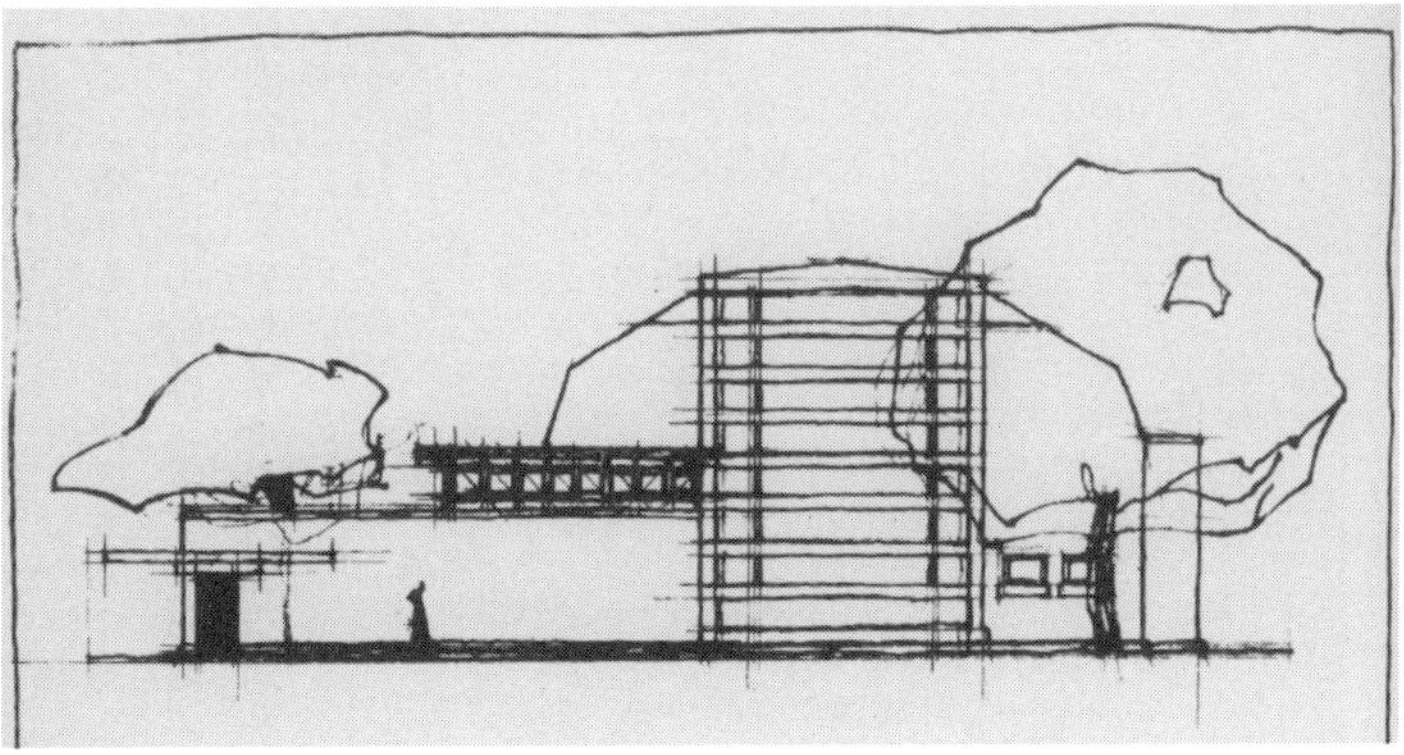

［図20］婦人クラブ計画、シカゴ、1916、立面図

なっている。この作品に見られるライト流の空間構成としては、コーナーに設けられた二つの玄関（その一つが図面の左に認められる）から樹陰のある中庭へ入り、その後、エントランスにある中庭へと続くいくつかの動線（ドアや階段）の計画や、垂直的にも水平的にも開放性とともに閉鎖性を兼ね備えた内部空間があげられる。

第三章　ライトへの師事

シンドラーは、一九一六年初頭からいくたびもライトに、彼のもとで働きたいというアプローチを行った。一九一七年のアメリカの参戦とそれに伴うアメリカでの反独の雰囲気が強まったことによって、シンドラーの日々は楽しいものではなかった。しかし、アメリカに残ること以外に事実上の選択肢がなかったため、シンドラーはライトに雇ってもらえるよう依頼を続け、一九一七年に念願が叶う。当時、ライトは浮き基礎構造という複雑な形式をもつ帝国ホテルの実施設計を完了させるために補助が必要で、シンドラーは彼の工学的な知識を見込まれ採用されたようである。ワルター・バーレイ・グリフィンをはじめ、ライトに師事した他の建築家と同様に、シンドラーも、タリアセンでの日々の生活や活動以外に、単に構造を担当するだけではなく、最後には現場の会計や監理、さらにはデザイナーとしての役割を果たすようになる。シンドラーがライトに師事した間に、ライトがシンドラーをどのように思っていたかは判断が難しい。しかし、いくつかのデザインの完成や、ライトにとって重要な仕事であるホリホック(バーンズドール)邸の監理を任せていることから、ライトがシンドラーの能力をいくぶんかは評価していたことが窺える。後の一九三二年に著されたライトの『自伝』のなかでは、「ルーディ・シンドラーは調子がよすぎて真剣になれない男であり、それが、私が彼を好きな理由のひとつであった[10]」と述べている。

10 フランク・ロイド・ライト、樋口清訳『自伝――ある芸術家の形成――』中央公論美術出版、一九八八、三二六頁ライトの事務所において、シンドラーが担当した部分を確定することは困難である。ライトの発明の才や独特の自己中心性（シンドラーも後年、自身のものとするが）を考えれば、ライトが所員に、いかなるプロジェクトであれ、すべてを任せるなどということがあり得ないことは十分測り知れよう。すべての案の核になる部分はライトのものなのである。一九一七年から二一年にかけて頻繁に起こったように、仮にライトが日本にいる時は、シンドラーは（後にはライトの息子のロイド・ライト[11]も）多少の細部には手を加えたかもしれない。

シカゴのシャンペィ邸（一九一九年）は、プレーリー・ハウス特有の十字型の平面をなすものであるが、シンドラーのデザインと思われる点がいくつかある。玄関ドアと駐車場を隣接させて十字型の平面構成のなかに納める手法は、シンドラーが二〇年代に好んでいたものである。表層の単純化とともにヴォリュームが互いに貫通する構成は、一九一〇年に出版されたライトの『ヴァスムート・ポートフォリオ』の透視図に影響を受けた者がする変容の典型例でもある。ウォーケガンのC・E・スティリー邸（一九一九年）も、ライトのプレーリー流の構成からの離脱を示している。それは、進入路と駐車場を主たるアプローチや玄関ポーチとして利用できたり、中央部のホールが主玄関のホールであるとともに寝室のホールを兼ねていたり、さらには、使用人ではなく家族自身が調理を行える大きな気持ちのいいキッチンを用意している点である。ライトの作品では使用人では

11 Lloyd Wright（1890-1978）：フランク・ロイド・ライトの長男。ウィスコンシン大学に学び、一九一六年にロサンゼルスにおいて、建築家そしてランドスケープ・アーキテクトとして事務所を開設する。ホリホック邸をはじめ、ライトの西海岸での仕事を協働するとともに、自身も、ソーデン邸（一九二五）をはじめ、コンクリート・ブロックやスタッコを装飾的に用いた質感のある作品をつくり出した。

なく家族が調理をすることを前提としたものはほとんどなく、追記するとシンドラーの二〇年代・三〇年代の作品においても同様である。

ヘンリー＝ラッセル・ヒッチコックが指摘したように、一九一〇年から二〇年にかけてのライトの最も重要な作品の一つに、ウィスコンシン州のラシーンにおけるコンクリート・モノリス・ホームによる労働者のコロニー（図21、一九一九年）がある。この案は、ライトの二〇年代のコンクリート・ブロック造の住宅を予言するものであり、ライトが主たる計画を行ったことは間違いないであろう。しかし、ディテールやヴォリュームの関係に見られる還元された長方形による幾何学的な構成に、シンドラーの貢献を認めることができる。ライトやシンドラーの二〇年代の作品を想起すれば、シンドラーのプエブ

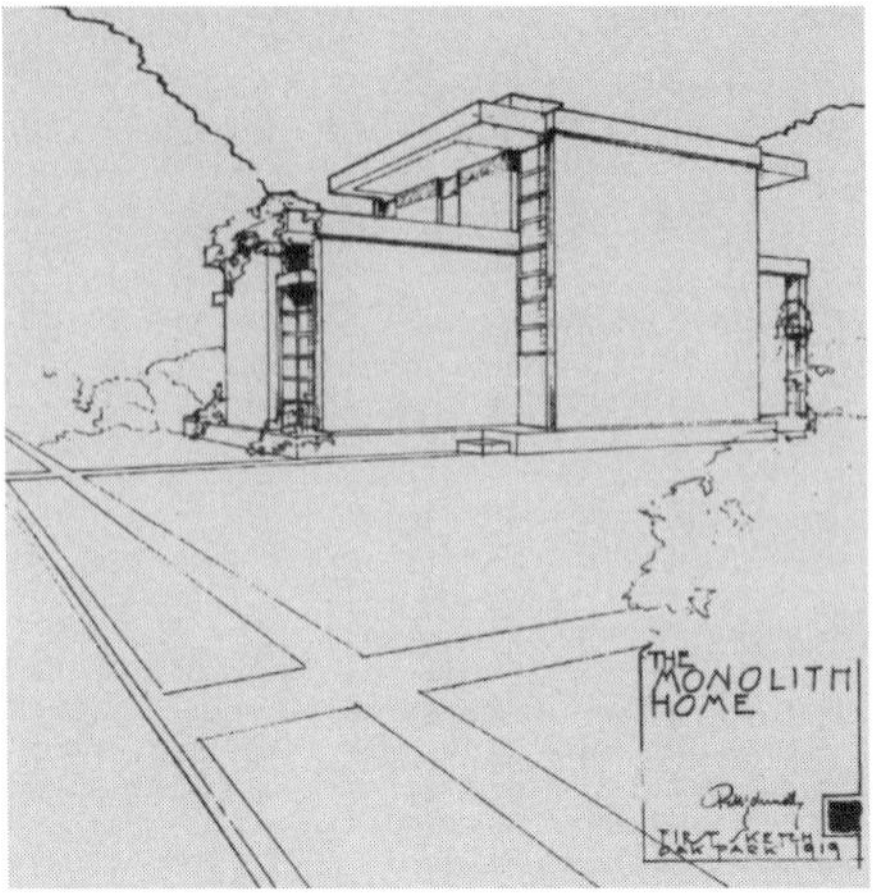

［図21］ライト＆シンドラー、
コンクリート・モノリス・ホーム計画、1919

ロ・リベラ・コートこそ、このモノリス・ホームの形態に最も近いものなのである。

これらシンドラーによると思われる三軒のプレーリー・スタイルの住宅は、シンドラーにとって、機能性や形式的ではない平面計画と、複雑な幾何学で構成される形態で内部空間を構成するという彼の美学的な願望との間に、多大な内的な葛藤があったことを示している。ライトも同様の葛藤を共有していた。しかし彼の場合、機能的な配慮が往々にして形態の犠牲となるのである。シンドラーは全く逆で、時に美学が機能性の犠牲となるのである。

ロサンゼルスのオリーブ・ヒルの計画は、ライトがそれまで希求しながらもできなかった比較的大規模の都市的な計画案を創出する機会となった。敷地は、都市化が進むエリアの端に位置する大きな丘である。施主のアーリーン・バーンズドールは、彼女の住宅だけはなく、成長を続けるハリウッドのコミュニティのための文化的なセンターをつくりたいと思っていた。この計画でバーンズドールは、いくつかの独立住宅、劇場、画家・俳優・作家のためのアパート、そしてハリウッド大通りとサンセット大通りに面した店舗を設けるべきだと確信していた。父が石油王であったアーリーン・バーンズドールはかなりの財産を有していた。彼女は演劇に対する情熱をもっていた。政治的にはパーラー・ピンク派に属していたが、これは俗物志向のロサンゼルスの実業界のリーダーを動揺させるに足るものでもあった。

バーンズドールの住宅、つまりホリホック邸について、ライトは「この住宅は大変な困難さをともなってようやく完成した。その理由の一つは、私がこの仕事を素人に任せざるを得なかったからである」と記し、この住宅のでき栄えに不快感を持っていたことは確かである。このようにライトは、三〇年代にシンドラーの愚かさゆえに建物の出来栄えが悪くなったと言ってはいるものの、竣工時の一九二〇年に果たしてそう感じていたかどうかは疑問である。容易に想像できるように、このオリーブ・ヒルの計画は、あらかじめ組み込まれた困難さ、特に関係者の個性に多大な影響を被った。シンドラーは、ライト、アーリーン・バーンズドール、そして施工者からなる三頭体制の中心という不愉快な立場に立っていた。一九一九年から父親であるライトのもとで修業を開始したロイド・ライトの助力があったとはいえ、シンドラーは、こうした複雑な現場監理を行うのに必要な経験を有していなかった。ライトが日本にいるため、本来であればライト自身が決めるべきこともシンドラーが決定を下さねばならなかった。常に増えていく建設費を抑え、自身のデザインの思想を表現するため、シンドラーは幾多の細部のデザインをなくしたり簡潔なものへと変更した。バーンズドールは、ライトがいかに巨匠といえども、この計画は、その建設に立ち会うのに十分興味深いものだと思っていたので、ライトにだまされているのではないかという猜疑心を消すことができなかった。さらに夫人は、他のライトの多くの施主と同様に、予期せぬ施工上の困難さや夫人が要望する変更によって、建設が進むにつれて建設費が上がり続けていくことを察知した。夫人が、この住宅に望んだことは、真に機能的な住宅であり、住みやすさをつくり出すために変更を求めたのである。他の二〇世紀における進歩的な建築の施主と同様に、夫人も、このハリウッドの丘にそびえる新しい建物について背反する考えをもつようになる。夫人は、ライトの設計した建築を所有するという名誉を望んではいたものの、モニュメントに本当に住みたいという確信を持ってはいなかったのである。ホリホック邸の竣工が近づくと、それは、住むための住宅ではなくモニュメントそのものであることが白日の下にさらされた。シンドラーは施主の度重なる激昂をおさえるために精一杯努力した。彼にとって、この住宅を完成に持ち込めたことだけではなく、バーンズドールと友人になり、後に彼女が彼にとっての主要な施主となったことは非常に幸運なことであった。

ライトが日本から戻る前でホリホック邸が竣工する前に、シンドラーはオリーブ・ヒルに建てられる二軒の独立住宅の初期の計画とともに実施設計を行ってい

［図22］ライト&シンドラー、管理人の家、オリーブ・ヒル、ロサンゼルス、一九二〇

る。この図面は日本にいるライトのもとに送られ、ライトは明らかに何の変更もせずに図面を承認している。その住宅とは、管理人の家（図22、一九二〇年）とオーリアンダー（セイヨウキョウチクトウの意）の家（一九二〇年）である。オーリアンダーの家はライトとシンドラーの双方のデザインとみなしうる。しかし管理人の家に見られる、ライトのプレーリー・ハウスとプレ・コロンビア風のデザインの奇妙な混合やルーズな平面構成は、まさにシンドラーのものである。この住宅の初期のスケッチから最終のデザイン、そして実施図面にいたるすべて

を、シンドラーは自ら描き上げた。この住宅の前にも後にも、ライトは、コンクリート造の住宅でこうした平面構成を行ったことはなかったし、また、プレーリー風とプレ・コロンビア風を巧みに統合化することもなかったのである。管理人の家の寝室が納められている一角には、三方に開く引き違い窓が設けられ、外側にあるスリーピング・ポーチによって、その効果が高められている。ダイニングと階段のあるホールからは、二層分が吹き抜けた居間が見渡せる。この構成は、ライトのプレーリー風の住宅や、ル・コルビュジエの一九二〇年代の住宅に数多く見出せるものである。住宅の中心部には、ユーテリティのコアとして浴室やキッチンそして暖炉がレイヤー状に順に配されている。個々のファサードやヴォリュームに見られる対称性は外部によく示されているが、内部空間の浸透は自由にそして緩やかなかたちで行われている。

一九二〇年から二二年（長くとも二三年まで）にかけてシンドラーはライトへの師事を続ける。彼は、ウィルミッテに建つJ・B・アーヴィングのための小さく仮設的な一室の住宅の設計を行い（一九二〇年）、また、建設されなかったオリーブ・ヒルでのアクターズ・アドベと呼ばれる俳優のためのアパートや商店の実施設計図面を作成する（一九二〇年）。さらに、ライトのプレキャストのコンクリート・ブロック造の住宅として最初のものとなる、パサディナにあるミラード邸（一九二二－二三年）の実施図面をロイド・ライトの協力を仰ぎながら完成させている。さらに、イーグル・ロックにあるC・P・ロウズ邸については、さまざまな計画の作成に従事した。ロウズ邸の第一案（図23）は、木の構造体がスタッコに覆われたプレーリー・スタイルの十字型の平面をなし、セコイヤの板材が水平に重ね合わされて帯をつくり、屋根の庇を壁面と分節している。次の案は、ライトの後の作品であるストーラー邸（一九二四年）に近い平面構成を示しているが、構造形式としては鉄筋コンクリートによるスリップ・フォーム[12]で、これはシンドラーが一九二三年にプエブロ・リベラ・コートで用いる手法でもある（この工法はロイド・ライトによって、すでに試みられていた）。これらすべての計画は、施主の予算を大きく超えることから破棄されることとなる。そしてシンドラーは、ライトへの師事をやめた後の一九二三年に、同等の興味深さを有しながらもより安価な住宅をロウズ家のために建てる。また、シンドラーがライトに師事していた間に、彼はニュージャージー州ジャージー市のフリー・パブリック・ライブラリー・バーゲン支所の競技設計（図24・25、一九二〇年）に応募するが落選する。この当時のシンドラーのライトへの賞賛の強さを考えると、この図書館の計画にライト的な理念がほとんど認められないことは驚愕に値する。外観で唯一ライト風なのが、主な開口部の左右においてマリオンによって入り組んだ長方形のパターンの窓割りを行っている点である。また、内部で中央の三層に

12　背の低い型枠を用いてコンクリートを打設し、次の日に型枠を取り外して、その上部に敷設しコンクリートを打設する工法。この工法によって型枠を減らすことができる。

［図23］C. P. ロウズ邸第1案、イーグル・ロック、1922

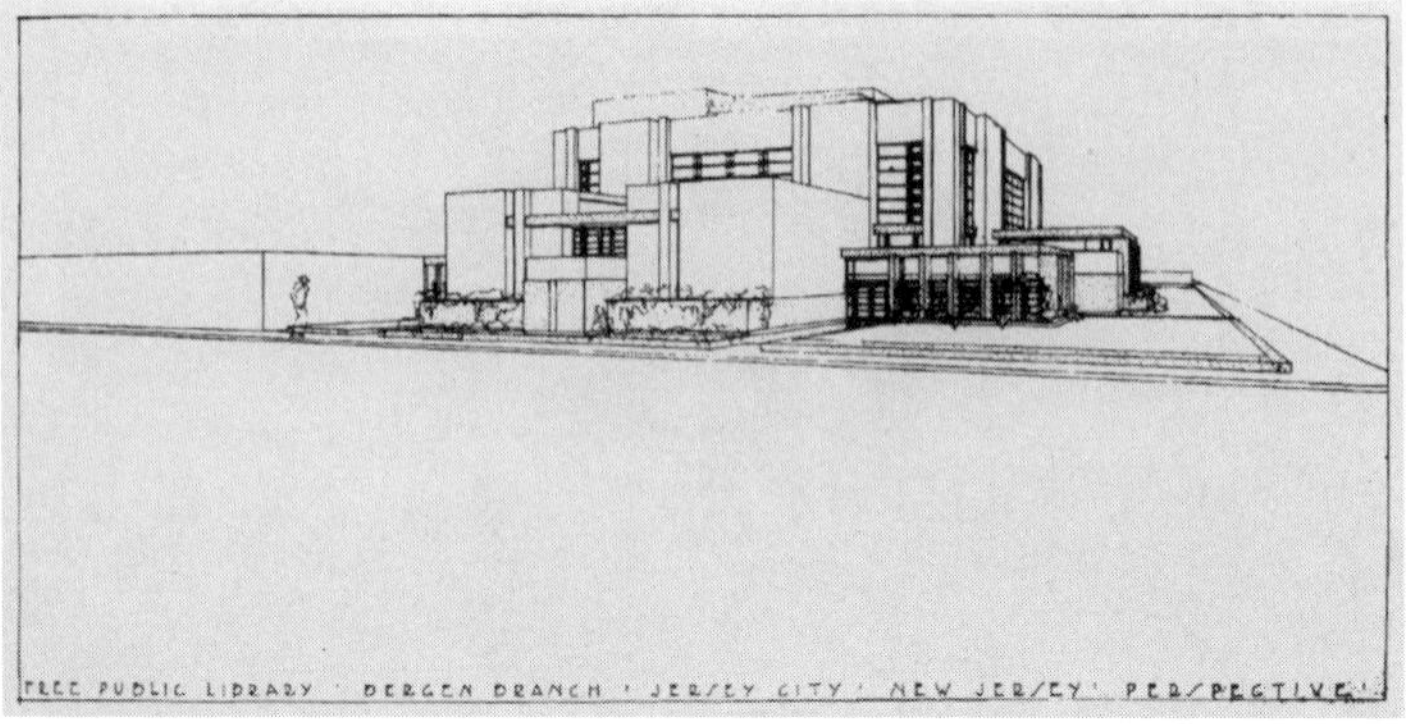

［図24］フリー・パブリック・ライブラリー・バーゲン支所計画、
ジャージー市、ニュージャージー州、1920、透視図

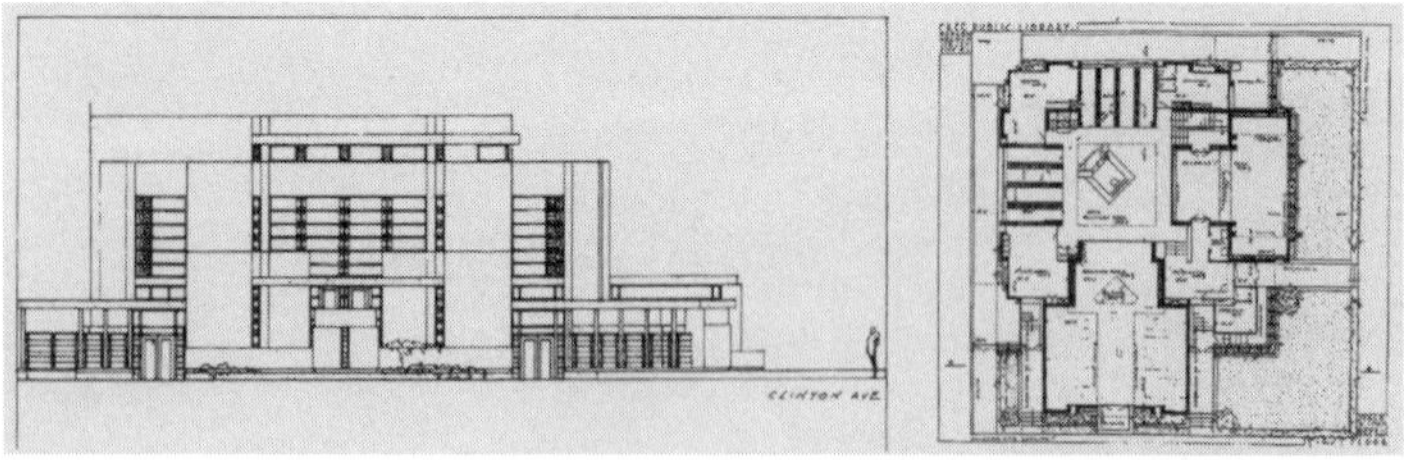

［図25］フリー・パブリック・ライブラリー・バーゲン支所計画、立面図・平面図

わたる吹き抜けの周りに諸室が完全に開放的に繋げられていることは、ライトのユニティ・テンプルやラーキン・ビルを彷彿とさせる。しかし、内外ともに簡潔な長方形の言語にまで還元化された表層やヴォリュームは、ライトのものというよりは二〇年代のル・コルビュジエの作品に見られる精神に近い。窓のパターン、高窓からの採光、そして垂直性を打ち出した内部空間といった、シンドラーのコンセプトは、そのすぐ後のフィリップ・ロヴェル博士のニューポート・ビーチに建つビーチハウス（一九二二年－二六年）や、他の二〇年代中期の作品、特にロサンゼルスのサッシュ・アパート（一九二六年－四〇年）で展開されることとなる。

第四章　機会——一九二〇年代のカリフォルニア

シンドラーが、ライトの事務所を辞し、自身の事務所を開く準備は徐々にではあるが進んでいた。一九二一年には、自分で行う設計にほとんどの時間を割き、一九二二年の後半にはキングス・ロードに自邸を完成させている。シンドラーはこの自邸に死去する五三年まで事務所を構えた。一九二二年までにシンドラー夫妻は、ハリウッドのコミュニティの中心的な人物となっていたので、シンドラーは生活を営むに足る依頼が得られるものと信じていた。彼はまた、ライトの圧倒するような個性に困惑もしていた。彼は一九一九年に友人に宛てた手紙の中で、「ライトの弟子で、自分自身の言葉を見つけられた人はいない」と記している。シンドラー自身も認めていることではあるが、彼にはライトと過ごした時間がすでに長すぎたのであろう。ライトの表現主義的なモードとヨーロッパの知的な純粋主義を重ね合わせるというシンドラーの試みは、彼のその後の作品の多くに曖昧さを付与することとなる。このような葛藤によって、彼のディテールや形態が豊かなものになることもあったが、たいていの場合は悪い方へと働いた。またシンドラーのライトの作品や個性に対する執着は、彼の一九世紀的なロマンティシズムと結合し、ライトの事務所での経験を簡単に捨て去ることを困難にした。

シンドラー夫妻と技術者であるクライデ・チェイスによって、彼ら二家族のための住宅が建てられたキングス・ロードはハリウッドの西に位置している。当時、周囲はまだ閑散としていて豆畑が点在していた。しかし建築家や建設業者にとって、ここはまさにエルドラドの雰囲気を有する場所でもあった。ハリウッドの人口は一九二〇年には三万六〇〇〇人であったが、一九三〇年までには二三万五〇〇〇人へと膨れ上がり、いたるところで建設が進んでいた。映画の中心地であるハリウッドはあこがれの地であるとともに裕福な地ともなった。また、石油が更なる富をこの南の地（現在ではSouthlandと、最初の文字を大文字にして記されるようになった）にもたらし、自家用車が日々の生活に欠かせないものとなった。三〇年代以前から、そして三〇年代を通して、ロサンゼルスでは人目を引く人物やアイデアがきら星のように光っていた。それらは、エイミー・センプレ・マックファーソン主催のフォー・スクエア・ゴスペルにはじまり、ハリソン・グレイ・オーティス将軍（一九一七年死去）のように政治的・社会的な権化となることであったりもした。彼らは、ロサンゼルス・タイムズ紙上や、反労働的な商人・製作業者組合で意見を述べた。ここは、アプトン・シンクレア[13]の拠点で、神知学者、ヌーディスト、自然療法医、健康と身体に熱中する人や、犬や猫の病院や墓地などが、アメリカで最も多く存在する場所であったのである。

一九一七年につくられたフォレスト・ローン墓地や、長期間にわたって続けられた警官のテロリズムや、ハリウッドでのシンデレラの世界によって広められた、

13 Upton Sinclair（1878-1968）：米国の小説家、社会運動家。貧困の終焉を提唱した。

ロサンゼルスへの否定的なイメージにもかかわらず、この南の大都市はつねにユートピアとして人びとを魅了し続けた。ウィリアム・バトラー・イエイツは、「この地のように、詩神の足音が聞こえるような気がする場所は、アメリカには存在しない」と記している。また、ロード・ブライスは、南カリフォルニアに「分断された存在であることの自覚」を見出している。さらに、カレイ・マックウィリアムズは一九四六年に「いつかカリフォルニアで新しい生き生きとした文化が生まれるだろうという観念ほど、深く定着した概念や何年にもわたって執拗に繰り返された考えはない」と述べている。

一九一九年から二〇年までにロサンゼルスではスパニッシュ・コロニアル・リヴァイヴァルが広がりはじめ、この年代の終わり頃には南カリフォルニアの郊外は地中海風の景観を呈するようになる。理論上、近代建築家は、過去の建築の様式を用いることに極めて強く反対したが、シンドラーとノイトラはともに、スパニッシュ・コロニアル・リヴァイヴァルを、一度もしくは二度にわたって試している。実際、一九三〇年までシンドラーは、ミッションやスパニッシュ・コロニアル・リヴァイヴァルから数多くの引用をしているのである。高いコストと施工の難しさから、シンドラーは、徐々に住宅作品にコンクリートを使用しなくなっていった。その場合、彼は一般的なスタッコで覆われた木構造を採用した。そして最後には、シンドラーは、ロサンゼルスの建設業者が行っているように、軒面からトレリスの木の部材の垂直・水平部分までをスタッコで覆うようになる。また、勾配屋根や、タイル貼りの床や屋根といった気取りのないスパニッシュ・コロニアル・リヴァイヴァルの要素を、シンドラーは自身のデザインに取り入れていく。プエブロ・リベラ・コート、キングス・ロードの自邸、そしてポペノエ山荘は、プエブロ・リヴァイヴァルといっても穏当なところであろう。彼は、特に二〇年代には、南カリフォルニアで一九〇八年から一〇年の間に生まれたバンガロー住宅の中庭空間に魅せられていたのである。

一九二一年から二二年にかけてのキングス・ロードの自邸や、一九二二年から二六年にかけてのロヴェル・ビーチハウスが、シンドラーの主要作品であることは疑問の余地がなく、このことはシンドラー自身も認めている。後に、これらの作品で展開された、いくつかの側面が再び取り上げられることはあったが、全体として見た場合、シンドラーの作品としては独創性が高いものである。そして、人工的な環境すべてを革新的に再考したという点において、キングス・ロードの自邸の方がより独創性が高いものである。

シンドラーが、チェイス夫妻と共有するキングス・ロードの自邸（図26－31、

［図26］キングス・ロードの自邸、ハリウッド、
1921-22、ティルト・スラブの壁の施工風景

一九二一－二二年）の設計を始める頃には、シンドラー夫妻は、ロヴェル夫妻と親密な関係を結んでいた。フィリップ・ロヴェル博士は、ロサンゼルス・タイムズ紙で定期的に掲載されていた人気のコラム「身体のケア」の編集者であった。彼は、屋外での生活やエクササイズそして加工していない自然食品を摂ることを提唱していた。彼はまた、子供については自由で気楽な教育が重要であることを信じ、彼自身の子供もよく裸で遊んでいた。さらに、彼とその家族は、あらゆる側面において「モダン」であることを熱望していた。ロヴェル博士の日光、オゾン、そして衛生への情熱は、建築的なモラリストであるシンドラーを魅了した。こうした問題に関するシンドラーの関心は、彼が一九二六

［図27］ キングス・ロードの自邸、透視図

［図28］キングス・ロードの自邸、居間

［図29］キングス・ロードの自邸、シンドラーのスタジオ部分の外観

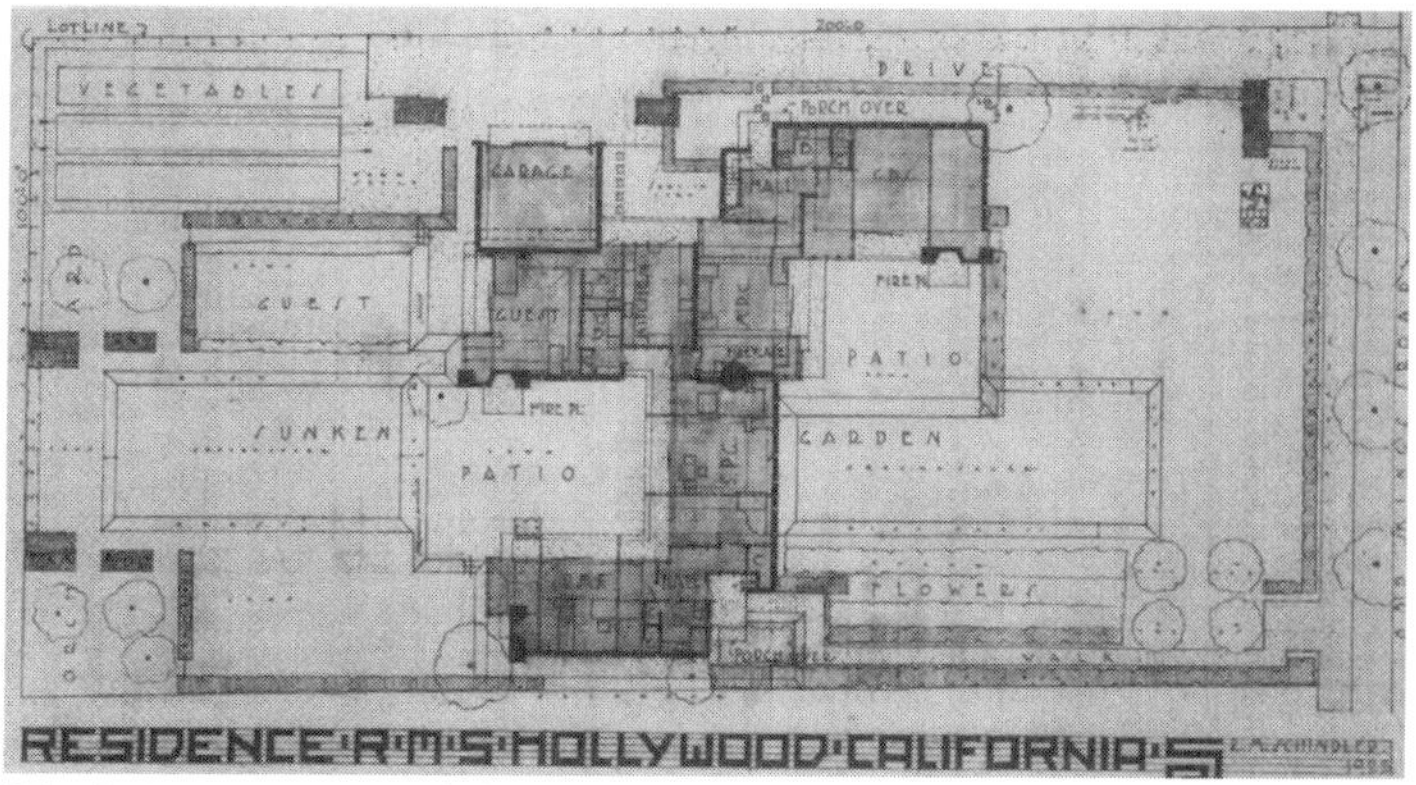

［図30］キングス・ロードの自邸、平面図

［図31］キングス・ロードの自邸、庭側の外観

年にロヴェル博士のコラムに掲載した、建築と健康の関係に関する六編の論文に窺うことができる。これらの論文の中でシンドラーは、キングス・ロードの自邸のデザインのもとになった思想の数々を詳述している。「部屋（の床）は地面に近づくように低くなり、庭は住宅を統合する役割を果たす。室内と室外の区別は消えるであろう。私たちの住宅は表や裏の区別もなくなるのである。私たちの住宅は、大きな部屋が家族の社会的な交流のためのデンで、いくつかの小さな部屋（寝室）が家人のためのデンであるという、デンの集合としての住宅ではなくなるであろう。それに代わって、一人一人が、自分自身の生活の背景としての個室を持ちたいと願うようになるであろう。彼はまた屋外で寝ることもあるだろう。

仕事場や遊びの場は庭と一体化され、グループで過ごしたいという時もその要求を満たすであろう」とシンドラーは述べている。シンドラーは、後年に書いた論文「協同住宅」（キングス・ロードの自邸のこと）で、この住宅は、キャンパーのシェルターとしての基本的な要求事項を満たすことが主題であった。「つまり、後ろ側を閉じて前側を開く、そして暖炉（火）と屋根である」と記している。

間口一〇〇フィート、奥行二〇〇フィートのキングス・ロードの敷地において、シンドラーは一つの囲まれた環境をつくり出そうとした。囲まれた空間をつくり出すために一平方フィートといえども無駄にはしなかった。南カリフォルニアにおいて、樹木や生垣は容易にそして急速に成長するため、シンドラーは、コンクリートや木、そしてキャンバス地の壁を用いるのと同様な容易さで、植裁を用いた屋外でのリビング・スペースをつくり出している。空間的にはシンドラーは、敷地を七つの屋外空間に分けている。それらは、細くて狭いエントランスへの通路、住宅の北側の部分と統合化された正面のパティオ・ガーデン、そして住宅の南側の部分と関係づけられた第二のパティオ・ガーデン、大きな部屋の延長ともなる住宅の裏側にある小さなパティオ、果樹によって囲まれた空間、生垣で囲まれた空間、そしてサービス・コート兼用の車路である。屋根が架かった内部空間は、四人の居住者がそれぞれ自身の空間を占有すべきであるという、シンドラーの思想を示している。平面図上で、R.M.S.と記されたスタジオはシンドラー自身が使い、S.P.G.と記されたシンドラーの妻の部屋は住宅の中央部にある。そして、チェイス夫妻のための二部屋は住宅の北側に配されている。個々の部屋は、一家族のユニットであるL字型の構成の一部であり、キャンバス地が張られた引き戸によって、外部のリビング・スペースへと開かれている。この引き戸は夏の間には完全に取り外すことができるようになっている。二つの主たる屋外のスペースにはそれぞれ暖炉が備えられている。キッチンは夫人たちが家事の無駄がないよう交代で調理をするために、シンドラー家とチェイス家が共同で使えるようになっている。さらにこの住宅の居住者は、エントランスの上部にある屋外に設けられた「スリーピング・バスケット（就寝用のポーチ）」で寝ることが想定されていたため、この住宅に寝室はない。

居住のための環境としては、キングス・ロードの自邸は、一九世紀、そして二〇世紀的な認識の一風変わった複合物である。屋外での生活そして肉体を自然の厳しさのもとに曝すという、ロマンティックな欲求は、純然たるアーツ・アンド・クラフツの観念である。この観念は、エルバート・ハッバードやグスタフ・スティクレイ、そして西海岸ではバーナード・メイベック[14]や、チャールズ&ヘンリーのグリーン兄弟といった、アメリカにおけるアーツ・アンド・クラフツ

14　Barnard Maybeck (1862-1957)：ニューヨークに育ち、パリのエコール・デ・ボザールに学び、一八八九年にサンフランシスコに移る。工芸的な様相とボザール的な構成を混成させた独自の建築をつくり出した。代表作にキリスト科学者第一教会（一九〇九－一一）や美術の宮殿（一九一三－一五）がある。

の唱道者に見られる勇ましい強靭さへとつながるものである。しかし、シンドラーの屋外での生活への視座はヨーロッパ的なものでもある。つまり、彼にとって「自然」な環境とは、アメリカ西部の開拓者にとっての未開の大地などではなく、狭いながらも隅々まで制御された都市的な環境なのである。この点においてシンドラーは、ル・コルビュジエや他の近代建築の唱道者と同様に完全に二〇世紀に生きる人間なのである。一方で、多くの点においてキングス・ロードの自邸は二〇年代という時代に逆行するものでもあった。特に、アメリカの住宅において不可欠のものとなっていた機械式の暖房設備もこの住宅には備えられていない。『カリフォルニア・アーキテクト&エンジニア』に、長期間にわたり貢献していたハーバート・クロレィは、「南カリフォルニアは、どのような種類の住宅も実用的で、どのような種類の樹木も育つ」と述べている。南カリフォルニアの気候は、もちろん温和なものではあるが、それでも気温や湿度は変動する。シンドラーは、極端な状態を無視し、一般的な状態を想定して、彼がつくり出す環境を完全に生活しやすいものとすることにしたのである。

この住宅の構造は、その環境と同様に相反する要素を内包している。コンクリートの床とティルト・スラブの壁（アーヴィン・ギルが用いた構法で、シンドラーはロイド・ライトを通じて知った）は、西海岸においては実験的で進歩的なものであった。ティルト・スラブ工法による壁の反復は近代の技術を顕示している。住宅全体に通じるティルト・スラブの壁によるリズミカルな外観は、機械生産による反復のプロセスを示しているのである。こうしたコンクリートの表層に対して、細長い高窓のある天井は木造で、さらに内部の薄い壁や引き違い戸も木でつくられている。これら、すべての木の要素が強く示すのは、その非永久性である。シンドラーがかつて述べたように、この住宅は強固で恒久的な洞穴と開放的で軽いテントの混成なのである。

このコンクリート、木、そしてキャンバス地でつくられた洞穴——テントは、コーチェラに建てられたポール・ポペノエ山荘（一九二二年と一九二四年）、ライトウッドに建てられたロヴェル博士の山荘（一九二四年）、そしてフォールブルックのカールトン・パーク（一九二五年）のランチハウスといった、三軒の住宅でも展開された。シンドラーは、これらの別荘でも気温などの調整のために設備機械を使いたがらなかったが、シンドラーの自邸に比べ、これらの別荘ではずっとうまくいった。その理由としては、これら三軒ともに海岸と中央部の砂漠との間にある乾燥した谷に位置していたものの、別荘であるため、暑すぎたり寒すぎたりする時には使用されないことが想定されていたことによる。

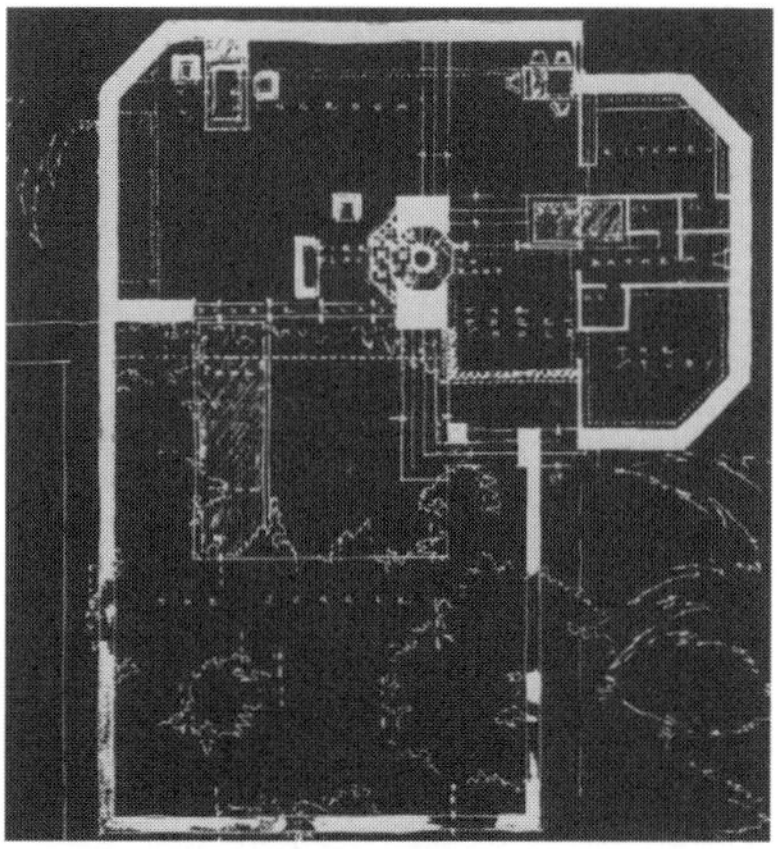

［図32］砂漠の家計画、1924頃

シンドラーは、亜乾燥地帯であるパーム・スプリングス地方にP・ポピノフ氏のために一九二四年頃にデザインしたと思われる砂漠の家（図32）においても、同様のアプローチをとる。キングス・ロードの自邸と同様に、それはデザインされた環境であり完全に自律したものとして計画されている。空間は、厚いコンクリートの壁によって完全に覆われているので、その結果、涼しい洞穴となっている。高い壁に囲まれた中庭には部分的に屋根が架けられている。プールや植栽は、より隔離された内部空間の外部空間への限定的な伸張となっている。内部空間は基本的に一室の空間で、キッチンや浴室でさえ単なるアルコーヴか、もしくは主空間の延長として扱われている。実用的なバスタブはプールへと転じ、そこから水があふれ、室内を通り庭にあるプールへと流れ、さらにあふれることで植物に水をもたらす。

南カリフォルニアの温和な環境という、シンドラーの最初の印象は、彼を刺激したが行き詰まりをも感じさせることともなった。温和な気候を背景に、彼は、内部と外部の空間を意味づけて統合することや、従来の空間の分節を完全に刷新する。日干しレンガの壁を素材感を生かしながら使うことも紛れもなくその一つの要素であり、それは、アーヴィン・ギルの作品のように鉄筋コンクリートをスタッコで覆う使い方ではなく、素地のまま使うことへとつながっていく。普段の気候は乾いた穏やかなものであり毎日のように屋外での生活を営むことは可能であったため、寒い夜や不快な暑い日々、特にサンタ・アナにおける焼けつくような気流や豪雨、さらに毎日のように起こる霧といった極端な状況について、シンドラーは無関心な態度を取った。シンドラーの施主たちは、夏や週末のための別荘であったこともあり、こうした気候に対する放任主義については我慢をした。しかし、年中生活するとなると、そうした我慢も長続きはしなかった。二〇年代の終わりになると、施主たちは、シンドラーに住宅の改造を行うよう説得し、少なくとも冷暖房設備を設置することを認めさせたのである。

シンドラーは、独創性をもった建築家であるという自己規定を行っていたにもかかわらず、彼の二〇年代前半の作品群には、同時期のライトやロイド・ライトのデザインと近似するものが認められる。歴史的に見れば、これらのデザインはヨーロッパにおける表現主義と密接な関係がある。ヨーロッパの表現主義者と同様に、ライト親子とシンドラーは、線やヴォリュームそして長方形や鋭角の形態を重ね合わせて非常に扇動的な構成をつくり出していた。こうしたモチーフに対する情熱の一部は、彼らがもつ恣意的な質に根ざすものである。一部の例外を除いて、こうしたモチーフが、機能的あるいは施工上の必要性とは直接的な関係がないことによって、それらをより魅力的なものにしたのである。つまり、ほとんどの場合、それらは表層あるいは表層群として具現化され触覚性豊かな質をつくり出しているので、ヨーロッパでのインターナショナル・スタイルの勃興期には全くそぐわないものであったのである。南カリフォルニアにおいて短期間ながらも表現主義が隆盛した源流は、源流というものが一般的にそうであるように、単純なものである。つまりモチーフの多くは、プレ・コロンビア風の建物の表層を織物のようなパターンで埋め尽くすことに傾倒していた、一九一四年のミッドウェイ・ガーデンから東京の帝国ホテルにいたる、初期のライト自身のモチーフに由来するものなのである。しかし、シンドラーが、ヨーロッパの表現主義の建築や絵画の動向を熟知していたことも忘れてはならないであろう。シンドラーは、この時点で、こうしたヨーロッパの表現主義の潮流に遅れをとることはなかったのである。さらにロサンゼルスでは、シンドラーをはじめ、ケム・ウェーバーやロイド・ライトは、ガルカ・シャイヤー夫人や彼女が収集しているクレー、カンディンスキー(図33)、ファイニンガー、そしてヤウレンスキーの絵画も直接見て知っていたのである。シンドラーの表現主義の源流として考えられる最後のものが、ジグザグ・モデルヌもしくはジャズ・モダーンである。これは、一九二五年に開催されたパリ万国装飾美術博覧会(その結果、このスタイルはアール・デコという呼称も有する)で頂点に達していた。ライト親子やシンドラーが用いた表層のパターンと、ジグザグ・モデルヌのモチーフに認められる共通点は、あまりにも密接であるため、それが偶然のものと断定することは困難である。この新しい流行は、南部における嗜好とも交わり一九二〇年代の終盤までにロサンゼルスのビジネス街の再構成を担っていた大手の設計事務所のすべてが、この流行を採用することとなる。その一方でスパニッシュ・コロニアル・リヴァイヴァルは、住宅や小規模の業務ビルのデザインの主流を依然として占めていたのである。

シンドラーはジグザグ・モデルヌを表層的なスタイルであると風刺してはいたが、彼の表層のデザインには、鋭角、ジグザク、曲線ではなく、むしろ長方形のパターンをモチーフに用いることが多かったという差異しか認められない。シンドラーが、一九二二年から二五年にかけて建設業者でもあるO・S・フローレンのためにデザインした小規模なデュプレックスや住宅では、スタッコで覆われた箱の表面が水平線や垂直線による装飾で覆われ、シンドラーが、いかに「ジャ

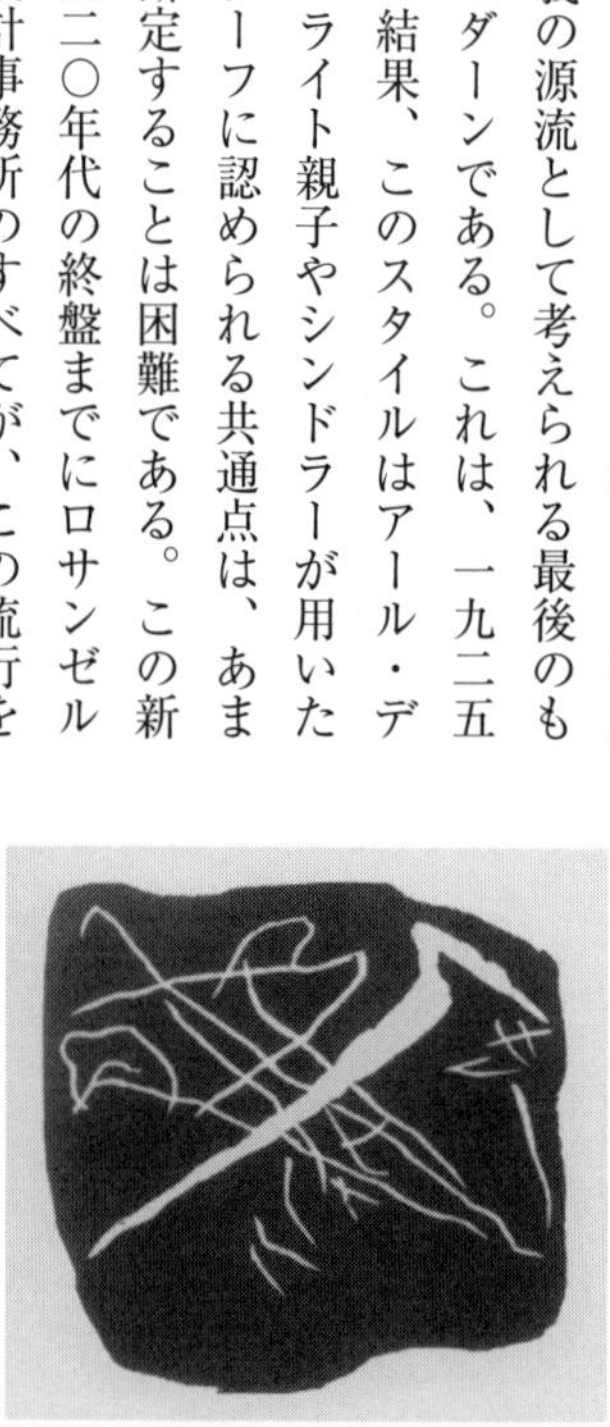
[図33] カンディンスキーの絵画

［図34］クローデ・ワーン夫人邸第1案、ロサンゼルス、1923

ズ」へと傾倒していったかを示している。

さらに表現主義的な傾向をより深く示している作品が、ロサンゼルスのクローデ・ワーン夫人邸計画第一案（図34、一九二三年）とイーグル・ロックのC・P・ロウズ邸の最終案（図35・36、一九二三年）である。ワーン邸は、壁の上に置かれた不整形の箱で、その四面の立面は木の板が重ね合わされた煩雑なパターンとなっている。このパターンは、中央へいくにしたがって窪み、その中央部にあるスタッコのパネルと正面の水平窓や垂直の板や窓さらにその脇にあるバルコニーによって際だっている。このデザイン自体は魅力的であるものの、その魅惑はパターンの恣意性からくるものである。理想郷としてのパラディオ風のヴィラと同様、こうしたヴォリューム的な彫刻において、機能性に基づく要求をいかに充足できるのかを推理させる格好の例でもある。

ロウズ邸の場合、板の直線的な重ね合わせでできた表層は、スタッコの平坦な面とは触覚性の点でまたも対比的に取り扱われている。しかし、この作品の場合、全体を構成するために多数のヴォリュームが用いられ、より複合的な様相を呈している。南側のファサードにおいて、わずかに突き出たベイ、西側におけるデンやその上階のスリーピング・ポーチなどの表現は、ワーン邸の表層に形態的には近接するものである。ロウズ邸の三階部分は、南に傾斜した敷地に論理的に対応

［図35］C. P. ロウズ邸、イーグル・ロック、1923、外観

［図36］C. P. ロウズ邸、居間の暖炉

したもので、谷への眺望が開けるようになっている。居間は、造り付けの棚の上部があいていることで、それより低い位置にあるダイニングへと空間が流入している。そして、居間の両側に設けられた高窓によって、この主室の垂直性が高められている。ダイニングの主たる照明は、八つの露出された電球を垂直的に組み合わせたもので、その磁器製のベースとともに、照明が点けられていようといまいと彫刻としての役割を果たしている。

シンドラーは、こうした照明のデザインなどのディテールには細心の注意を払い、その結果、内外空間を巧みに関係づけることに成功している。一方、それ以外の問題については、あまり意をつくすことがなかったようである。たとえば、外部から居間へは、何ら空間的な変化を設けずに直接に入れるようになっていることや、玄関のドアはほとんど後知恵の産物に見え、内部からも外部からも同様に見つけにくいものである。ロウズ邸の場合、彼の他の作品と同様に、シンドラーは、階段のデザインに悩まされ満足に足るものにはできなかったように思われる。シンドラーが最も関心を抱いていたのが、空間の垂直的な操作——天井や床のレベルに変化をつけること——であることを考えると、彼が、階段のデザインにあたって、階段を上り下りする楽しさをもたらすようなデザインをすることがまれであったことは驚愕に値しよう。この住宅の場合、居間からダイニングに降りていく階段や寝室に上がっていく階段は、ともに幅が狭く急勾配のものである。また、シンドラーはかねがね、キッチンは調理が楽しくできるようにデザインすべきであると主張してはいるものの、彼がデザインしたキッチンは、たいていの場合、小さく見栄えもよくないものであった。たとえロウズ邸のように比較的大きなキッチンの場合でも、主婦は皿洗いをする間、窓のない壁を見つめ続けなければならないのである。さらに彼は、浴室は空間的にも豊かでエクササイズもできる楽しい部屋でなければならないと書いてはいるものの、ロウズ邸の浴室は狭苦しいとすら感じるほど最小限のものである。

ロウズ邸と同様の表現主義的建築で、外観に表れた幾何学には恣意性が高いものの、機能的には成功した事例が、一九二四年に南パサディナに建てられたジョン・C・パッカード邸（図37－39）である。この住宅においてシンドラーは、人工的な環境をつくり上げるという主題をさらに展開している。キングス・ロードの自邸と同様に、この住宅でも、夫婦の部屋と子供のプレイルームは独立し、洋服用のクローゼットが備えられた寝室は、それぞれの空間が外部にあるポーチへと広がるようになっている。Y字型の平面形によって、サービス・コート、玄関と居間に面した庭園、周囲からいくぶん分離された芝生のパティオ、囲われたグレード（林間の空地）、遊び場、そして夫婦の寝室に面した庭園という、六つの

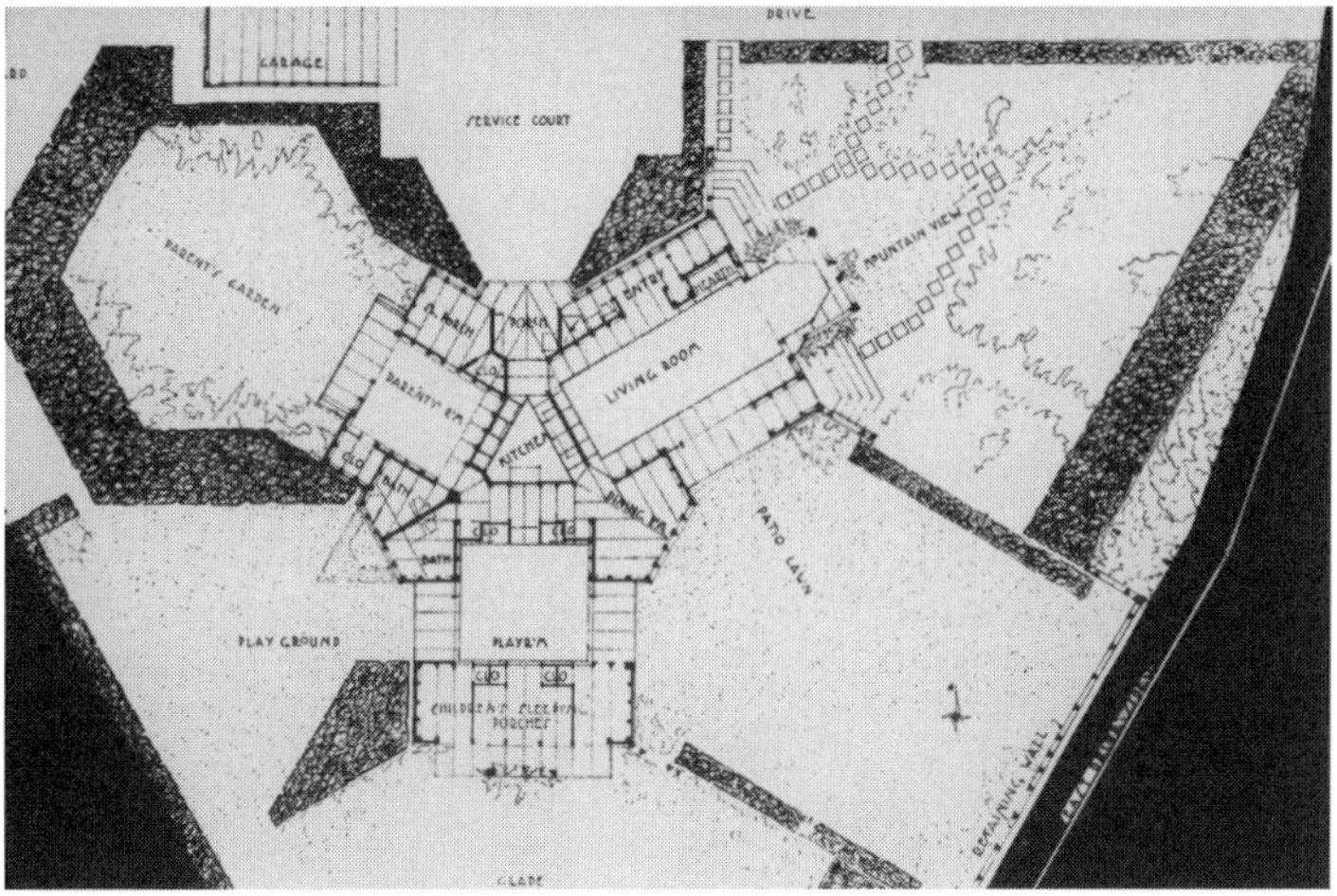

［図37］ジョン・C. パッカード邸、南パサディナ、1924、平面図

外部空間をつくり出すことが可能となった。また、この地域では勾配屋根の採用が義務づけられていた。シンドラーは、こうした規制に対していくぶん皮肉を込めて、三本の腕のように広がるこの住宅の三方それぞれに急勾配の屋根を設けるとともに床から立ち上がる縦長の窓を配している。この急勾配の屋根と、それとは対照的な低く水平的な空間からなる内部空間は、バーナード・メイベックがつくり出す空間の雰囲気に最も近似している。Y字型の平面形状を採ったため、いくぶん不格好で未解決のところもあるが、全体として見れば、この平面形状はか

［図38］ジョン・C.パッカード邸、外観

［図39］ジョン・C.パッカード邸、居間

なり成功している。中央にあるキッチンは、サービス・ポーチ、玄関、そしてダイニングに接し、さらに観音開きのドアによってパッカード夫人はプレイルームにいる子供たちの様子を窺うことができるのである。このように中央部にコアを挿入することは、この住宅をいくつかのゾーンに分ける空間的・音響的なバッファーとなり、ゾーンからゾーンへの移動の距離もあまり長くはならないのである。

パッカード邸は、シンドラーがグナイト・コンクリートを使用した最初の事例でもある。外壁は、二層になったワイヤーの

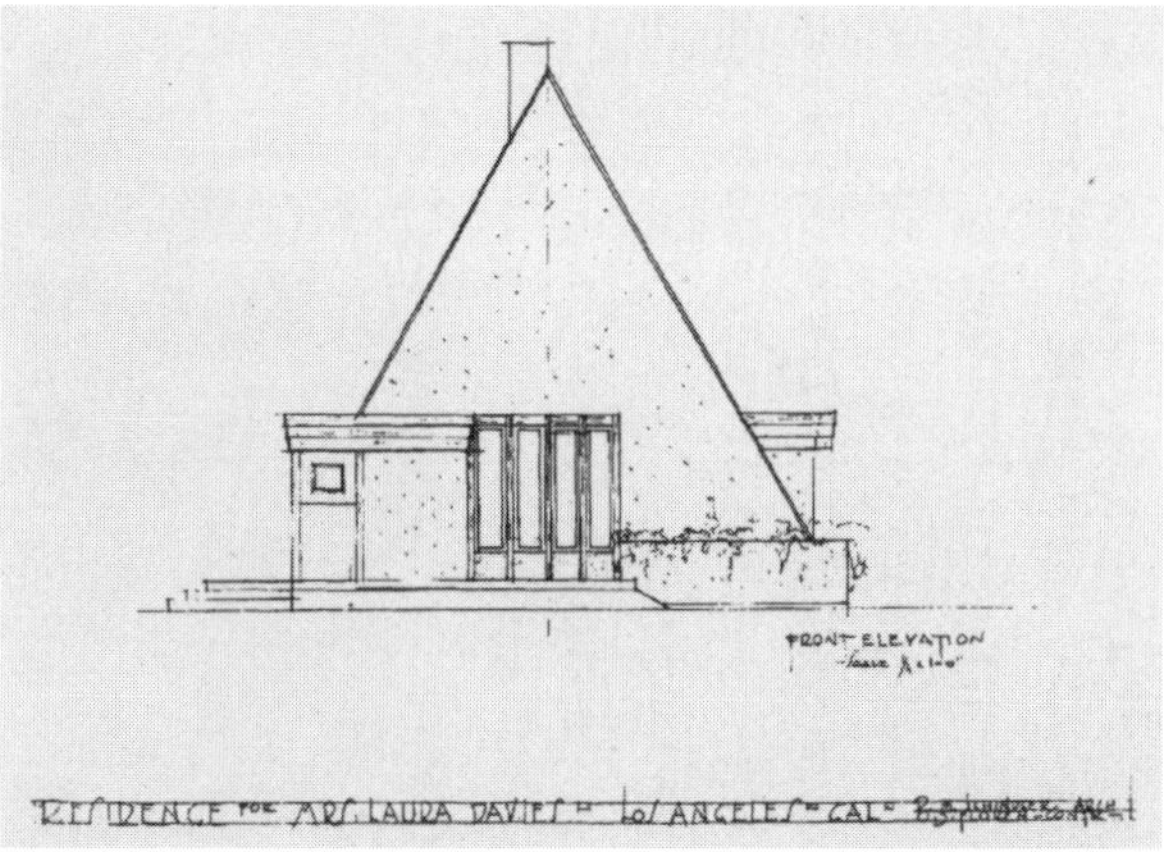

［図40］ロウラ・ディヴィス夫人邸計画、
ロサンゼルス、1922-24頃

メッシュからなり、このメッシュは、壁内の間柱それぞれと緊結された垂直のロッドに固定されている。薄い壁や間柱は、コンクリートを放射する打設機によって同時に打設される。この工法は、彼がそれまで用いていたティルト・スラブ工法に比べ有利な点がいくつかある。壁内にできる空気層は湿気対策とともに断熱の作用もあり、また、壁が薄く通常のコンクリートのスラブに比べ、ずっと軽いことから基礎を軽微なものにできた。パッカード邸の屋根やドーマー窓そして鼻隠といった木材が使用された部分は、すべて銅の薄いシートで覆われる計画であったが、コストが高くなりすぎたので、彼のその後の作品と同様に屋根葺き材で覆っている。

［図41］M.ディヴィス・ベイカー夫人邸計画、ハリウッド、1923

パッカード邸の一〜二年前、シンドラーは急勾配の屋根でほとんど外壁のない住宅を設計している。ロサンゼルスのロウラ・ディヴィス夫人のための小住宅（図40、一九二二−二四年頃）である。この住宅は、アメリカにおいてA字型の構造をもつ最も初期の作品の一つである。さらに、急勾配の屋根を主にすることで、当時にあってはかなりモニュメンタルな質を有していたものが、ハリウッドに建てられたM・ディヴィス・ベイカー夫人の住宅（図41、一九二三年）である。これらの住宅は、独立してから設計したものであったが、当時フランク・ロイド・ライトがロサンゼルスでつくり出していた住宅と共通する点が多い。その後の一九三四年にベナッティ山荘をA字型フレームで建てるまで、シンドラーは、急勾配の屋根を用いた試行を行ってはいない。また、パッカード邸に認められたメイベック風の空間の雰囲気には、最終期のテッシラー邸（一九四九−五〇年）で回帰することとなる。

［図42］リー・ラス・ショップ、ロング・ビーチ、1926、外観

シンドラーの角張った表現主義の最後の作品と言えるものが、ロング・ビーチに建てられたリー・ラス・ショップ（図42・43、一九二六年）である。これは改修で、普通の店のファサードであったものに幾何学的なパターンのスクリーンを配したものである。デザインは二次元的で、その背後にあるものを完全に無視した製図板上の解決である。これは、店のファサードを宣伝のためのサインとする、一九世紀的な偽装のデザインに近いものである。シンドラーは後の店舗の設計においても店舗の正面を「お入りください」という意味を持たせたデザインにするが、そのデザインは、二次元的な線による構成というよりも三次元的な彫刻とする傾向を有していた。

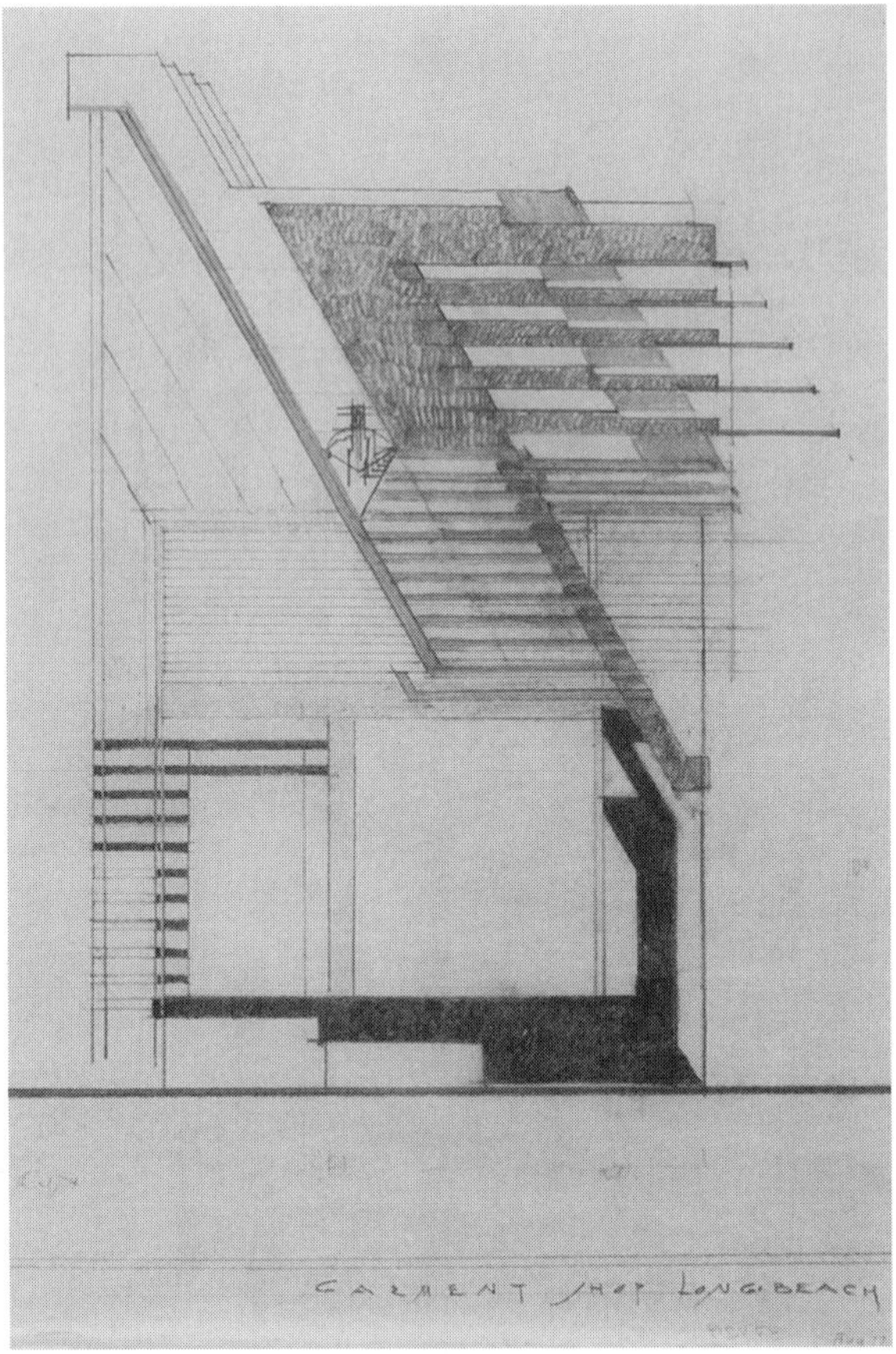

[図43] リー・ラス・ショップ、立面図

第五章　理論の実践

シンドラーは、一九一五年に西海岸を旅行した際、アーヴィン・ギルの作品二〜三軒を見学した程度であった。その後、サンディエゴのギルのもとで働いていたロイド・ライトを通じて、シンドラーやノイトラはギルを紹介される。シンドラーは、二〇年代の初頭にギルを訪ねており、また、ギルの印象深い作品であるダッジ邸（図44）がキングス・ロードの自邸と道を挟んで建っているにもかかわらず、彼がギルの建築を好意的に評価することはなかった。彼の師であるロースとギルの作品に共通点があることを積極的には認めたくなかったからである。ギルが用いるアーチや屋根のタイルが、ミッションやスパニッシュ・コロニアル・リヴァイヴァルを強く示唆することから、シンドラーとしては、ギルの形態の純粋性を評価することができなかったのであろう。しかし彼は、ギルのコンクリートを用いた工法、特にティルト・ス

［図46］ヤコブ・コルセンのためのバンガロー・コート計画、ロサンゼルス、1921、透視図

［図44］アーヴィン・ギル、ダッジ邸、ハリウッド、一九一六

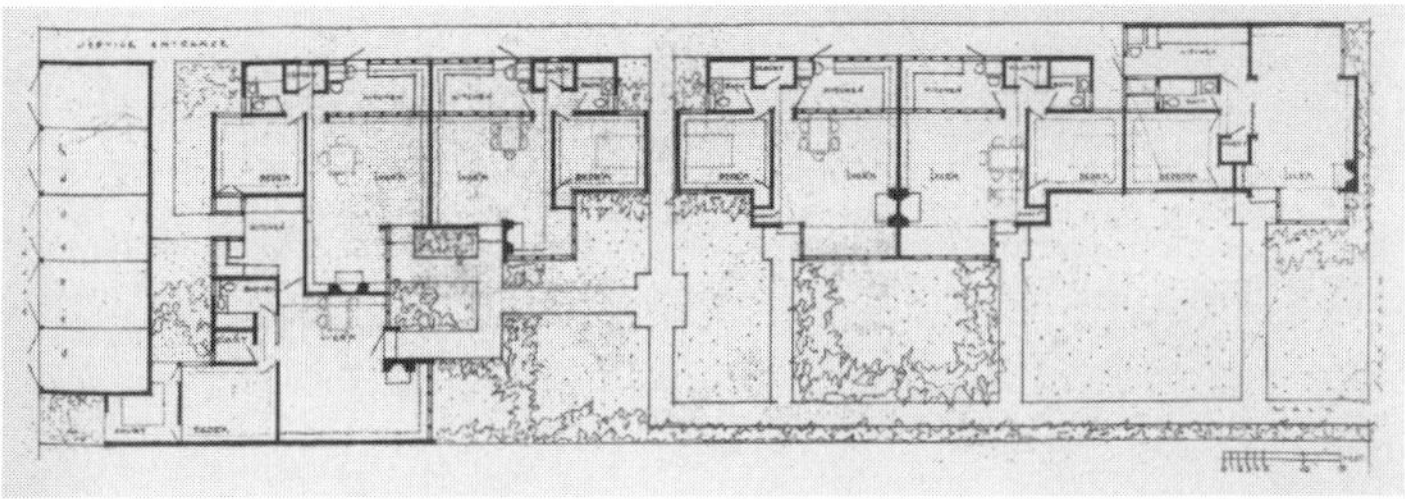

［図47］ヤコブ・コルセンのためのバンガロー・コート計画、平面図

ラブ工法をすぐに採用する。こうしたギルの作品との密接な近似性を示しているシンドラーのデザインが、労働者のためのコロニーにあるグルドそしてバンディーニのための一戸あるいは二戸のコンクリート造の住宅（一九二四年）である。配置計画や個々の住宅のデザインは、ギルの（そしてフレデルック・ロウ・オルムステッド・ジュニアの）一九一六年にトレランスに建てられた集合住宅のデザインに大変よく似ている。また、シエラ・マドレに一九一〇年に建てられたルイス・コート（図45）のように、ギルが一般の家族向けの住宅において中庭を中心とする構成を採用したことが、シンドラーを同じような方向へ向かうことを鼓舞したことは想像に難くない。一九二一年にシンドラーがデザインしたヤコブ・コルセンのためのバンガロー・コートの計画（図46・47）は、ギルが一九一九年にサンタモニカに建てたホラティオ・ウエスト・アパートのヨーロッパ的な変調とみなせるものである。しかし、この

［図45］アーヴィン・ギル、ルイス・コート、シエラ・マドレ、一九一〇

シンドラーのデザインの源流は、ギルにあるではなく、彼の一九一二年の卒業制作にある。

一九二〇年代のカリフォルニアをはじめ、アメリカのその他の場所においても、プエブロ・リベラ・コート（図48－51、後にエル・プエブロ・リベラと呼ばれる）は、住居の集合体の設計としては、この時期において最も独創的なものの一つである。計画的に見ても、ほとんどあらゆる点で成功している。通り側の景観

［図48］プエブロ・リベラ・コート、ラ・ホヤ、1923、透視図

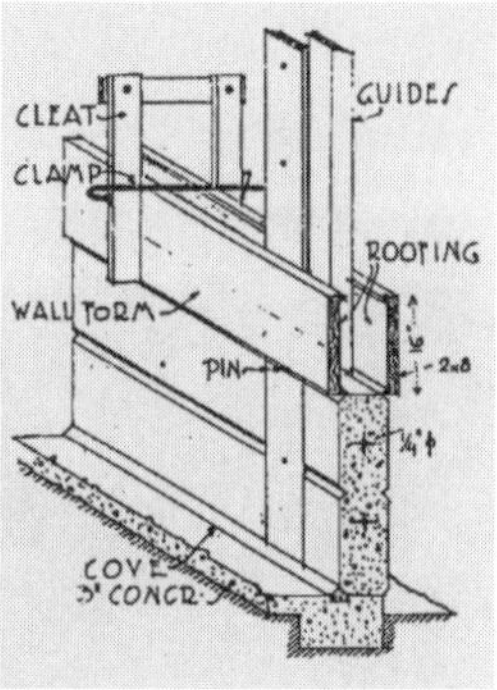

［図49］プエブロ・リベラ・コート、建設風景と壁の詳細図

には、対比と対立、統一と不規則が併存している。個々の住戸は最大限のプライバシーを有しているとともに、ルーフ・テラスからは海への眺望が開けている。コンクリートの壁は可動式の型枠でつくられている。住戸は二戸ずつ組み合わされてL字型をなしている。個々の住戸には壁と背の高い植栽に囲まれた屋外のパティオがある。二つ目の半屋外空間はルーフ・テラスである。ここは、日中は居間として、また夜間は就寝の場所として利用される。引き違いのガラスのドアと対になったフランス窓によって、U字型の内部空間が囲まれたパティオへと浸透する。その名前が示唆するようにプエブロ・リベラの計画は、ニューメキシコにある先住民の集落の外観を彷彿とさせるものでもある。詳細に見ると、キングス・ロードの自邸と同様に、天井が低く水

平感のある内部空間や、木とコンクリートという素材の対比が展開されている。

さらに、層を成すコンクリートの外壁に窓が挿入される構成は、構造的にも視覚的にも一九一六～一七年のログ・ハウス計画の構成を継承するものである。

［図50］プエブロ・リベラ・コート、通り沿いの外観

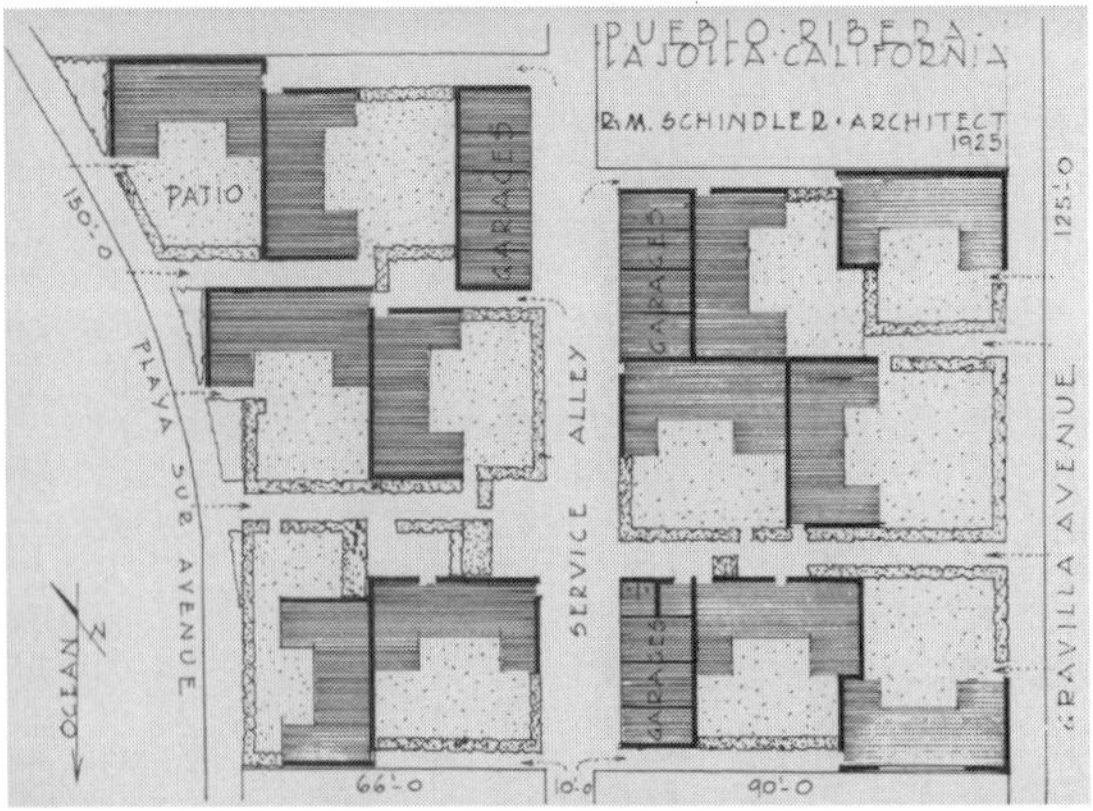

［図51］プエブロ・リベラ・コート、配置図

プエブロ・リベラ・コートの計画は、二〇年代初期において近代建築を実現させようとする施主と建築家の双方が直面せざるを得ない、さまざまな問題をよく示すものでもある。シンドラーの施主であるＷ・Ｌ・ロイドはサンディエゴ在住の歯科医であった。ラ・ホヤは、かねてから海岸沿いのリゾート地として有名で、一〇年代から二〇年代にかけての建設数は最高潮に達していた。ラ・ホヤを訪れる旅行者の大半は中西部からで、彼らは冬の寒さの厳しさから逃れたいと思っていた。したがって、ラ・ホヤでは賃貸用の住宅やアパートが必要で、ロイドやその他の人びとはそこに投資したいともくろんでいた。この施主は、ハリウッドに住む友人を介して一九二二年の終盤にシンドラーに出会う。ロイドは、シンドラーにプエブロ・リベラ・コートという集合体の設計を依頼するが、その際に、デザインで注目を集めることと同時に伝統的な南西部の雰囲気も残すように求めた。さらに投資家の観点からすれば、敷地を最大限に有効活用することが求められるので、これらの点からもバンガロー式の中庭型の計画は最も説得力のあるものであった。シンドラーは一九二三年四月にＷ・Ｌ・ロイドに宛てた手紙にこう記している。「私は、この計画全体を本当のカリフォルニア・スタイルとして、つまり、住宅の中央に庭があり、各部屋は庭に対して開放的で、地面の高さに近いレベルにコンクリートの床を設け、そして屋根はポーチとして、居住にも就寝にも使えるものを考えたいと思っています」。Ｗ・Ｌ・ロイドは住戸数として、シンドラーが計画した一二戸ではなく一四戸を希望していたが、結局、シンドラーの計画が経済的にも適切なものであるとみなした。

プエブロ・リベラ・コートの計画の中で、建築家によって提起された問題で最も大きなものが、壁を木造ではなくコンクリート造にすべきであるという主張であった。施主は、融資会社を次から次へと訪れたが、すべての会社がコンクリートの壁を使うことに難色を示した。彼らは、コンクリートの壁は高くつくこと、荷重を支持するという確信がないこと、さらにコンクリートを基礎や実利的な構造として使うことはあっても、住宅の壁に使うには評価が低く、賃貸が困難になるということを主張した。シンドラーは施主に、この新しい素材が高くつくことはないこと、そして「ほどよい配合で、きちんと練り上げられたコンクリートは、それ自体で耐水性を有している」ことを保証した。結局、W・L・ロイドは、彼自身の資産を担保にして工費を捻出し、シンドラーの友人であるチェイスが施工者となった。「ここにいる人びとは誰しも、貴方が計画している方式ではコンクリートの耐水性は確保できないと言っています。近いうちに彼らが間違っていたことを証明できることを希望しています」とW・L・ロイドはしたためる。

プエブロ・リベラ・コートの施工は、毎日一層分の型枠にコンクリートが打たれ、翌日にはこの型枠はその上部に据え付けられてコンクリートが打設される。補強材となる間柱は、水平・垂直方向に広がり、その結果、コンクリートの層が結びつけられることとなる。ドアや窓のサッシュと同様、床や内部の間仕切り壁、ルーフ・テラスには、ベイマツが素地のまま用いられた。

結局のところ、融資会社が示した不安感は現実のものとなった。コンクリートの壁は、通常の木造に比べ現在と同様にそのコストは高かった、また、コンクリートの床や壁がともにうまく機能するのかという融資会社の疑問も、よく洗われなかった砂と最小限のセメントでつくられた床や壁にはすぐにクラックが生じ、ついにはコンクリートが剝離を始めるという事態に陥ったことで、不安が正しかったことが証明されてしまった。木材とコンクリートの接合部分のディテールの設計も不十分で、さらにコストを抑えたいという理由からシンドラーは、適切な排水設備も設けなかったのである。その結果、各住戸はざるであるかのように雨漏りがした。南カリフォルニアでは、雨は冬に集中的に降るため(二四〜三〇時間に八〜一二インチ)、こうした環境上の要件をあらかじめ考慮しておかなければ、デザインとして成功しないことはいうまでもない。ロイドは、屋根からの雨漏り、ドアやクラックからの水の侵入といった状況に、借り手が嫌悪感を持ち始めていることなどをしたためた手紙をシンドラーに幾度も送る。シンドラーとチエイスは、こうした箇所を費用をかけて修繕し、最悪の状態から脱しこそはするが、すべての住戸が完全に耐水性を有することはなかった。その結果、二〇年代終盤までにロイドは経済的に困窮しプエブロ・リベラ・コートを次々と売らねばならなくなった。この計画は、配置計画といった点では賞賛されるものではあるが、理論的な近代建築を、現実の社会へと移入するといった観点や経済的な視点からは失敗に終わったのである。

プエブロ・リベラ・コートの計画を拡張したものが、J・ハリマンのための集合住宅計画（図52、一九二四－二五年）で、計画地はロサンゼルスであると目される。ラ・ホヤに建てられたプエブロ・リベラ・コートと同様に、このハリマン計画も大規模なバンガロー・コート式の計画で、自立したコミュニティとして、専用の店舗やガソリン・スタンド（ここには示されてはいないが、図面の右側に計画されている）、駐車場や遊び場、そして集会所が計画されている。二七戸の住戸は六列をなし、各列は川側へと徐々に傾斜する六つの雛壇に配されている。それぞれの住戸の長方形の敷地は、アウトドア・リビングとなる壁で囲われた中庭を有している。L字型の住居は、中央に居間とダイニング用のヌックが配され、キッチンとサービス・ポーチで一翼を、寝室や着替え室、そして浴室で一翼をなす構成である。この計画では、後年のモーテルのように、敷地の入り口に二一台

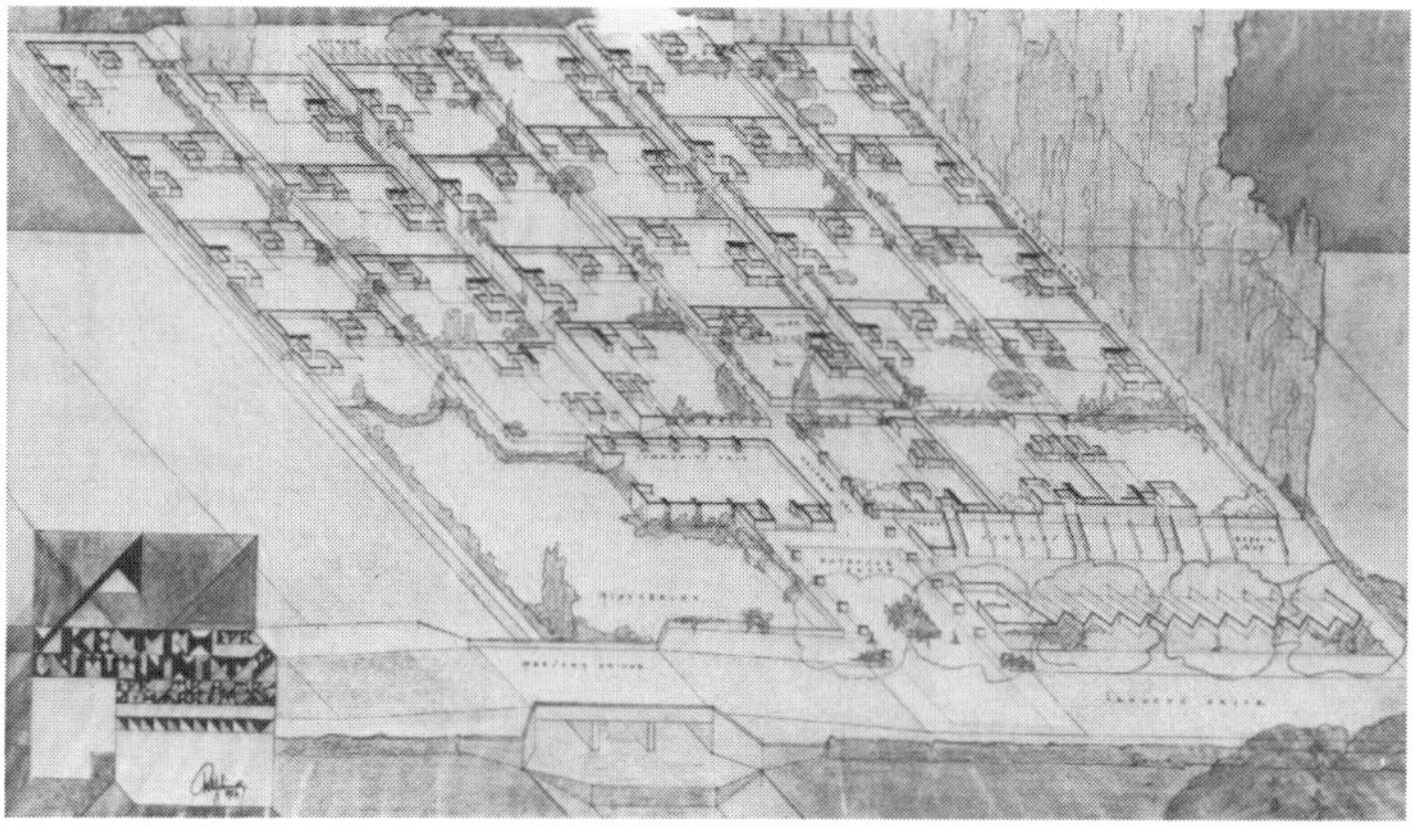

［図 52］ J. ハリマンのための集合住宅計画、ロサンゼルスと思われる、1924-25

分の駐車場が配されていることから、自動車を利用することが前提であるとも目されるが、シンドラーは、居住者に駐車場からそれぞれの住戸まで、敷地内を歩かせる計画としている。また、来客や訪問者用の駐車場は設けられていない。雛壇状の敷地で自動車の利用を前提にしたこの計画は、車道や駐車場の面積をより多くしなければ、いくつかの難点があることを示してもいる。シンドラー自身は、一九二二年の初頭に、自動車は今後の交流手段の主流となると語っており、そうした場合には、自動車で各住戸の玄関先まで行けるような計画とするべきであったのであろう。この点についてシンドラーは、駐車場と車の入り口を敷地全体の正

[図53] O. S. フローレンのためのデュプレックス、ハリウッド、1923

面中央部においた時点まで認識はしていた。しかし彼は、居住者が住戸まで車で行けるようにはしなかった。このハリマン計画は実現されなかったが、その理由が、こうした計画上の問題に由来するのか経済的な問題に由来するのかは定かではない。

一九二二年から二五年にかけて、シンドラーは、建設業者であり開発も行っていたO・S・フローレンと密接に協働する。彼らは、数々の個人の住宅やテラス・ハウスそして小さなアパートを手がける(図53、一九二三年)。彼らの目標は、他の建設業者がつくり出す一般的な集合住宅に対抗できる安価な集合住宅をつくり出すことにあった。この点において彼らは成功を収める。一般的な木構造をスタッコで覆う工法を採用し、また、デザインも表層やヴォリュームを簡潔なものとすることで施工費は抑えられた。これらの建物の外観のデザインは、水平の列と垂直にのびる線、そしてプレ・コロンビア風の外観が重ね合わされたもので、その結果、モダンというよりは、むしろジグザグ・モデルヌに近いものとなっていることは確かである。

プレ・コロンビア風のデザインといささか異なるのが、ロサンゼルスにフローレンのために建てた八戸のアパートの計画（一九二四年）や、ロサンゼルスにS・ブリーチャーのために建てたアパート（図54・55、一九二五年）である。ブ

［図54］S. ブリーチャーのためのアパート、ロサンゼルス、透視図

［図55］S. ブリーチャーのためのアパート、外観

リーチャーのためのアパートは、そのヴォリュームの構成やディテールの点において、ジグザグ・モデルヌとインターナショナル・スタイルの間に位置する。この建物は、シンドラーが彫刻的な建築と呼んだように、そのヴォリュームは重々しいもので、平面構成に認められるバランスや対称性は、伝統的で古典的なものに思える。水平の方立のあるコーナー・ウィンドゥは、この計画を統御するためのものというよりは、むしろスタイルを求めた結果であろう。シンドラーは、ノイトラやキャロル・アルノヴィッチとともにＡＧＩＣ（Architectural Group for Industry and Commerce）を結成し協働することとなるが、その間も同様のデザインを展開する。彼らの協働による、ハリウッドの四階建てのガーデン・アパート（最終的にノイトラによって一九二七年に完成される）や、リッチモンドに建つオーディトリアムとシビック・センターの計画は、どちらもモデルヌとモダンの双方の性格を有するものである。

ロサンゼルスにおいて一九二六年から四〇年にかけて建てられたサッシュ・アパートでは、モデルヌの様相そのものは弱まるものの、細い垂直の部材が屋根の梁と緊結されるといった線の重ね合わせによる表現は、依然として継承されている。二つの通りを結ぶ急勾配の敷地に、シンドラーは、階段状に降りていくような住戸構成を採用した。低い通り側の大きな住戸は、通りのレベルにある駐車場の上に配されている。中央にある急勾配の階段は、敷地と建物の間を通り上下の通りを結んでいる。フローレンのためのデザインと同様に、この建物も木のバルーン構造をスタッコで覆っている。サッシュ・アパートの注目すべき点は、それ以前のどのアパートと比べても意識的に抽象的な形態が用いられていることである。シンドラーによる形態の表現には、ヴォリュームによるものもあるが、その多くは、開口の形やパターン、木の外部仕上げや垂直材を平坦なスタッコの表層と対比的に扱うことで、外観のパターンを変えていくものである。サッシュ・アパートを近くで見ると、こうした対比は大変多くてうるさくさえあるが、遠くから見れば、基本をなす階段状のヴォリュームは印象的な小さな低密度の複合体に見えるのである。

第六章　スタイルの創造

一九二〇年代におけるシンドラーの最上のデザインは、やや厳密ではないものの、デ・ステイルと称することができよう。シンドラーが、形態の創出やその強化に原色を用いなかったという（シンドラーは色の使用について、ほとんど恐怖心とも言えるものをもっていたように思われる）唯一の例外を除いては、シンドラーの作品の本質は、二〇年代初頭のオランダのデ・ステイルの建築家たち、特にテオ・ファン・ドゥースブルフ、そして彼ほどではないにせよヘリット・リートフェルトやマルト・スタムのデザインと同じ位相にある。ファン・ドゥースブルフが展開した、ヴォリュームとそれを貫通したり別のヴォリュームとを結びつける水平面による緻密で彫刻的な構成（図56）には、シンドラーとの共通点が多数認められる。リートフェルトによる構成主義的な要素は、シンドラーのいくつかの作品、特に一九二三年から二六年にかけて建てられたロヴェル・ビーチハウスにも見られる。シンドラーが、自らの建築的イディオムをつくり出すようになるのは一九二〇年代初頭からであった。彼のデザインに対する思想の一定の部分には、彼のウィーンでの経験やライト的なモードの簡略化が容易に読みとれよう。しかし、これら二つの要因は、強いデ・ステイル的な傾向を部分的に説明できるにすぎない。

シンドラーが、自らのスタイルをこのように展開させていくことができたのは、二〇年代におけるヨーロッパの前衛主義者たちによる建築の動向を十分理解して

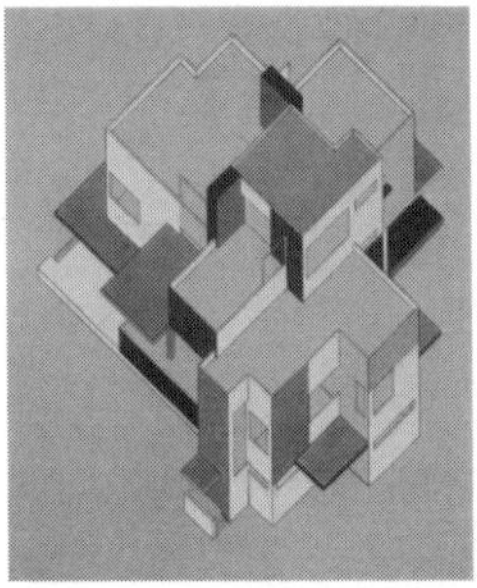

［図56］テオ・ファン・ドゥースブルフ＆コルネリス・ファン・エーステレン、メゾン・パリティキュリエール、一九二三

いたからであろう。実際、彼のファイルには、主要なヨーロッパの建築雑誌『ディー・バウ・ギルデ』『モデルヌ・バウフォルメン』『ソジアレ・バウヴィルトシャフト』『ラムール・ドゥ・ラー』『ダス・ヴェルク』そして『インターナショナル・スタジオ』からの数多くの記事の切り抜きがあり、シンドラーが、ヨーロッパの建築に対する十分な知識を有していたことが窺える。こうした切り抜きには、ファン・ドゥースブルフ、J・J・P・アウト、リートフェルト、ル・コルビュジエ、ヴァルター・グロピウス、そしてエーリッヒ・メンデルゾーンの作品があり、建築家の名前のアルファベット順もしくはビルディング・タイプ別に整理されていた。シンドラーは、彼の死去までこうした収集を続けることとなる。したがってシンドラーが、ヨーロッパの建築界の動向を熟知していたことは間違いなく、さらに自身の作品が、表現主義や後のインターナショナル・スタイルに、あるいはジグザグ・モデルヌや後の流線型のモデルヌにどのように適合するか、またはしないかを知っていたことは間違いない。

シンドラーの二〇年代初頭から中期にかけての作品は、ライト流のデザイン要素に特有の気難しさからの脱却をはかり、ヴォリュームを用いた構成によるものが多くなる。シンドラーは、彼のつくり出す建物それ自体は、空間を目的とし、新造形主義的な彫刻的な存在でなければならないと考えるとともに、内部空間としては、同様の新造形主義的な言語によって、水平性とロース的な垂直性を兼ね備えた空間をつくり出そうとした。シンドラーにとって、ライトからの脱離のターニング・ポイントとなるのが、ロサンゼルスに一九二五年に建てられたジェイムス・E・ハウ邸（図57・58）である。このハウ邸と後の一九二八年にアヴァロンに建てられることとなるC・H・ウルフ邸はともに、シンドラーの作品として

［図57］J. E. ハウ邸、ロサンゼルス、1925、外観

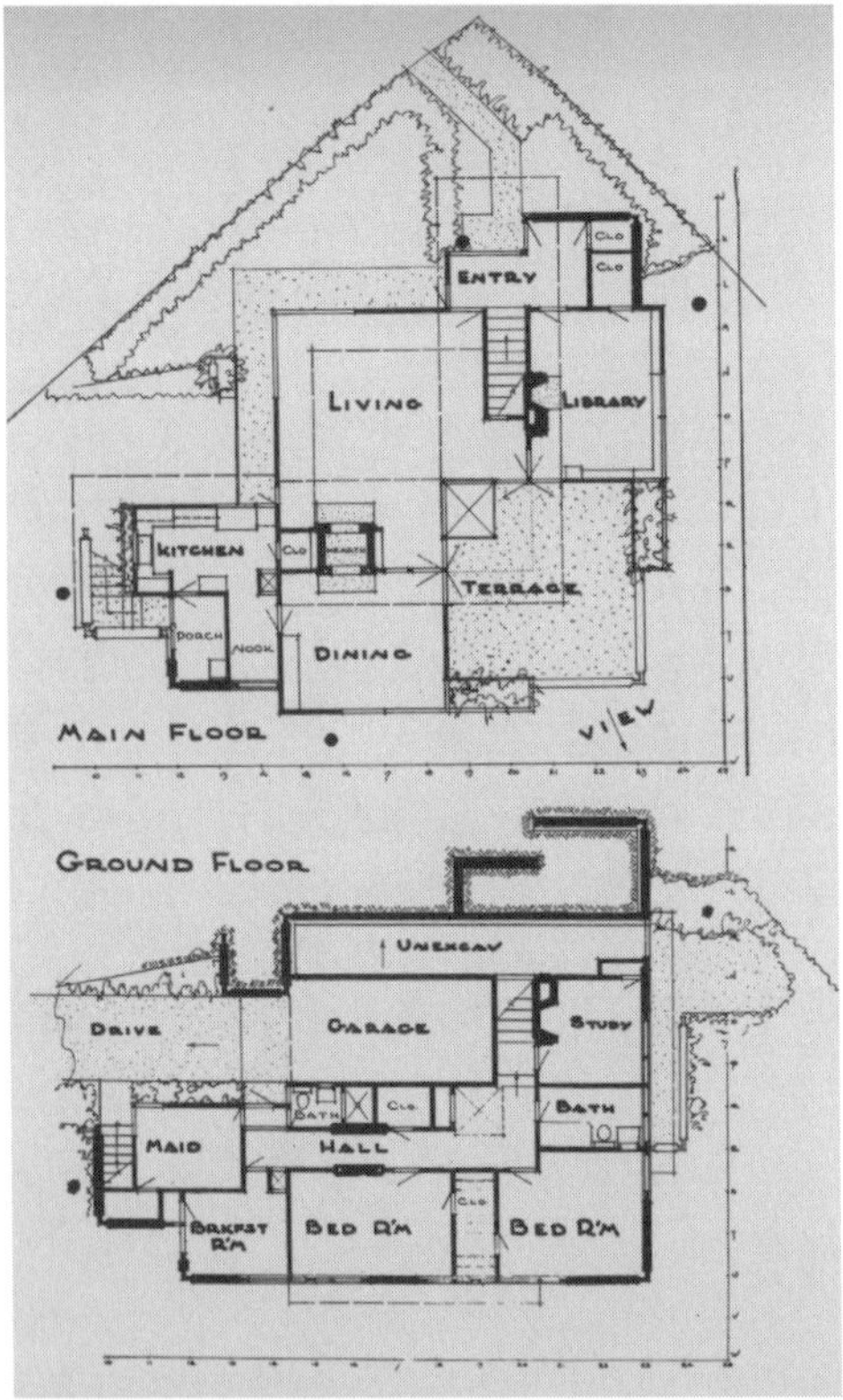

［図58］J. E. ハウ邸、平面図

は当時最もよく紹介されたものである。ハウ邸の場合、垂直の壁や水平をなす屋根そして副次的なヴォリュームが、中心のキューブから放射されるように配されている。またこの住宅は、スリップ・フォームによってつくられたコンクリートの外壁によって、この斜面状の敷地に、いかにもしっかりと固定されている。ベイマツの水平の板材やその接合部に用いられた小角材だけが、ライト的な様相を依然として強く継承しているものである。ライトが三〇年代によく用いたように、この板材の水平性は、窓のサッシュ割りをも規定し、その結果、壁や窓の部分は紙のように薄い皮膜として認識され、マスとしての性質を完全に破棄するのである。

五〇年代や六〇年代において、建築家や批評家が最も興味をもった二〇年代の二つの作品は、いずれもシンドラーのキングス・ロードの自邸とニューポート・ビーチにフィリップ・ロヴェル博士のために建てたビーチハウス（図59－63、一九二二－二六年）である。前者は、第一次世界大戦から第二次世界大戦の間には、建築ジャーナリズムの中で何度か触れられるにとどまり、後者にいたっては全く無視された存在であった。しかし今日、ロヴェル・ビーチハウスは、ノイトラによるロヴェル邸（健康住宅とも呼ばれる、図64、一九二九年）、グロピウスのデッサウのバウハウス校舎（一九二五－二六年）、ル・コルビュジエのポアシーに建つサヴォワ邸（一九二九－三〇年）、そしてミース・ファン・デル・ローエに

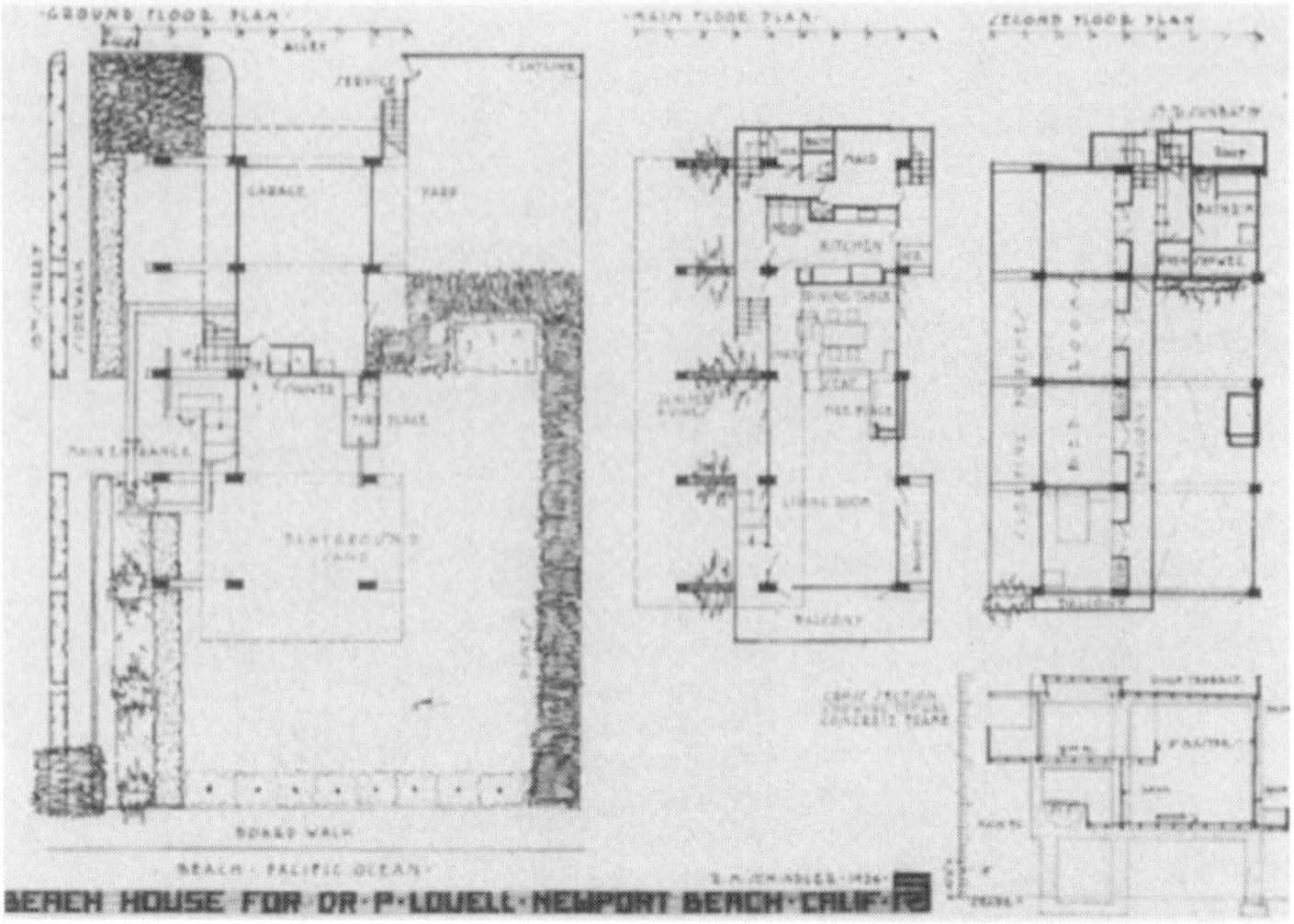

［図59］ロヴェル・ビーチハウス、ニューポート・ビーチ、1922-26、平面図

［図60］ロヴェル・ビーチハウス、建設風景（シンドラー撮影）

［図61］ロヴェル・ビーチハウス、外観

［図63］ロヴェル・ビーチハウス、居間

［図62］ロヴェル・ビーチハウス、居間

よるバルセロナ・パヴィリオン（一九二九年）とともに、二〇世紀を代表する作品としての位置を占めるにいたった。ロヴェル・ビーチハウスは、芸術志向という点では他の作品とは異なるが、新しい建築のためのいささか啓蒙的な主張をもっているという点では同じである。ロヴェル・ビーチハウスは、先の五つの作品の中では、唯一、気まぐれで解決されていない要素があるにもかかわらず、いや、あるが故に、ヘンリー＝ラッセル・ヒッチコックやフィリップ・ジョンソンが一九三二年に定義する、インターナショナル・スタイルの概念を、最もよく満たしているものでもある。しかし、皮肉なことに新設されたニューヨーク近代美術館で開催されたインターナショナル・スタイルの展覧会には、このロヴェル・ビーチハウスだけが出展されていない。ヒッチコックとジョンソンは、彼らが著した展覧会のカタログにおいて、新しい建築に内在する三つの「原則」として、「ヴォリュームとしての建築」「規則性に関して」「装飾の忌避」をあげた。ロヴェル・ビーチハウスはこれら三つの原則を完全に満たしている。その内部空間は、シンドラーが一九一二年に著した「建築宣言」を的確に反映し、「重厚なレンガによってつくられるものではなく開いた箱」となっている。構造と外壁は、劇的に分節されている。しかし、国際主義者たちのドグマとは異なり、彼は、柱を建物の内部におさめるのではなく外部にあらわしている。その結果、ヒッチコックやジョンソンが主張したように、壁は「単にヴォリュームを取り囲む」ものとな

［図64］リチャード・ノイトラ、ロヴェル邸、一九二九

る。この住宅の裏側のファサードや内部空間に顕著に認められる、それらの表層やヴォリュームにおけるデ・ステイル的な構成は、「建築の本質は、幾何学を用いてさまざまな構成部材を関係づけることにあり」、その結果、「表層を連続的にすればするほど、その表層性が明らかとなってくる」ことへの、シンドラーの認識をよく示すものとなっている。ビーチハウスの平面構成に関して、吹き抜けのある開放的な空間は、「建物内部のすべてのヴォリュームの統一性と連続性」を強調するものである。ジョンソンは一九三二年の展覧会へのこのビーチハウスの出展を拒否する手紙を書いている。その理由として、このビーチハウスは様式としてのインターナショナル・スタイルを反映したものではないとしている。この点においてジョンソンは筋が通っていたのである。

フィリップ・ロヴェル博士夫妻は、シンドラーによるビーチハウスとノイトラによる住宅という、近代建築の二つの主要なモニュメントの施主であるという得がたい栄誉を楽しんだ。ロヴェル博士は、まさに南カリフォルニアが生んだ人物である。彼が他の場所でも同様の生涯がおくれたかどうかは疑わしい。彼は先に述べたように、ロサンゼルス・タイムズ紙での「身体のケア」というコラムの連載や、ロヴェル博士の身体・文化センターを通じて、単なる身体的なケアを大きく凌駕する影響を与えていた。彼は、身体に関わる文化、自由放任主義の教育や建築といった分野において、進歩的な人物であったし、また、そう見られたいとも思っていた。二〇年代に新しく現れつつあったハリウッドの映画スターのように、彼の生活全体は公のものであった。彼の生活や少なくともそのイメージは、彼の文章や職業を通しての活動と同様に彼の主張を広めることとなった。したがって、彼の住宅は、彼自身が人びとにどのように見られたいのかを表現するものでなければならなかったのである。またロヴェル博士にとって、住宅は機能的であることはもちろんのこと、才気に満ちた新しい外装で覆われていなければならなかった。さらに彼には、こうした住宅を建てるだけの資産があったのである。したがって、ロヴェル博士は、形態に関する試みの実行だけでなく、目的に適合するべきだという倫理観を有したいと願っている福音主義的な近代建築家にとって、理想的な施主であったのである。

開放的な空間の中での生活。これがビーチハウスの主題であった。この主題は、ノイトラが設計する住宅でも繰り返されることとなる。ビーチハウスでは、ピロティが用いられているが、このことによって、ビーチからのプライバシーが確保され海への眺望も広がる。それと同時に、ビーチは住宅の下部を貫通し、そこは屋外でありながらも屋根と暖炉の付いた居間となっているのである。このビーチハウスにおいてシンドラーは、一般的な住宅とは異なり、寝室をなくして、個人の着替えのための小部屋とそれに続くスリーピング・ポーチを設けることができた。エクササイズや日光浴は、プライバシーが確保されたポーチや屋上で行うことができる。これらの部屋や浴室・キッチンを除いた残りの空間は、家族全員で使う大きくて親密な一室となっている。

この住宅を砂浜から持ち上げている五本のコンクリートの柱について、シンドラーは、「住宅を持ち上げるというモチーフは、どの海岸でも見ることのできる杭に喚起されたものである」と述べている。彼はまた、内部空間をこうした架構からは独立したものとしているが、それもシンドラーによれば、「すべての壁やパーティションは、メタル・ラスとプラスターでできた二インチ厚のもので、それらはコンクリートの架構に吊られる」ものである。建築家と施主が、このビーチハウスに関して初めて打ち合わせを行ったのは一九二二年の秋である。アーカイブに残された、この年のシンドラーのスケッチの一枚を見ると、この時点で基本的な形態は決定していたようである。シンドラーは、たとえば中央の柱から放射状に延びたワイヤーで屋根を支持するといったように、五本のコンクリートの架構による屋根の支持の仕方についてさまざまな方法を模索していた。

このビーチハウスはまた、ロバート・ヴェンチューリが提唱する偉大な建築という概念、つまり「私は……直接的で明快なものより矛盾にみち両義的であるものが好きだ。私は明白な統一性より、乱雑な生命感に味方する[15]」を的確に表現するものでもある。コンクリートの架構による強い自律性は、ヴォリュームの自律性とは対立するものである。清潔で平滑で機械的なイメージを持つ表層は、ライト的な細部を喚起する狭い通路との拮抗を演じている。特に、窓割りのパターンに認められるライト風のディテールは、インターナショナル・スタイルの唱道者や宣伝者を混乱に陥らせるものであった。

ロヴェル・ビーチハウスに通底する強い構成主義者的な要素を、シンドラーはその後に完全な形で用いることはなかった。一九二三年に、ロサンゼルスのトパンガ渓谷に計画された身体・教育クラブのロッジにおける露出された架構と斜めのブレースという、いくつかの事例はあるものの、一九二五年以降において構成主義的な作品の事例はない。

エッサー・マッコイ[16]が指摘したように、アメリカの木造（ツーバイフォー）は安く、断熱や防水が容易なこともあり、住宅の建設に際して、鉄骨造やコンクリート造でという希望をもっていたり、またその資金も用意できるという施主は、ほとんど見あたらなかった。シンドラーの二〇年代半ばからの作品のほと

15　ロバート・ヴェンチューリ、伊藤公文訳『建築の多様性と対立性』鹿島出版会、一九八二、三四頁

16　Esther McCoy（1904-1989）：南カリフォルニアの近代建築に関する代表的な建築史家・建築評論家。著書に、南カリフォルニア近代建築の第一世代を扱った『Five California Architects』、第二世代に関する『The Second Generation』、シンドラーとノイトラの交流を中心とする『Vienna to Los Angeles: Two Journeys』や『Richard Neutra』、さらに『Case Study Houses 1945-1962』をはじめ、多数の論考がある。

んどは木造のスタッコで覆われたものとなるが、これは、もちろん経済的な理由からだけではなく、美学的な理由からでもあった。この時期以降になると、彼の形態的な興味は、薄い長方形の面を交錯させ、彫刻的な意味でモニュメンタルでないものとすることに集中した。カリフォルニアでの生活も一二年を経て、シンドラーは、当時の一般的な建設技術との格闘をやめ、それを受け入れ、自身の目的のために用いるという決心をしたのである。彼の目的は依然として、アーティスト・アーキテクトとして形態の操作を行うことにあった。しかし、今やシンドラーは、普通の建設業者の技術、すなわち日常的に使用されるロー・アートを用いて、彼のハイ・アートの理想を達成しようとするのである。こうした建設業者の技術を用いることにあたっては、シンドラーは、それらをより多く取り入れることになることに、すぐに気づいていたようである。彼の建物は、他の建設業者の建物同様、強固ではなく、薄く、カードボードでできているようなものとなり、その質は、当時の批評家たちを迷わせることとなるものの、シンドラーにとっては、彼の視覚的言語を統合する重要な部分となるのである。彼はもはや、建物のすべてまたは一部でさえも、（ロヴェル・ビーチハウスのような）構造表現主義的な形態によってつくりあげることに興味を示さなくなる。こうした工法によって、建物は、もろく、はかなく、仮設的なものとなってしまうが、そのことは逆にシンドラーにとっては、「エスタブリッシュメントへの対抗」を示すものとして魅力的に思えた、とエッサー・マッコイは指摘している。この指摘は、シンドラーの潜在意識としては正しいものであろう。しかし、後年のバック邸やラダキーウィッツ邸のように、十分な予算がありながらも木造をスタッコで覆う工法を採用していることを勘案すると、彼は「対抗」ではなく、むしろ自身の形態を実現させていく手段として、この耐久性のない工法に魅せられたと考えられるのである。多くの場合、施主の予算は限られているので、シンドラーは、構造のコストを限界まで削ることで、彼が求める形態的・空間的な展開を行う。三〇年代のいくつかの作品を除いて、彼は、アーティスト・アーキテクトであるために、アーキテクト・エンジニアとしてのイメージを捨て去るのである。

二〇年代の実務を通じてシンドラーは、彼のデザイナーとしての技量こそ高まってくるが、建築におけるビジネスの世界での成功はおぼつかないことを、はっきりと認識した。彼は、施主とは（特に女性の場合）深くつきあい、また情熱を保つことができたのだが、ロサンゼルスの実業界とはほとんど縁がなかった。シンドラーの商業建築は改装が数軒あるだけである。他の近代建築家とは異なり、シンドラーは、自らの仮説を立証するためだけにデザインを行うといったことはなく、たとえ建設できる可能性が低くとも、常に実現を前提とした仕事をすることを好んだ。

ミース・ファン・デル・ローエ、マルト・スタム、ヴァルダー・グロピウス同様、シンドラーも、初期の段階で高層建築という課題に挑んでいる。彼のプレイマート計画（図65、ロサンゼルス、一九二一年）は、黒色のガラスとアルミを用いた一二階建ての建物である。これは、構成主義、デ・ステイル、そしてモデルヌが巧みに重ね合わされたもので、南カリフォルニア的な自己顕示癖をよく示すものでもある。仮にミースの鋭角をもつガラスのスカイスクレイパー計画（一九二一―二二年）を表現主義的と称することができるなら、シンドラーのこの計画は、超表現主義といってもよいであろう。その通り側のファサードは両側から内側へと入り込み、中央にはガラス張りのエレベーター・シャフトがある。これは建物から独立していて各階とブリッジでつながれている。この建物の鉄による鳥かご状の構造は明確なものであるが、黒色のガラス

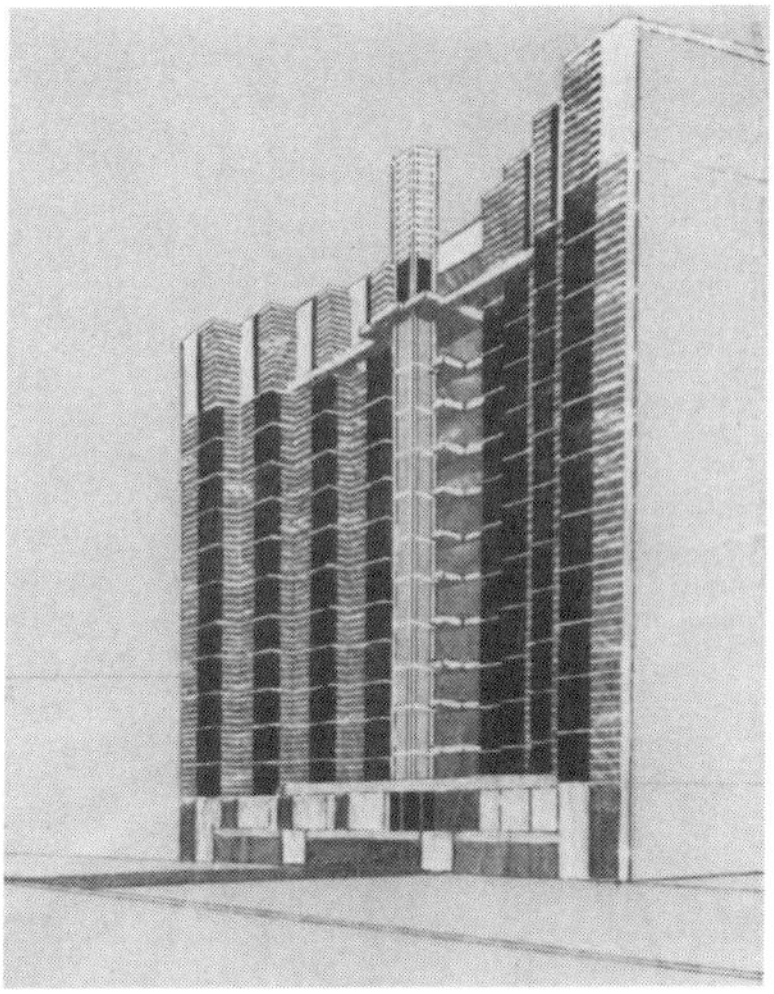

［図65］プレイマート計画、黒色のガラスとアルミニウムによる摩天楼、ロサンゼルス、1924

［図66］シンドラーのAGICとしての仕事、ピープルズ銀行計画、ロサンゼルス、1924

とアルミの板の変化がつくり出すアップリケ的なパターンの水平性が、視覚的な主たる表情となっている。彼が、黒いガラスとアルミを用いたのは、それらが有するモデルヌ的な性質に負うものであり、同様の計画が二〇年代に再び展開されている。ロサンゼルスのピープルズ銀行計画（図66、一九二四年）である。

シンドラーのアーキテクト・エンジニア・ビジネスマンとなる最後の試みは、一九二五年にロサンゼルスに来たノイトラのすすめによるものである。ノイトラ（ノイトラ夫妻は、シンドラーの自邸で数年間生活する）が、カリフォルニアに着くや、この二人のウィーン出身の建築家は協働して計画案をつくることとなる。その初期には、シンドラーがすでにデザインをしていたいくつかの住宅のランドスケープをノイトラが担当した。ハウ邸やロヴェル・ビーチハウスのランドスケープのデザインは、ノイトラによるものである。シンドラーとノイトラの関係は、計画に応じてさまざまに変化した。彼らは、シンドラーの自邸で設計を行っていたので、ノイトラの存在によって、シンドラーが依然として用いていたライト固有のディテールから脱却できたと考えることも、あながち的外れとはいえない。洗練された機械のような質をもつシンドラーの三〇年代の作品、つまり硬質で触覚感のない素材を使用するようになり、木のような「温かい」素材の使用を取りやめるといった、シンドラーの三〇年代のデ・ステイル調の作品は、ノイトラの出現に負うところが大きいのである。

一九二六年から三一年にかけて、シンドラーとノイトラは、都市計画家のキャロル・アルノヴィッチとともに、AGICの名のもとに共同で事業を展開する。このグループは大規模な商業施設や公共施設を主な対象としており、アミューズメント・センターから、カフェ、ホテル、そしてアパートまでを含むものであった。彼らが計画したもので大規模なものとしては、ファルコン・フライヤーズ郡クラブ（ヴァスコ近郊、一九二七－二八年頃と思われる）、リッチモンドのオーディトリアムとシビック・センターの計画（一九三〇年）、ハイウェイ・バンガロー・ホテルの一連の計画（敷地は不明、シンドラーとアルノヴィッチのサインのみがある、一九三一年）がある。しかし実現した作品はない。

なぜ、このような悲惨な結果になったのであろうか。その原因は、彼らのデザインが経済的でないことや、彼らのデザインが近代的なものであるということではなく、彼らの施主の性格や資金的な問題である。リッチモンドの場合、着工にはこぎつけたものの恐慌による経済的な状況の変化によって最終的には中止された。また、ロサンゼルスの資産力のある実業家や会社が、モデルヌのモードをまとう建物の建設を企画した場合には、日用品同様に、信用のおける大規模でエスタブリッシュされた設計事務所に依頼がなされるのが常で、こうした計画の場合には道を外れたアーティストに依頼する理由も利点もないのである。

ＡＧＩＣでの活動の他に、シンドラーとノイトラは、一九二六年の国際連盟本部の設計競技（図67－69）に参加するが、彼らの案は今日まで紹介されることはなかった。この案は、ル・コルビュジエの魅力的なデザインと常にそれをとりまく人びとによって、設計競技が始まるや覆い隠されてしまったのである。しかし、これら二案は数々の共通点を持っている。両案とも、陸と海からの交通を考慮したもので（シンドラー＆ノイトラ案の場合は水上飛行機が想定されている）、さらに両案とも、法廷、議場、そして事務局や委員会が入る事務棟を明確に分離

［図67］シンドラー＆ノイトラ、国際連盟本部計画、1926、透視図

している。シンドラー＆ノイトラ案は、事務局用の事務所は簡潔な直方体の建物であるが、議場の座席スペースの床は傾斜しており、それが外観に表現されている。ロヴェル・ビーチハウス同様、シンドラー＆ノイトラ案は、ル・コルビュジエのデザインに比べ、かなり構成主義的である。事務局が入る内部空間は、吊り構造のU字型の架構の連続体で支持されているが、ル・コルビュジエ案の場合は、それとは対照的に支柱に箱形の建物が載るという形式である。

この共同作品で誰が何に貢献したのかを尋ねられても、完全に満足する回答を得ることは、たぶんできないであろう。国際競技設計に参加しようというアイデアは、シンドラーというよりノイトラの発想に近い。提出にあたっての正式な書類ではノ

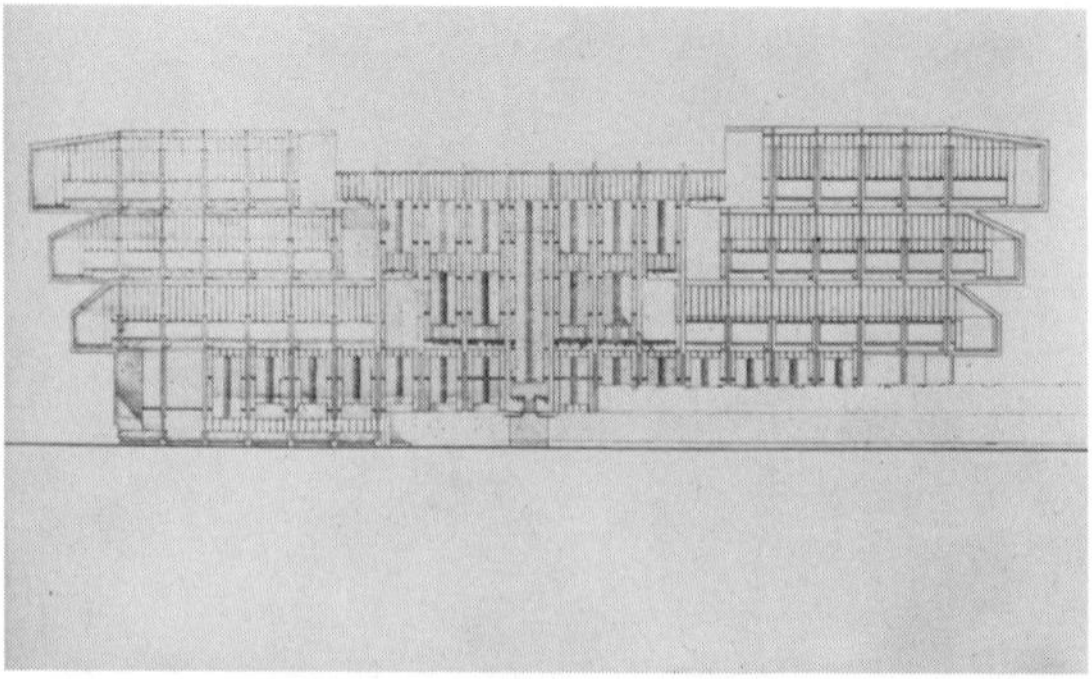

［図68］シンドラー＆ノイトラ、国際連盟本部計画、会議場の立面図

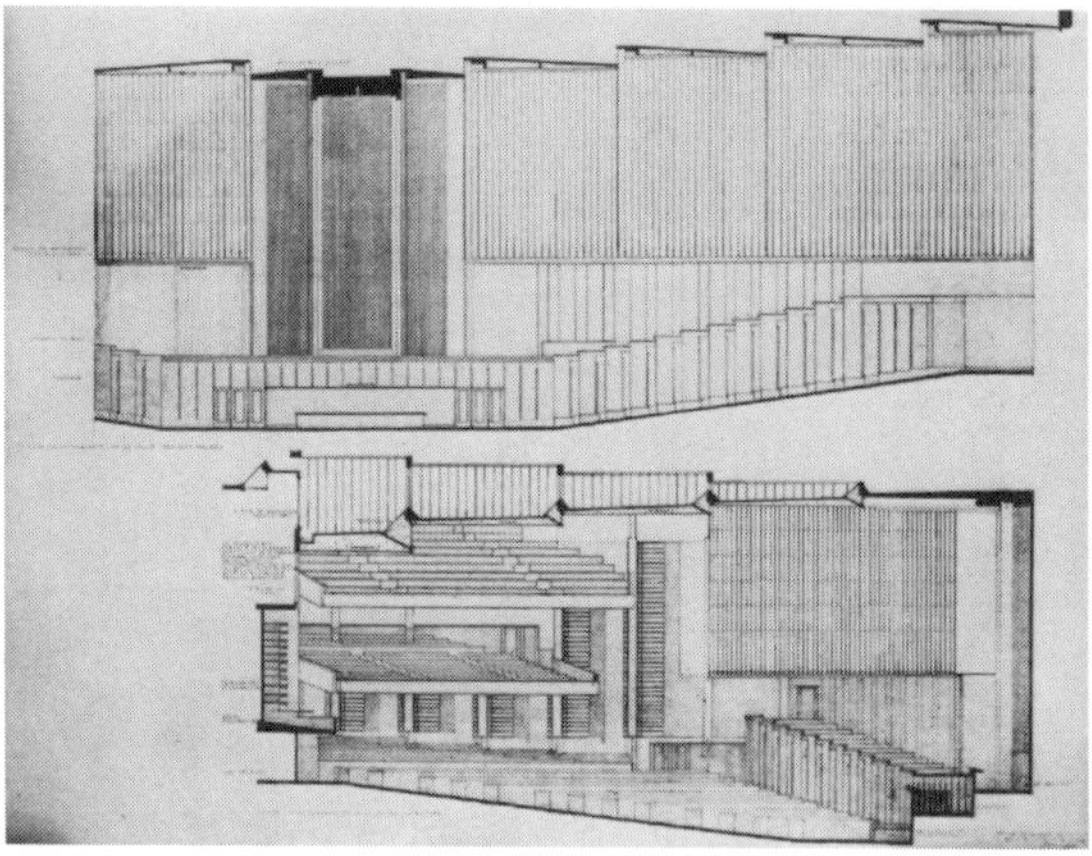

［図69］シンドラー＆ノイトラ、国際連盟本部計画、オーディトリアムの展開図

イトラとシンドラー両者の名が残されているが、この計画にふれるロサンゼルスの地方紙は、常にシンドラーの名前を先にした。最終のプレゼンテーション図面は、ノイトラの手によるものである。しかし、その初期段階のスケッチの多くは、シンドラーがつくっている。ブロック・プランや事務局が入るビルのディテールは、シンドラーというよりノイトラのものであろう。しかし、段状になった床が湖の方へと突き出ていることや、ホールからは見えないものの勾配屋根から入る自然光と人工光を用いた発明的な手法は、たぶんシンドラーのものであろう。以上の点を勘案すると、互いの存在がなければこのような発展は得られなかったものと考えられるので、この計画は両者の共同作品とみなしてもよいであろう。

ル・コルビュジエの国際連盟の計画案がしばしば紹介されたことを考えると、ノイトラが掲載される必要があると強く思っていたにもかかわらず、このアメリカからの唯一の注目に値する計画が、アメリカやヨーロッパの雑誌にわざとらしいほどに避けられていたことは不思議議である。シンドラーとノイトラの図面は、ル・コルビュジエの図面とともにフランスやドイツでの巡回展に出展され、そのことをアメリカの新聞が短い記事で紹介しているが、それですべてであった。たぶん彼らは共同作品であるということもあり、計画が意義深いものであることを強調するのを思いとどまったのであろう。

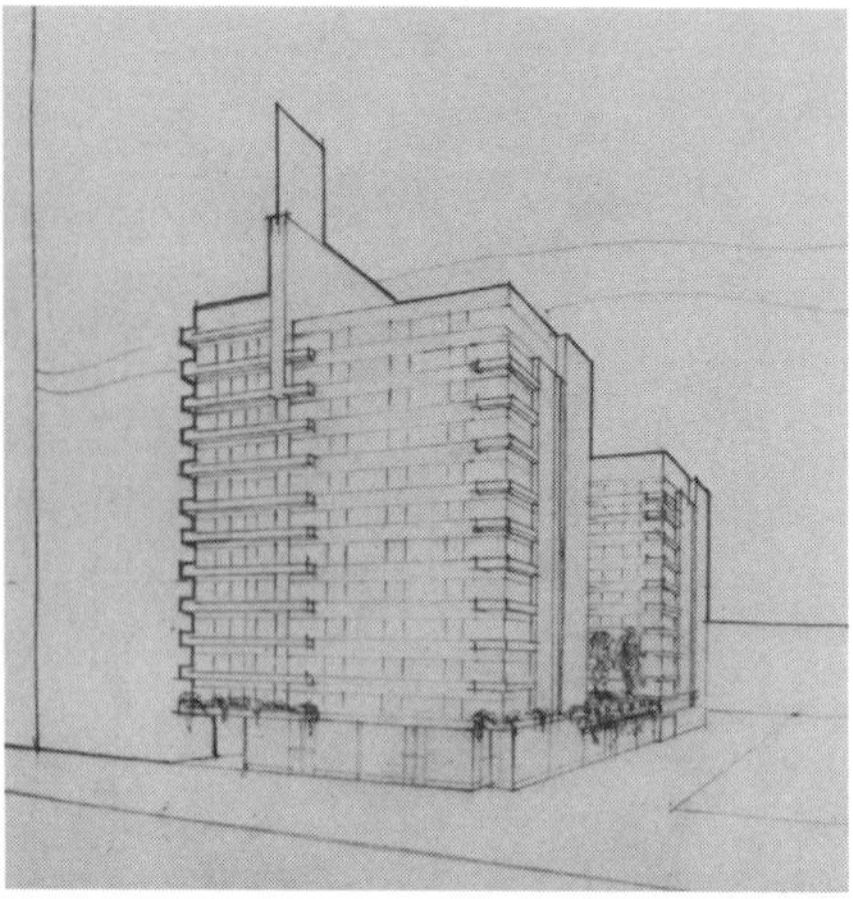

［図70］シンドラーのAGICとしての仕事、ホテル計画、ハリウッド、1929

ＡＧＩＣの日々の活動は、新しいものに対する福音主義のみを共有しているだけであったため、活動の当初から奇妙な混成をなしていた。アルノヴィッチは計画理論に興味をもっており、紙に鉛筆を走らせることには興味がなかったため、三人の中ではこの協働によって最も得るものが多かった。残る二人の建築家は、デザイナーとしても性格からいっても「一匹狼」であったが、結果的に彼らもこの経験から多くのものを得る。シンドラーの作品は、洗練され、機械のイメージを積極的に象徴化するようになる。このことについては、シンドラーの一九二九年のＡＧＩＣの仕事であるホテルの計画（図70）と、彼の（二一年の）黒色のガラスとアルミを使った高層建築を並べてみれば一目瞭然である。数多くの小さなヴォリュームの複雑な重ね合わせは、いくつかの形態による構成にまで還元化されている。シンドラーのその後の作品と、ノイトラやヨーロッパの国際主義者たちとの差異は、意識的に構造を表現するという点だけである。

ノイトラにとってAGICは、アメリカの状況に慣れるための良い導入となった。また事業の観点からすると、AGICでの仕事を通じて、彼にとって初めての大きな仕事であるガーデン・アパート（ロサンゼルス、一九二七年）やロヴェル邸（ロサンゼルス、一九二九年）を得、ロサンゼルスにおいて自身の仕事をする足掛かりをつくることができたのである。これら二つの作品、特にロヴェル邸は、ノイトラの巧みな雑誌等への掲載術もあり、ヨーロッパやアメリカにおいて彼の名声をつくり出すこととなった。一九三〇年までにはノイトラの名は、グロピウスやル・コルビュジエとともに言及されるようになるが、一方、シンドラーは、マイナーなままで、ある意味強情な建築家と見られるにとどまる。

商業建築といったシンドラーのデザインが間違いなく成功している分野においても、実際、彼はJ・R・デヴィッドソン、ジャック・ピータース[17]、ケム・ウェーバーといった他のロサンゼルスのデザイナーたちの人気に押されていた。彼らはデザイナー・アーキテクトで、三人ともシンドラーの友人であった。そして、彼らはインダストリアル・デザイナーとしてのイメージを打ち出して成功を収め

17 Jacques Peters：インテリアデザイナー。ブルックス・ウィルシャー・デパートのインテリア等を手掛ける。

［図71］ブラクストン・ギャラリー、ハリウッド、1928、外観

［図72］ブラクストン・ギャラリー、内観

ていた。一方、シンドラーの場合、彼の店舗のデザインが、こうしたデザイナーたちと同様に機械を用いたモダニティを表現していたにもかかわらず、彼に対するイメージは、依然として自分の世界にとじこもったアーティスト・アーキテクトであった。細長い内部空間をもつ小さなブラクストン・ギャラリー（図71・72、一九二八年）においてシンドラーは、ギザギザのパターンの壁、ショーケース、そして机をデザインし、客を、店を通り抜けて奥にあるメインのギャラリーへと

導くようにしている。狭い間口では、西日を防ぐための可動式の鉄材とキャンバス地からなる日除けによって、機械のイメージが劇的に示されている。ギザギザのガラス、その上部の鉄の支持材のパターンと濃紺のキャンバスの帯、そこに垂直に配された光り輝く店名、こうした要素すべてにより、ファサードとして素晴らしい一つの広告物となっている。

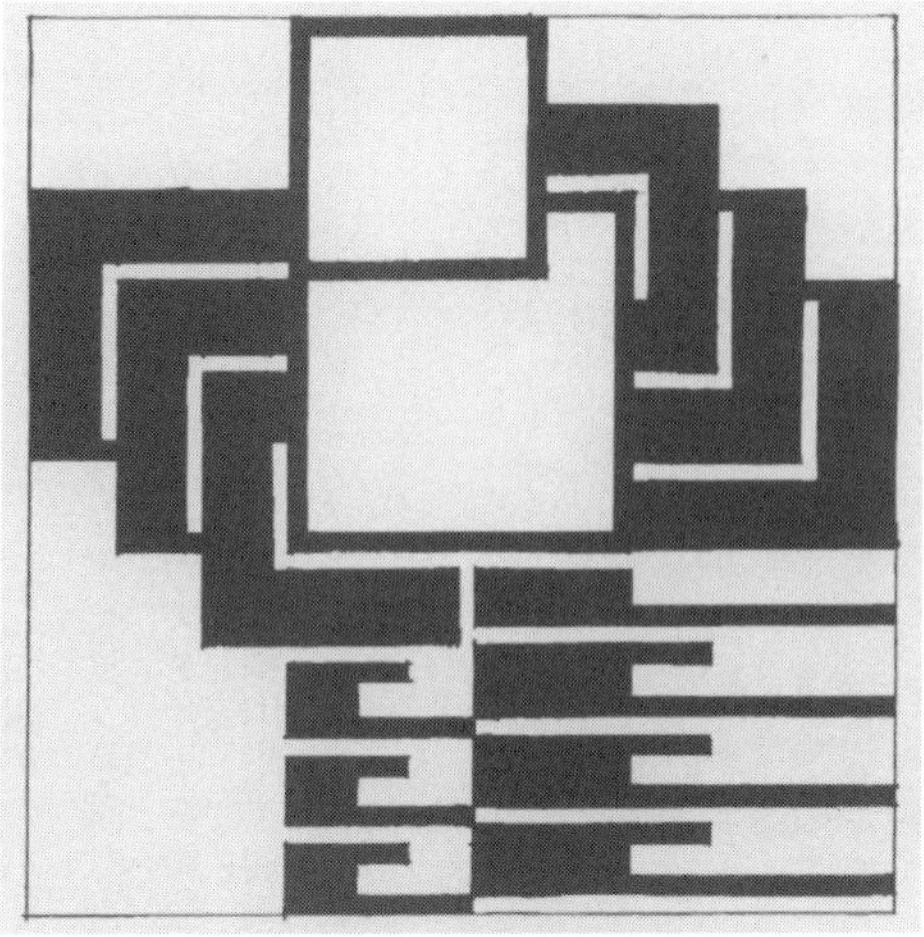

［図73］カレンデュラ社のためのデザイン、1929

シンドラーの二〇年代のタイポグラフィや家具のデザインはともに、デザインのアイデアの探求に応じてさまざまに変化した。ポスターのレイアウト、サイン、広告、そしてレターヘッド等のデザイン（図73）は、単純に彼の建築的な形態を二次元のものへと置き換えたもので、家具のデザインは、その本質において建築のミニチュアであった。

レタリングについては、一九二四年のハリマン計画のそれのように、ライト流のジグソーパズルのようなデザインを試したことが一度が二度はあったものの、基本的にウィーン時代からのスタイルを踏襲している。シンドラーは、二〇年代後半になって初めてバウハウスや国際主義者たちによって広められたものにスタイルが似ているレタリングによるファサードをつくるようになる。

［図74］キングス・ロードの自邸の椅子、ハリウッド、1921-22

世紀の転換期のアーツ・アンド・クラフツを継承していたシンドラーは、彼の設計する建物では、すべての細部にいたるまで自身で完全に制御しようとした。プレーリー派の建築家や国際主義者と同様に、シンドラーも、可能な限り造り付けの家具を配するべきであるという確信を抱いていた。三〇年代において、流線型のモデルヌのデザイン同様、典型的な近代的デザインとみなされるようになった船の船室のイメージもまた、シンドラーの理想であった。シンドラーのインテリア・デザインは「キャビネット建築」とも称されよう。彼の初期の家具のデザイン（図74）は小さくて快適なものではあったが、ライトのそれ（図75）に近似するものであった。しかし、その後の彼のベイマツ製の椅子やテーブルのデザインは、彼の建築のデザインと同様に構成主義的なものとなる。たとえばロヴェル・ビーチハウスの造り付けの家具は、住宅のデザインと同様にデ・ステイル的な構成を採っているのである。同時に、この住宅のソファは座り心地もよく、その脇にある棚も使いやすいものであった。また、シンドラーは彫刻的な要素としての人工光に魅せられ続ける。ロヴェル・ビーチハウスでは、木と電球が交互に配された垂直の柱状のフロア・ランプをつくっている。これは大きな窓の枠のパターンを継承したものである。

ブロイヤー、スタム、ル・コルビュジエ、そしてミースが、一九二六年までにすでにひいていた道筋にしたがって、シンドラーも、彼のロサンゼルスの同志であるウェーバー、デヴィッドソン、そしてピータースと同様に、スチールを用いた家具をつくるようになる。シンドラーが、ブラクストン・ギャラリーのためにデザインしたスチールの管を曲げてつくった椅子は、ヨーロッパの国際主義者たちのデザインによる椅子に匹敵するものではないものの、機械的イメージを有す

［図75］フリーマン邸（ライト設計）の家具、ハリウッド、一九二六－五二

る彫刻でありながらも快適で座り心地のよいものとして注目に値しよう。

アーリーン・バーンズドール（図76）は二〇年代を通じてシンドラーの施主であり続けた。当初は、ロイド・ライトとともに（彼はランドスケープのデザイナーとして教育を受けていた）、後には、シンドラー単独で、ホリホック邸があるオリーブ・ヒルのランドスケープ・デザインの案を数多くつくりだした。しかし、これらの案のほとんどが実現されることはなかった。彼が、オリーブ・ヒルにおいて実現できたのは、プールとそれに隣接するパーゴラ（一九二五年）と仮設的な絵画の屋外展示室である。またこの時期、バーンズドールの絶え間のない要求によって、オリーブ・ヒルに建つ三軒の住宅を次々と改修するのにシンドラーは多忙を極めた。シンドラーは、バーンズドールが住むオーリアンダーの主浴室の改装

［図77］アーリーン・バーンズドールのための浴室の改装、オリーブ・ヒル、ロサンゼルス、1925

［図76］アーリーン・バーンズドール、一九二〇

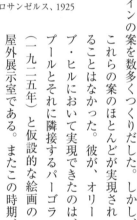

（図77、一九二五年）を手掛ける。そのデザインは、ヴォリュームによる構成ではなく色彩を用いたデザインである点で、シンドラーの作品としては珍しいものである。色がつけられた垂直の線によって、表層とヴォリュームという（つまり建築そのもの）の差異が破棄され、床、バスタブの側面、バスタブ、そして壁が一体的にデザインされている点は、チャールズ・ムーアの作品と大変よく似ているものでもある。

シンドラーが、二〇年代後半から三〇年代にかけて、デ・ステイル的な構成をとる前、彼はこの枠組みを越える全く様相の異なるデザインも行っている。一九二七年にはバーンズドールは、ホリホック邸を離れ住居Bと呼ばれる、より小さな住居に移って長い時間が経っていた。彼女は、オリーブ・ヒルのモニュメントにはもう辟易していたので、パロス・ヴェルデス半島の高台に人里離れた住宅を建てることを決心した。シンドラーもこの時期になると南カリフォルニアの気候状況に精通していた。パロス・ヴェルデス地域は、年間を通じて気温が一六度～二四度という快適な場所である。しかし時折、霧やもやがかかり、海から絶え間なく冷たい風が吹く場所でもあった。こうした相反する二つの気候条件から、風を避け、その上で内部空間に最大限の陽光を取り入れることがもくろまれた。まずシンドラーは、風の問題に対してU字型の平面形式を採用し、壁と屋根によって部分的に覆った内部空間をつくり出すことで簡単に解決している。光に対する解決策としては、透明なガラスを小割り板状の壁の上部に配している。その結果、この住宅はトランスルーセント・ハウス（透明の家、図78）と命名される。このガラスのパネルは折り曲げられ一八インチ分が水平になって水平の屋根に接合される。内部に入ると、ガラスでできた空間の中に水平の屋根のスラブが浮いているような感じがするであろう。

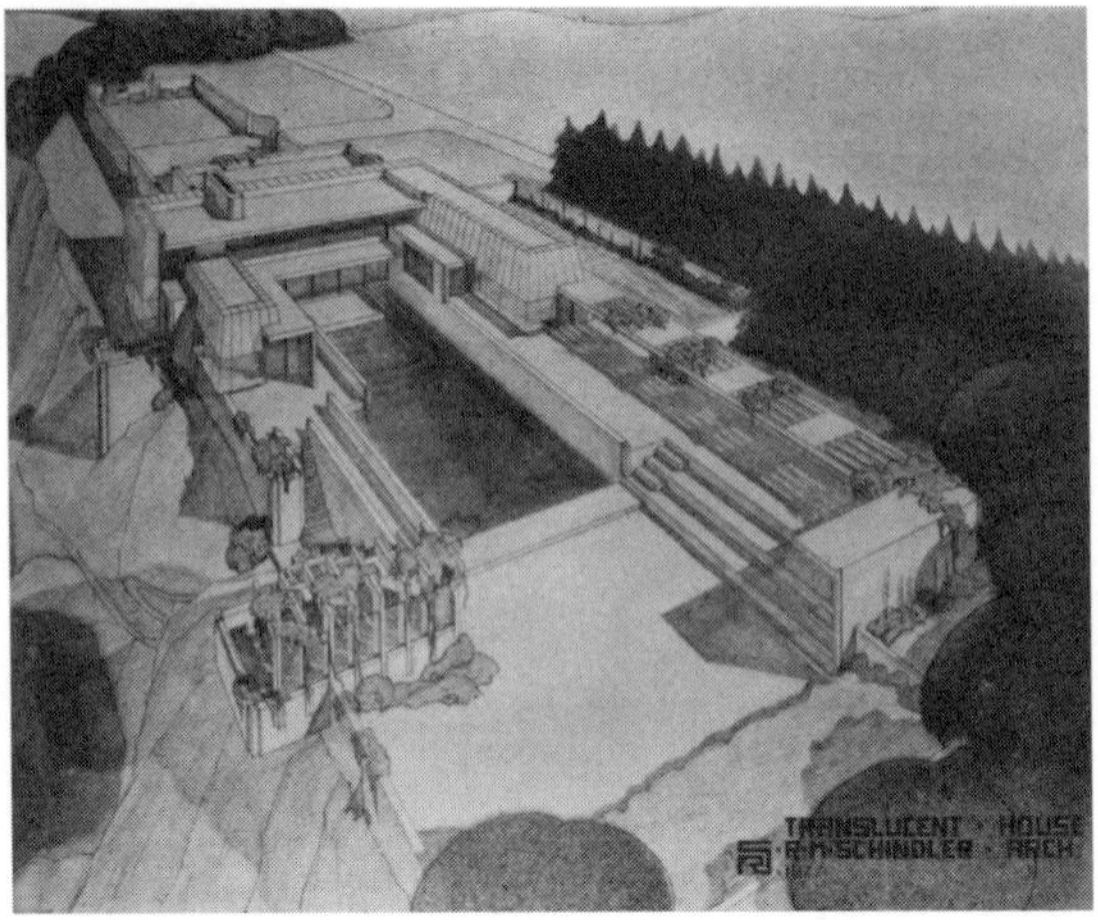

［図78］アーリーン・バーンズドールのための
トランスルーセント・ハウス計画、パロス、ヴェルデス、1927

金属、ガラス、木製の壁、そして屋根のそれぞれについて、極度に進歩的なデザインではあったが、実施図面を見ると当時の技術で容易に建設できることが認められる。

第七章　シンドラーの「デ・ステイル」

一九二八年は、シンドラーが、デ・ステイル的な構成へと完全に傾倒する年となる。前にも述べたように「デ・ステイル」という用語を適用することは、シンドラーの作品に対しては部分的にしか適切ではない。なぜなら、それにより彼のデザインのすべてもしくは大部分が、オランダでのファン・ドゥースブルフらのデ・ステイルによる試行そのものから導かれたものであることを示唆することになるからである。形態をつくる上で、単純なヴォリュームを用いるのではなく、それらを重ね合わせるという点が、シンドラーとヨーロッパのデ・ステイル派の人びと（ここにはオランダのオリジナルのメンバーだけでなく、フレデリック・キースラーなども含まれる）の、唯一のそして本質的な共通点であった。そして、このヴォリュームの重ね合わせという要素によって、シンドラーは、グロピウス、ミース、一九三五年以前のル・コルビュジエ、そしてノイトラといった結束力の堅い国際主義者の作品との、強固な差異を持つこととなるのである。

シンドラーのデ・ステイル的な構成は、大きな壁面から細部、そして家具にいたるまで、限られた要素を幾度も繰り返すものである。最もよく用いられたものは、コ型のパターンである。このパターンは、相互に貫入し、他の表層やヴォリュームを突出させたり陥没させることで、彫刻的であるとともに、建物の機能性を高めるという役割も果たしている。またシンドラーは、L字型、Z字型、そして長方形の面を互いに重ね合わせるモチーフを多用した。そして、彼の二〇年代の作品とは対照的に、建物を敷地から視覚的にも分離させるようになる。しかし、シンドラーのデ・ステイル的モチーフは、主として彼の独自の空間を創出するための手段であった。彼がつくり出す空間は、正統的な国際主義者による、ケーキのように層が明確に分かれたものとは一線を画しているのである。

［図79］D. グロコウスキー邸、南パサディナ、1928

南パサディナのD・グロコウスキー邸（図79、一九二八年）、アヴァロンのC・H・ウルフ邸（一九二八年）やH・D・ディフィン邸改修計画（図85、一九二九年）、そしてカリフォルニアのヴェニスのH・ブラクストン邸計画（一九二八－三〇年）といった二〇年代最終期の住宅では、シンドラーは、敷地から建物を切り離すようにしている。小規模なグロコウスキー邸の場合、樹木や灌木からなる風景の上で建物が静かにつり合うようにしている。ブラクストン邸は、極めて人工的な形態が海岸に着地したかのようである。さらにウルフ邸やディフィン邸といった丘に建つ住宅では、敷地と人工的なオブジェクトを劇的に乖離させている。ウルフ邸は、シンドラーが述べているように「丘の上に浮かぶ空間のユニットの構成」である。彼の記述に窺えるように、この住宅は、丘に接続されるのではなく浮かんでいる。この住宅においてシンドラーは、国際主義者たちの原理をさらに一つ取り込むとともに、ライト的なコンセプトをまた一つ破棄するのである。

ウルフ邸（図80－84）は、四つの層が段々に積み重ねられたものである。その内部空間は、可変性に富むようにデザインされているので、一家族用の住宅としても二～三家族用の住宅としても使用できる。主階である三階は、ルーフ・テラスにつながっているが、その下の二階と一階とは、それぞれ完全に独立している。この住宅の主階にある就寝スペースは、居間から四フィート高くなっており、階段であり椅子でもある三段の段によって結ばれていることは、ロースの構成とも似ている。就寝スペースに敷き詰められたカーペットは、就寝スペースと居間の段差部分の腰壁にも延び六インチの幅で貼られている。これによって彼は、二つの空間をより効果的に一体化しようとしているのである。通り側と港側の立面は、全く以ておら

［図80］C・H・ウルフ邸、アヴァロン、カタリナ島、一九二八、透視図

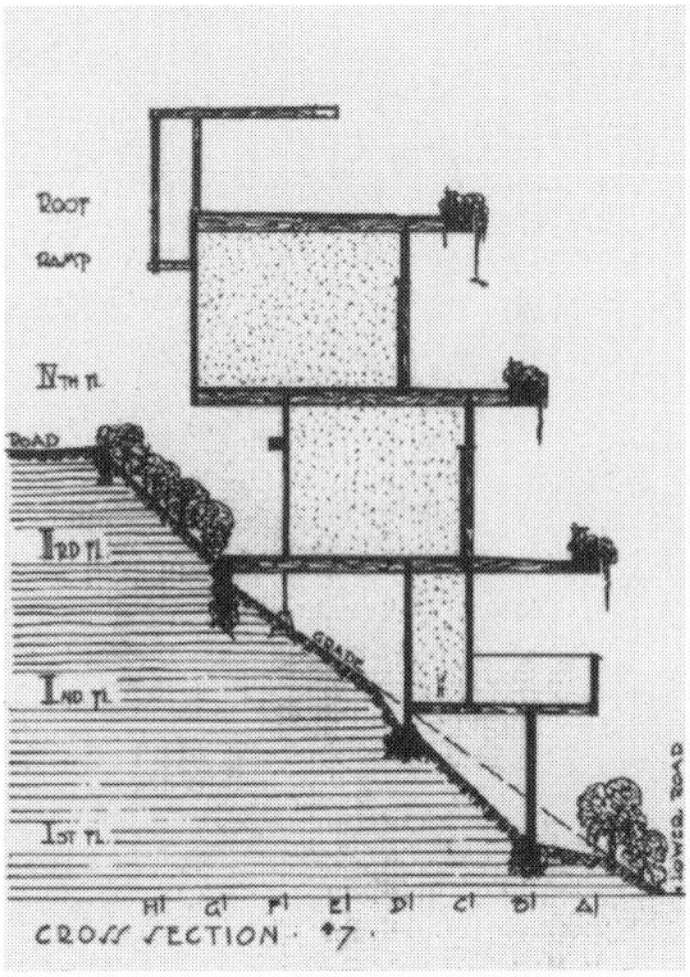

［図81］C. H. ウルフ邸、断面図

ず異なる二つの建物の立面であるかのようである。港側の立面は、ヴォリュームとそれからの水平的な伸張によるものであり、一方、通り側の立面は、木製のスクリーン、薄い木製の斜路、ルーフ・テラスの垂直的な支柱等によって構成され、完全に線的な表現によっている。こうした二つ以上の立面の独自性や意識的な対比は、彼の三〇年代の作品で、その両義性をよりはっきりと示すようになる。

ヴェニス・ビーチのブラクストン邸（図86－87）は、二次的なヴォリュームによって

［図83］C. H. ウルフ邸、玄関

［図82］C. H. ウルフ邸、外観

［図84］C. H. ウルフ邸、居間から寝室を臨む

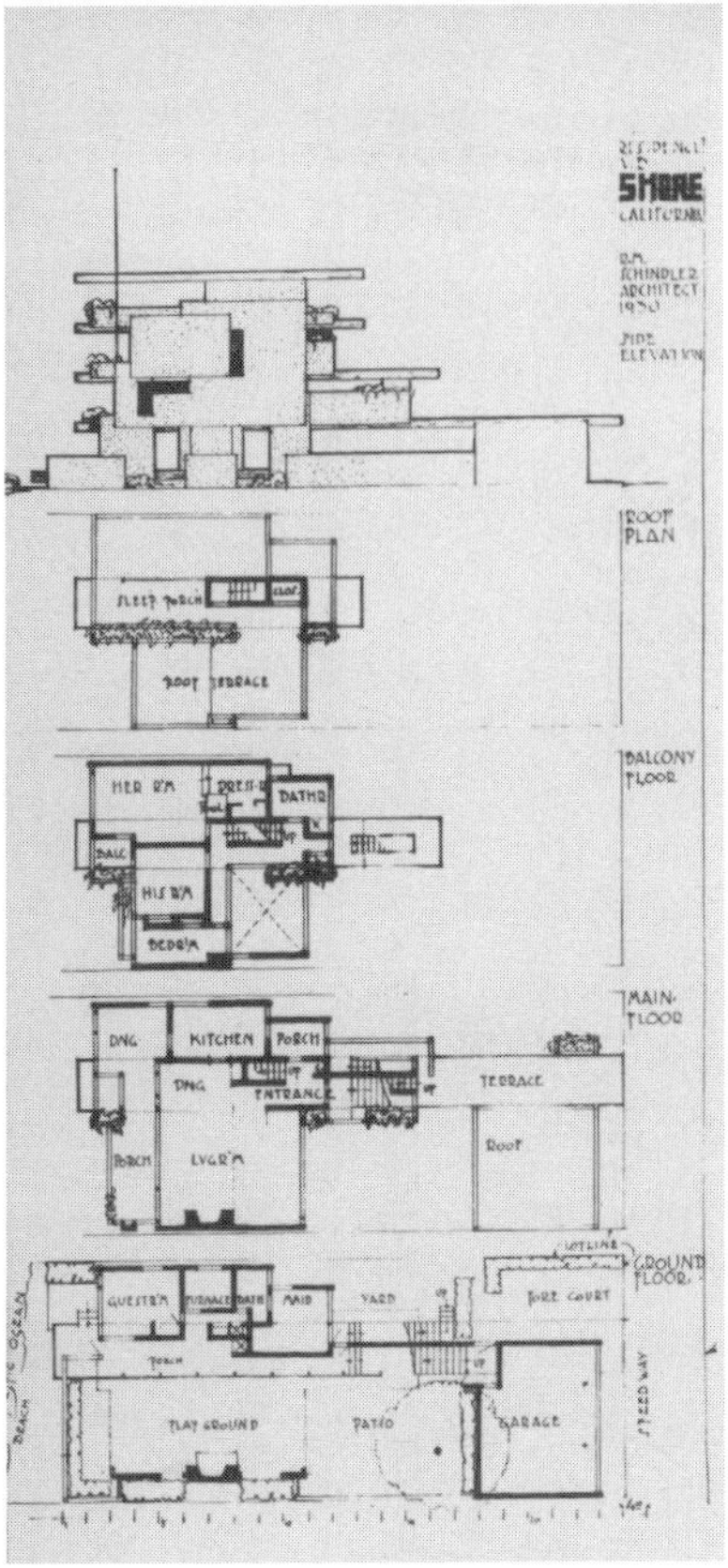

[図86] H. ブラクストン邸計画、
ヴェニス、1928-30、立面図・平面図

[図85] H. D. ディフィン邸
改修計画、アヴァロン、
カタリナ島、1929

[図87] H. ブラクストン邸計画、
透視図

直方体の箱に陥没や突出がなされたものである。ロヴェル・ビーチハウスと同様に主階は二階であるが、そのことが視覚的に強調されてはいない。通りに面した駐車場や前庭、屋根の架かった外部の通路、屋根はないが壁で囲われたパティオ、そして上部の突き出た部屋と接続する遊び場など、この計画では、敷地のすべての部分が統御され利用可能な空間となっている。居間となる直方体は三階まで吹き抜けている。スリーピング・ポーチとテラスは屋上に設けられ、三階のすべての寝室は海に面している。この家においては、二階のダイニング用のポーチにさえ海からの冷たい風を防ぐために部分的に壁を設けたり、ガラスをはめこんだりしている。ブラクストン邸の計画は、シンドラーが、南カリフォルニアとその気候に対する特有の自由放任主義的な考え方を徐々に改め、自然をより制御しようとする姿勢を強めていっていることを示しているのである。

第八章　恐慌――新たな施主

一九二九年、株式市場の暴落によって恐慌が始まり南カリフォルニアの景気も冷え込む。経済の後退により、この地域は景気や破産に対して極度に神経質になった。一九三四年までにロサンゼルスだけで三〇万人の失業者が出た。その上、中西部で農業を営んでいた人びとや労働者たちが、貧困に窮し、また追い出されたことによって、カリフォルニアに殺到した。唯一の大規模な産業である石油業界は、特に大きな打撃を被った。また事実であれ神話であれ、カリフォルニアにおいて常に重要な位置を占めていた観光も需要が少なくなった。そこで左派の自由主義から共産主義にいたるラディカルな政策が一〇年間にわたって試みられる。アプトン・シンクレアは、やや社会主義的なエピック・プログラム（貧困の終焉）を提唱したが、一九三四年のカリフォルニア州知事選挙で敗北を喫する。そして他の社会主義的な活動が開始されるようになった。一九三二年から三五年にかけては、短期間ではあるがテクノクラシーが隆盛し、一九三四年からのタウンセンド博士によるすべての無職の高齢者に年金を与えるという訴えは最も人気を博した。さらに最後の、そして最もラディカルな主張が「ハム・アンド・エッグ」提案[18]で、これは一九三八年に投票が行われた（賛成一一四万三〇〇〇人、反対一三九万八〇〇〇人）結果、カリフォルニアでもう少しで採用されるところだった。しかし、三〇年代のカリフォルニアにおける革新主義のこうした主張は、氷山の一角のようなもので、二〇年代の自由放任主義のイメージに対する大衆の

18　恐慌時にロバート・ノーブルによって提唱されたもので、高齢者は毎週木曜日に三〇ドルを受け取れるという援助策。

幻滅の強さをほとんど伝えてはいないのである。

南カリフォルニアに経済的な明るさをもたらしたのは映画産業であった。それは単に持ち堪えたということだけではなく、実際は、恐慌の時代の暗さに恩恵をうけたのである。なぜなら、ハリウッドの映画は、三〇年代という厳しい時代でも億万長者になることも可能であることを知らしめたからである。カレイ・マックウィリアムズは、その著書『南カリフォルニア郡』（一九四六年）で、「産業が、貧しいシンデレラにとっての王子を演じるとすれば、ロサンゼルスにとっての王子は、映画産業であった」と述べている。

では、このような三〇年代に新しい建築の施主になろうとするのは、どのような種類の人物なのであろう。彼らは、総じて政治的・社会的な振る舞いとしては自由主義もしくはわずかながらの革新主義を標榜し、ほぼ全員が、民主党を支持し共和党には強く反発していた。彼らの多くは、直接的にあるいは少なくとも間接的に映画産業と関係があった。それ以外の人びとは、書店の経営者、弁護士、大学教授、そして教師であった。

三〇年代初頭は、アメリカの建築、特にカリフォルニアの建築にとって大きな折り返し点であった。一九二九年から三〇年までにロサンゼルスの主要な設計事務所のすべてがジグザグ・モデルヌの言語を用いていた。ロサンゼルスのダウンタウンにおける王冠は、モルガン、ウォール&クレメンツ事務所[19]によって一九二八年に建てられた黒色と金色が輝くリッチフィールド・ビルであった。このビルは、黒色と金色からなる摩天楼としては間違いなくアメリカで最上のものである。垂直のジグザグ建築はウィルシャー大通り沿いを埋め尽くし、ブルックス・ウィルシャー・デパート(図88、ジョーン&ドナルド・パーキンソン、インテリアはジャック・ピータース、一九二八年)は、ニューヨークやパリのジグザグ・モデルヌ建築と比べても、流行を巧みに取り入れた点でさらに優れているといえる。

南カリフォルニアにおけるジグザグ・モデルヌの実践者たちは、他の地域の同胞たちと同様に、建築とは基本的にはパッケージングであるという認識を有していた。この意味において、彼らは、自分に見える世界だけがすべてであるというリアリストであった。しかし流行をつくり出しそれを操作する主導権も、一九三〇年には、もはや彼らだけのものではなくなっていることに、彼らは気づくことができなかった。そしてハイ・アートとしての建築を支持する建築家は窮地におちいっていた。三〇年代において新しい流行をつくり出したのは、ロー・アート

19 Morgan, Walls and Clements:エコール・デ・ボザールに学んだオクタヴィウス・モルガン、J・A・ウォールズ、そしてスティレス・O・クレメンツによる設計事務所。一九一〇年代から三〇年代にかけてロサンゼルスのダウンタウンの商業施設を中心とする設計によって大きな影響を与えた。

[図88]ジャック・ピータース(内装)、ブルックス・ウィルシャー・デパートにあるスポーツ用品店、ロサンゼルス、一九二八

の工業デザイナーたちである。工業とアートの象徴的な連合は、二〇年代の最後期に興り、著名なアメリカのデザイナーはこの時期にあらわれたのである。ワルター・ドロウィン・タークは一九二六年、ノーマン・ベル・ゲデスは一九二七年、レイモンド・ローウィは一九二九年、そしてヘンリー・ドレフィスは一九二九年に、この社会で認められる。これらニューヨークを中心に活躍したデザイナーに加え、四人のカリフォルニアのデザイナー、ケム・ウェーバー、J・R・デヴィッドソン、ポール・T・フランクル、そしてジャック・ピータースがいた。フランクルは、一九三二年にアメリカの工業デザイナーの売りこみ方を次のようにまとめている。「進歩的なイメージにあった新しいスタイルにつくり直すことが成功するスタイルである」。三〇年代の新しいイメージは、流体動力学的な流線型の形態であった。それはまたSF映画「バック・ロジャース」[20]で展開される未来的な世界を暗示しており、ハリウッドでつくり出される映画やSF小説やSF漫画と同様に灰色の恐慌時代の解毒剤として必要とされた。一九三九年に、ニューヨークやサンフランシスコで世界博が開催されるまでに、流線型のモデルヌは、レイナー・バンハムによれば「アメリカの様式」となる寸前にあった。ヨーロッパにおいても流線型の建築が数多く建てられる可能性があったが、その様式は、アメリカにおけるほどには統一されず、また広がりもみせなかった。西ロサンゼルスの商業地区は、似かよった流線型のモデルヌ建築で埋め尽くされんば

20　『原子未来戦』の原題。

かりであった。その代表作としては、NBCビル（ジョン・J・オースチン株式会社とO・B・ハンソン、一九三九年）、CBSビル（レスカーズ&ハイシュミット、一九三七－三八年）、ウィルシャー大通りに面したメイ・カンパニー百貨店（図89、アルバート・マーチン[21]&S・A・マルクス、一九三九－四〇年）やクールターズ百貨店（スティレス・O・クレメンツ、一九三七年）がある。

シンドラーは、依然として真の近代建築を希求していたので、流線型のモデルヌの隆盛には困惑した。しかし、すでに述べたように、工業デザイナーたちは、大変な努力をして彼らのアーティストとしてのイメージを払拭することに成功し、現実に立脚したロー・アートをつくるデザイナー・エンジニアへと変身したのである。シンドラーにこうした変身はできなかった。しかし、彼も、建物のデザインに変更を加え、新しい流行の要素を取り入れる準備をした（ラヴァナ・スタジオ計画、図90）。さらに彼は、成功こそしなかったものの、より現実的な人物と思われるよう自らのイメージを一新する努力を行う。

シンドラーは、工業デザイナーのケム・ウェーバーやJ・R・デヴィッドソンとともに、南カリフォルニアにとって歴史的となる、近代建築やモデルヌ建築に関するいくつかの展覧会を開催した。その中で最も有名なものが、一九三二年に

[図89] アルバート・マーチン&S・A・マルクス、メイ・カンパニー百貨店、ロサンゼルス、一九三九－四〇

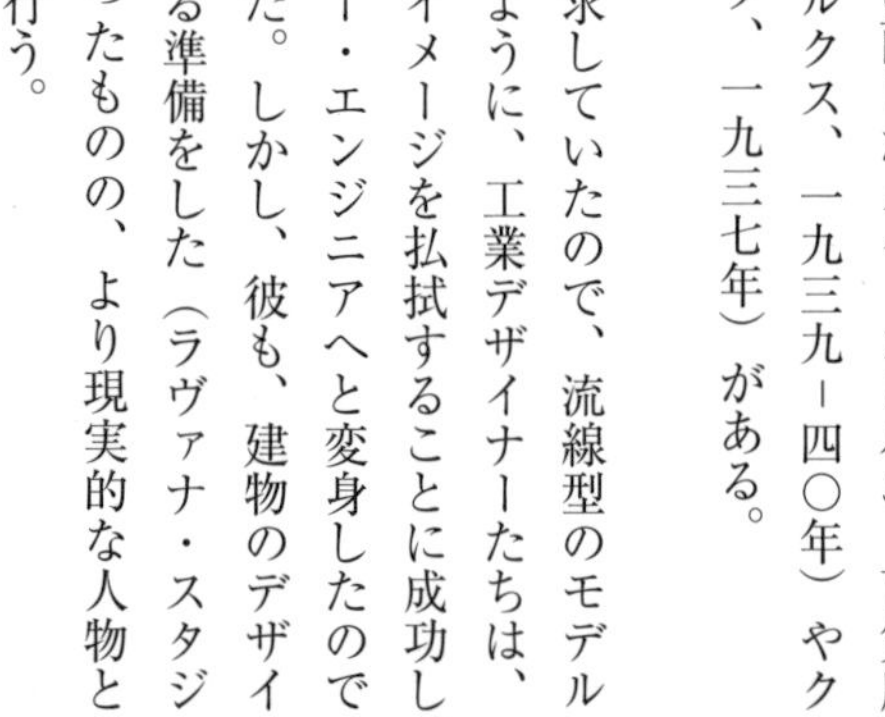

21　Albert C. Martin Sr.（1879-1960）：ロサンゼルスを代表する設計事務所を一九〇六年に設立。パーキンソン兄弟とともにロサンゼルス庁舎（一九二八）を設計した。

［図 90］ラヴァナ・スタジオ計画、ロサンゼルス、1929

カリフォルニア大学ロサンゼルス校（UCLA）で開催された、フランク・ロイド・ライト、ノイトラ、ウェーバー、デヴィッドソン、そしてシンドラーの作品の展覧会である。シンドラーは、ノイトラとともに、UCLAで夕方に開かれた講演会において、近代建築に関する講演を行う。一九三四年になるとUCLAは建築学科の創設を検討する。そしてシンドラーに学科長就任の声がかかる。

しかし、イメージを一新しようとするシンドラーの努力は、成功をみることはなかった。彼は、依然としてアーティスト・アーキテクトとみなされた。シンドラーは、彼が望んだことでありながらかなわなかったがゆえに、世界的な名声を急速に博しつつあるノイトラを強く羨んだ。

世間に対するシンドラーの反応は、ある意味、彼自身のデザインに見られるのと同様で、対立性と両義性を含んでいた。

一九三一年にフィリップ・ジョンソンとヘンリー＝ラッセル・ヒッチコックが企画し、ニューヨーク近代美術館で開催された、現在でも著名な近代建築に関する展覧会に、ノイトラが招待されていることを知ったシンドラーはひどく失望する。それ以前にも、シンドラー、ノイトラ、そしてウェーバーは、ニューヨークの建築リーグの年次展覧会において、カリフォルニアのセクションをつくることを企図するが失敗に終わっていた。一九三二年のニューヨーク近代美術館での展覧会に先立ち、シンドラーはフィリップ・ジョンソンに当てつけがましい書状を送る。シンドラーは以下のように記す。「この展覧会は、近年の創造的な建築を展示するものではなく、いわゆるインターナショナル・スタイルを中心とするものであると私には思われます。もしそうであれば、この展覧会に私の場所はないでしょう。私は、様式主義者でも、機能主義者でも、スローガンを唱える建築家でもないのです。私の作品は、おのおのに固有の建築的な課題を扱うものなのであり、これは現在の合理主義的な機械化社会において全く省みられないものです。住宅が、真に住宅であるのかということが、スチールやガラス、パテや空調設備でできているのかということより、私にとっては重要な問題なのです」。こうしたシンドラーの手紙に対し、ジョンソンは辛辣な返事をする。「貴殿の作品に関する私の知識からすると、貴殿の作品は今回の展覧会には入らないというのが私の正直な意見です」。かくしてシンドラーとニューヨーク近代美術館との最初の出会いが終わりを告げる。その次は一九三五年にニューヨーク近代美術館が企画し、彼の作品も展示された「カリフォルニアの近代建築」展である。この展覧会は一九三六年から三九年にかけてアメリカ国内を巡回した。

三〇年代におけるシンドラーの施主は、直接的であれ間接的であれ映画産業の隆盛の恩恵を受けた人びとであった。したがってシンドラーは、他の建築家とは違って恐慌によって大きな影響を被ることはなかった。シンドラーの二〇年代の作品の建設費は常に低いものであったので、三〇年代初頭の仕事が少ない時期でも大きな変化はなかった。しかし、ロヴェル博士夫妻やバーンズドールといったように裕福で、まるで弁護士や医者を身近におくように、彼に次々と仕事を依頼してくれる施主は一人も現れなかった。一九二九年から三三年にかけて恐慌がもっとも厳しかった期間においても、シンドラーは、店舗やレストランの改修をはじめ、集合住宅の設計や、さらに、彼の最も重要な住宅作品のうちの三つとなるエリオット邸（一九三〇年）、フォン・カーバー邸（一九三一年）、そしてオリバー邸（一九三三年）の依頼に多忙を極めていた。

この時期の彼の構造に関する主要な関心は、スタッコで覆われた木造という既存の建設技術の可能性を最大限に引き出すことにあった。彼は一九一五年の時点でモデュールのシステムを発見していたことを誇りに思ってきたが、このシステムはアメリカでは一八九〇年代からすでに用いられていたものであった。三〇年代に入りシンドラーは、このシステムをさらに洗練させようとしていたようである。シンドラーは、論文「レファレンス・フレーム・イン・スペース」（一九三四年に書かれ、一九四六年に発表される）で、彼自身のモデュールの使い方を公式化する。この中で彼は、「四フィートのユニットが、すべての要件を満たすことを見出した」と述べている。四フィートのユニットの採用によって図面上で詳細な寸法を省くことができ、施工にあたってもこのユニットの反復あるいは分割を考えるだけですむのである。「空間をつくり出す部屋の壁は、床から天井まで垂直に立ち上がり箱形の部屋をつくり出すべきものではない。床と天井の間で突出したり陥没したりすべきものなのである」。このように、シンドラーはモデュールのシステムについて主張するが、同時に彼は、このシステムに縛られることを望まなかった。「デザイナーは、グリッドに完全に縛られる必要はない。私は、空間形態は、このユニットから若干逸脱することによって、さらなる発展が可能であることを知った。こうした若干の逸脱であれば、全体のシステムを無効にすることもなく、すべてを機械的に決めてしまうことによる限界を明らかにせずにすむ」。ここにいたって彼は、芸術的な配慮がされた技術的な「真実」を手中にするのである。

シンドラーがモデュールのシステムを展開したのは、木造の建築物がそのほとんどであった。しかし、彼は一九三三年のコンクリート造の二つの計画でも、このシステムを用いている。それが、シンドラー・シェルター計画とロック邸の第一案である。一九二九年と三〇年にシンドラーは、サンフェルナンド渓谷におけるパーク・モデルヌ開発で友人のウィリアム・リンゲンブリンクと仕事をともにした。シンドラーは、このパーク・モデルヌ開発の配置計画を行ってはいないが、相談を受けたことは確かである。シンドラーの手による二軒の小さな木造の住宅がこの開発地に建てられた。周囲には他の建築家によるジグザグ・モデルヌの三軒の住宅が並んでいた。一九二九年の恐慌により、この計画は中止され再開されることはなかった。しかし、そうした状況の中、シンドラーは、木造やコンクリート造による低価格の住宅の計画を多数作成した。これらの計画にいくつかのデザインを追加して、シンドラーは、三〇年代初頭にシンドラー・シェルター（図91、一九三三年）として発表する。こ

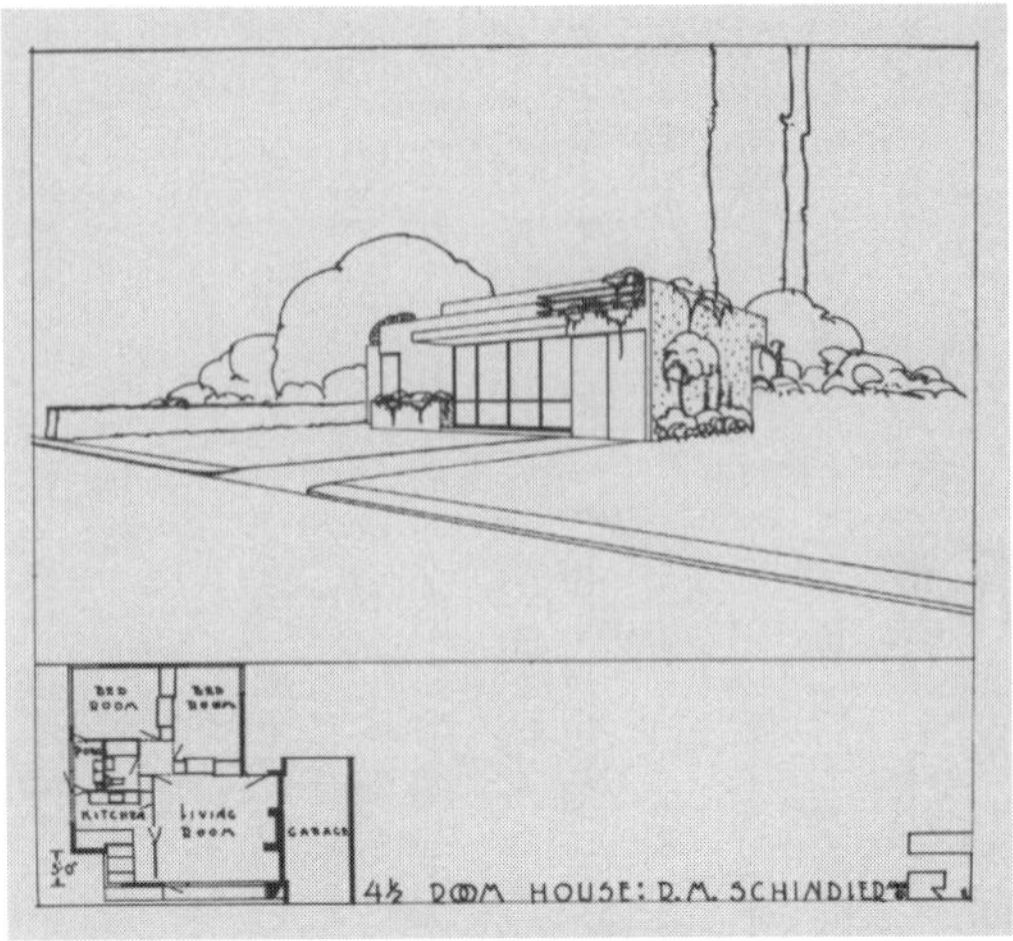

［図91］シンドラー・シェルター計画、1933

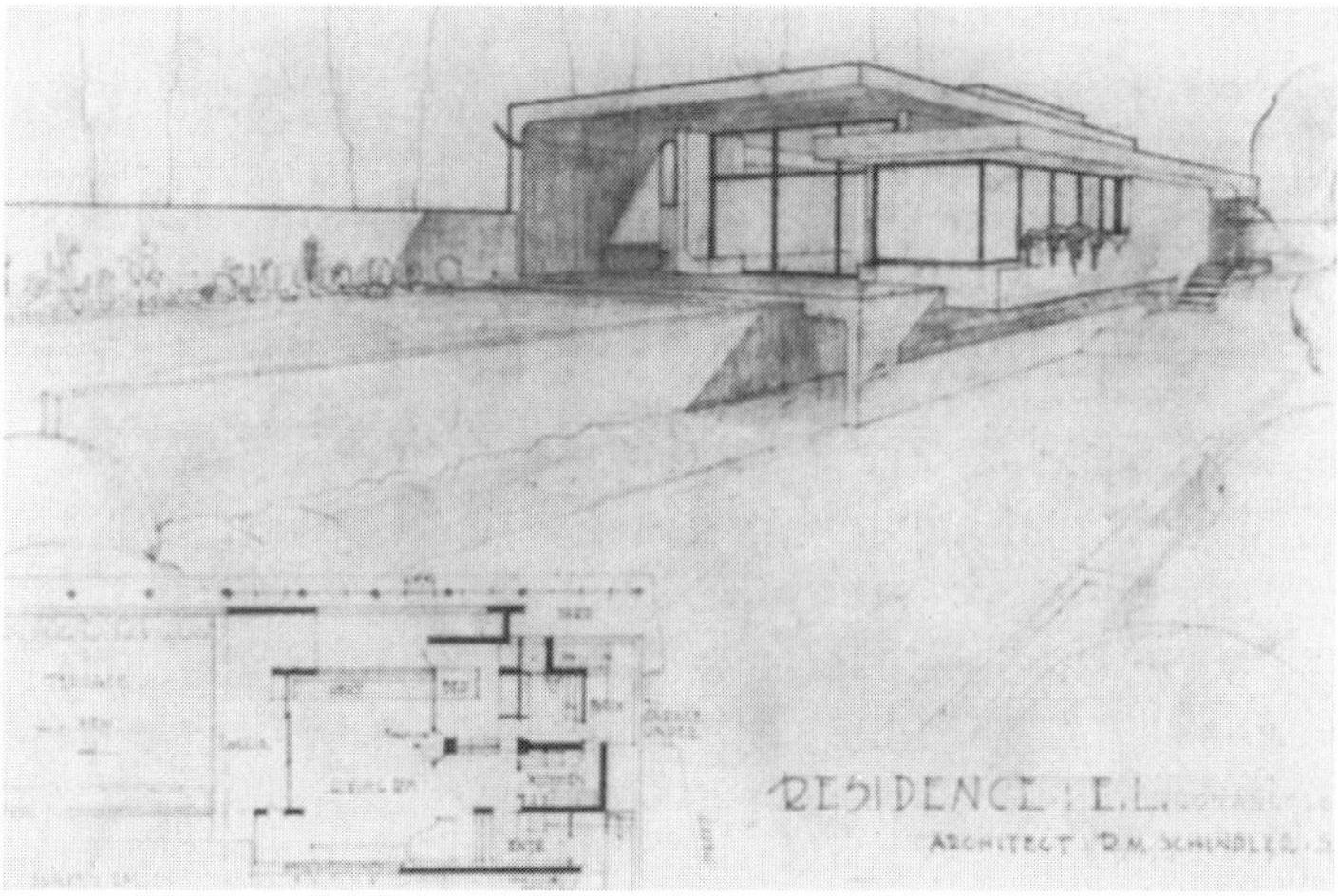

[図92] エリック・ロック邸第1案、ロサンゼルス、1933

の計画について、シンドラーは、州政府が提示する低価格住宅の要項の一つに準拠するように努めた。しかし役人には全く受けが悪かった。その理由は、近代的なスタイルであったことにもよるが、建設業者の手にかかればシンドラー・シェルターの一棟が一八〇〇ドルという工費を下回る住宅の建設が容易であったことにもよる。

シンドラーのコンクリート造の住宅の最後のものが、エリック・ロック邸の第一案（図92、ロサンゼルス、一九三三年）である。その外観のイメージは、シンドラーが、三〇年代の工業的な流線型のモデルヌに最も近接したことを示すものである。彼が、それまでは垂直方向と水平方向の鋭い直角で用いていたのに代わって、この住宅では表層には緩い曲線を用いているのである。その結果、床と壁そして天井の見切りがなくなり、この住宅は簡潔な形態を有する簡潔なオブジェクトとなった。居間にあるコンクリートで一体的につくられたベンチは、居間と寝室の間のガラスの間仕切り壁を貫通し、ベッドの台にもなっている。また、コンクリートの床スラブや壁をキャンチレバーで地面から浮くように計画することによって、地面と建物の分離が強調されている。

第九章　リビング・スペース

［図93］R. F. エリオット邸、ロサンゼルス、1930、寝室とその上部のテラスを臨む

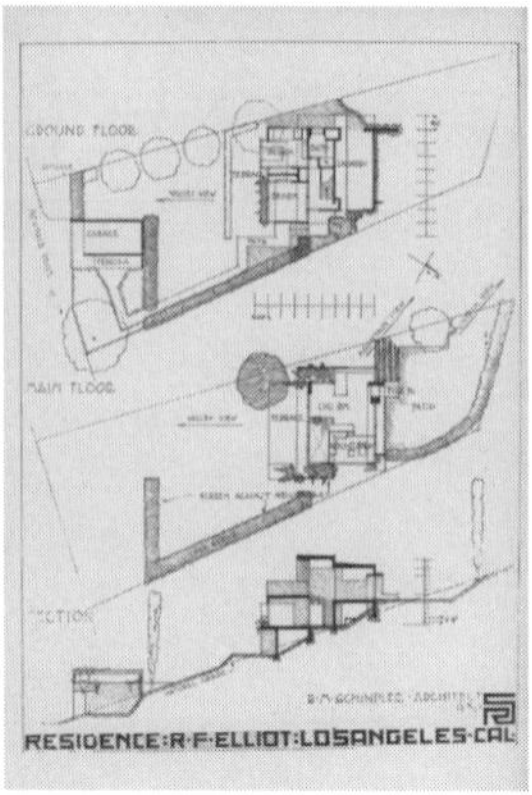

［図94］R. F. エリオット邸、平面図・断面図

ロサンゼルスに建つR・F・エリオット邸（図93－97、一九三〇年）は、シンドラーが、丘陵地の住宅においてデ・ステイル的な美学を完全に用いた事例として最初のものにあたる。彼は、丘状の敷地の下側の通りに面した位置に駐車場を配した。この駐車場の屋上から二～三フィートの高さのところにスタッコで覆われたトレリスがあり、それはつたで覆われている。このトレリスは、敷地の頂上付近に建つ住宅から見ると植栽によるスクリーンとなっている。住宅の地上階には玄関と寝室がおさめられ、一階からセットバックした二階には居間が配されている。この居間と食事のエリアからはガラスのドアによってテラスへと誘われる。

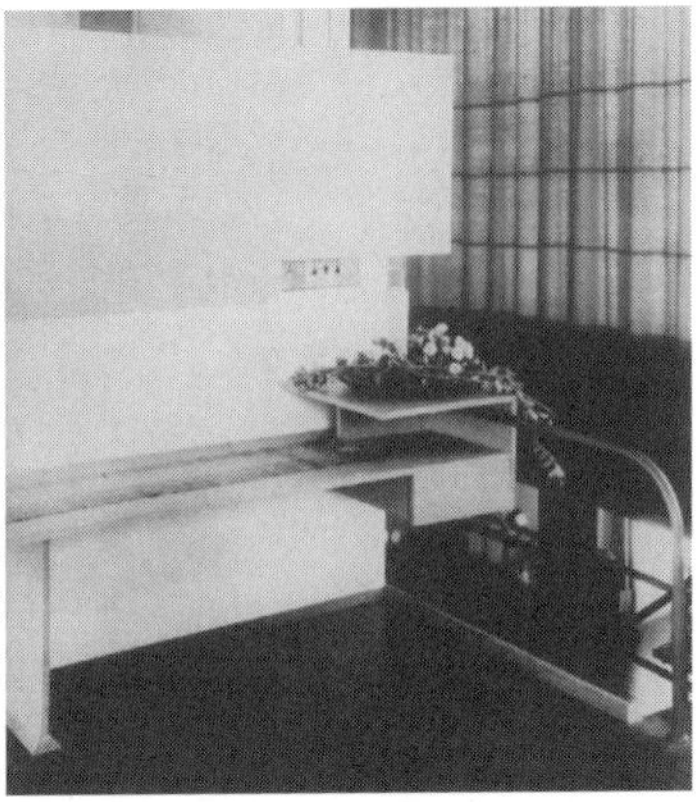

［図95］R. F. エリオット邸、居間

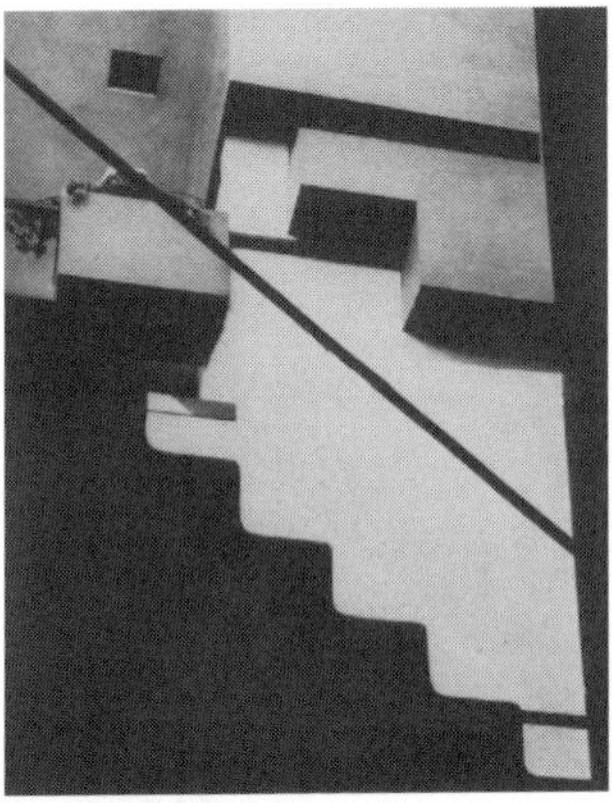

［図96］R. F. エリオット邸、
階段部詳細

テラスの下には谷への眺望が開けた寝室が配されている。テラスの反対側では、はめ殺しのガラス窓とガラスのドアによって、囲まれた空間が屋外の居間となるパティオへとつながっている。西側にある高窓からは遠方にある山々を臨むことができる。駐車場にあるトレリスのイメージは居間の両側でも展開されているが、それは隣家からの視線を防御するものでもある。

　エリオット邸は、シンドラーの作品の中で形態と機能の組み合わせが最もうまくいった事例の一つである。敷地形状をうまく利用し、内部空間と外部空間がともに可変性に富んだ、大変使いやすいものとなっている。

［図97］R. F. エリオット邸、階段室

形態やその組み合わせは、内外双方において複合的に示されているが、このエリオット邸は、視覚的にも機能的にも、内部空間の様相が外観に整理された状態で表現されている。また、この住宅はウルフ邸と同様に、地面から浮かせられ、大地とは切れているようにもみえる。しかし、窓台やトレリスに設けられた植栽帯やトレリスに植物やつたを配することで、この住宅の表層やヴォリュームを部分的に大地になじませようとしている。内部では、地上階と主階を結ぶ空間は吹き抜けていて玄関ホールからの空間の伸張が図られている。キッチンは独立してはいるが、居間・ダイニングのエリアとは天井高が同じで、その間にはガラスがはめ込まれているので、空間の連続性も確保されている。居間・ダイニングの空間は、三段になった屋根兼天井で覆われている。この屋根兼天井は、住宅の裏にあるパティオに向かって段状に下がり、パティオ側では天井の低い親密な空間をつくり出している。シンドラーは、この住宅の構造や仕上げに最も一般的であり入手の容易な素材を用いていている。内外仕上げはスタッコやモミ材の合板（これはワック

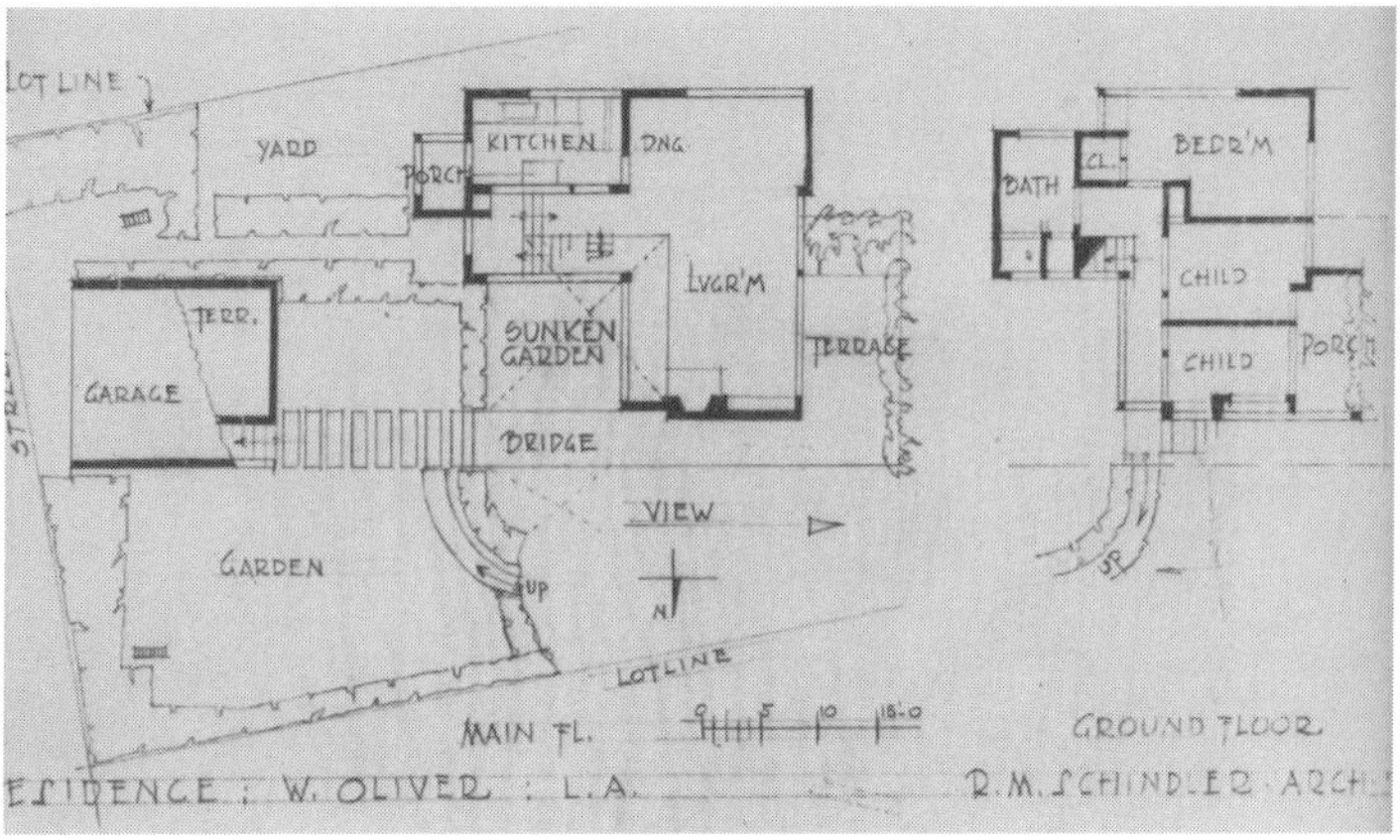

［図98］W. E. オリバー邸第1案、ロサンゼルス、1931、平面図

スがけで、ニスやペンキは塗られていない）で、床材やテーブルの天板はリノリウムであった。

エリオット邸に続き、一九三一年にシンドラーはロサンゼルスのW・E・オリバー邸の第一案（図98・99）を作成した。この敷地は、エリオット邸とは逆に下がり勾配となっているので、通りと駐車場が斜面の上側に、そして住宅はそれより下側の斜面に配された。主階となる居間の空間は、ここでも上階に配され、寝室は地上階に配されている。エリオット邸に見られた上下階をつなぐ空間は、オリバー邸第一案では、大きなL字型の空間となりサンクン・ガーデンの方向に開かれている。地

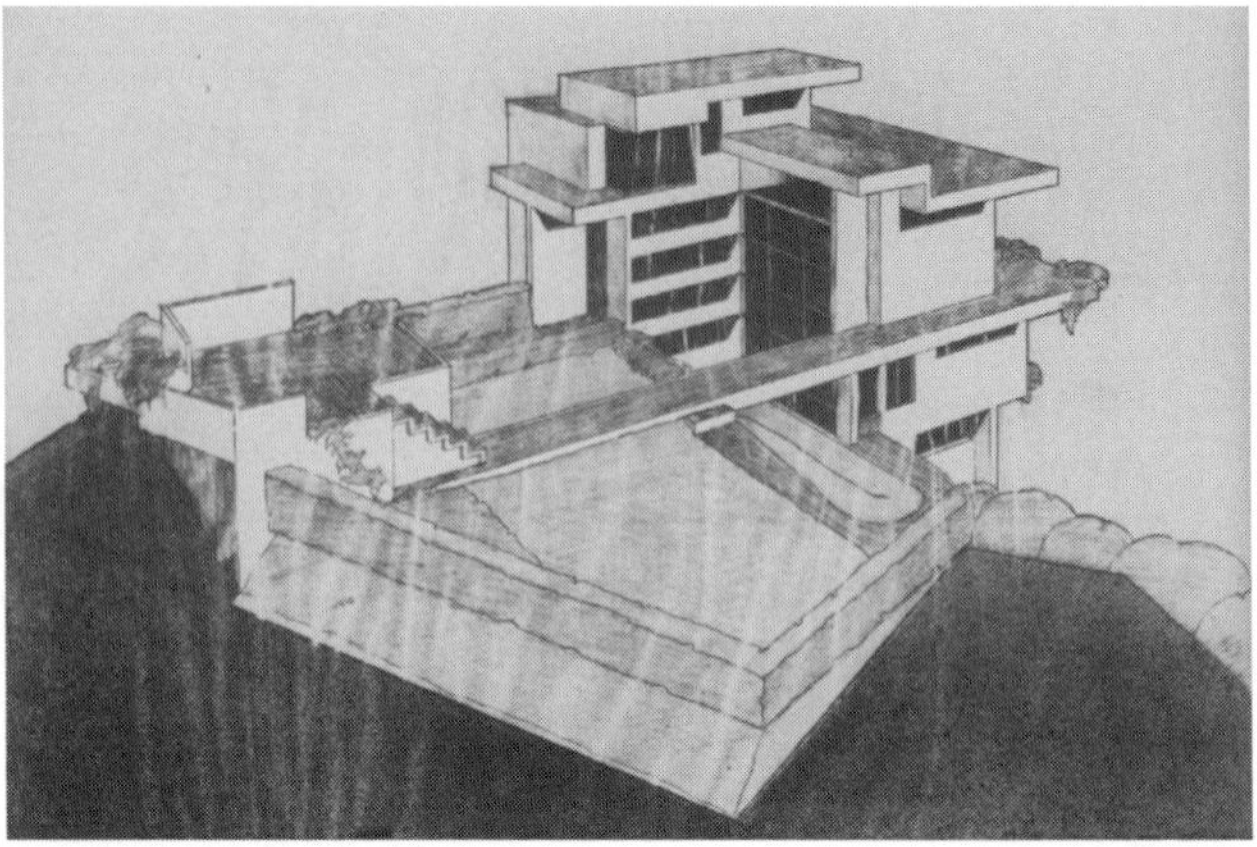

［図 99］W. E. オリバー邸第 1 案、透視図

上階にある子供室は、二層分の天井高のあるホールやサンクン・ガーデンと、はめ殺しのガラス窓やガラスのドアで仕切られている。敷地の上部では、庭とルーフ・テラス（後ろに谷への眺望が開けたデッキがあり、駐車場の屋上にある）とブリッジでつながれている。

この第一案に基づき実施設計に入ろうとしていた時、オリバー夫妻は市内により近い別の敷地を購入した。そこは、通り側からはシルバーレイクへの絶景が広がり、奥側からは西ロサンゼルスからその先の海まで見通せる敷地であった。この住宅は一九三三年に竣工する。竣工した住宅（図100－103）は一層で、下にある通

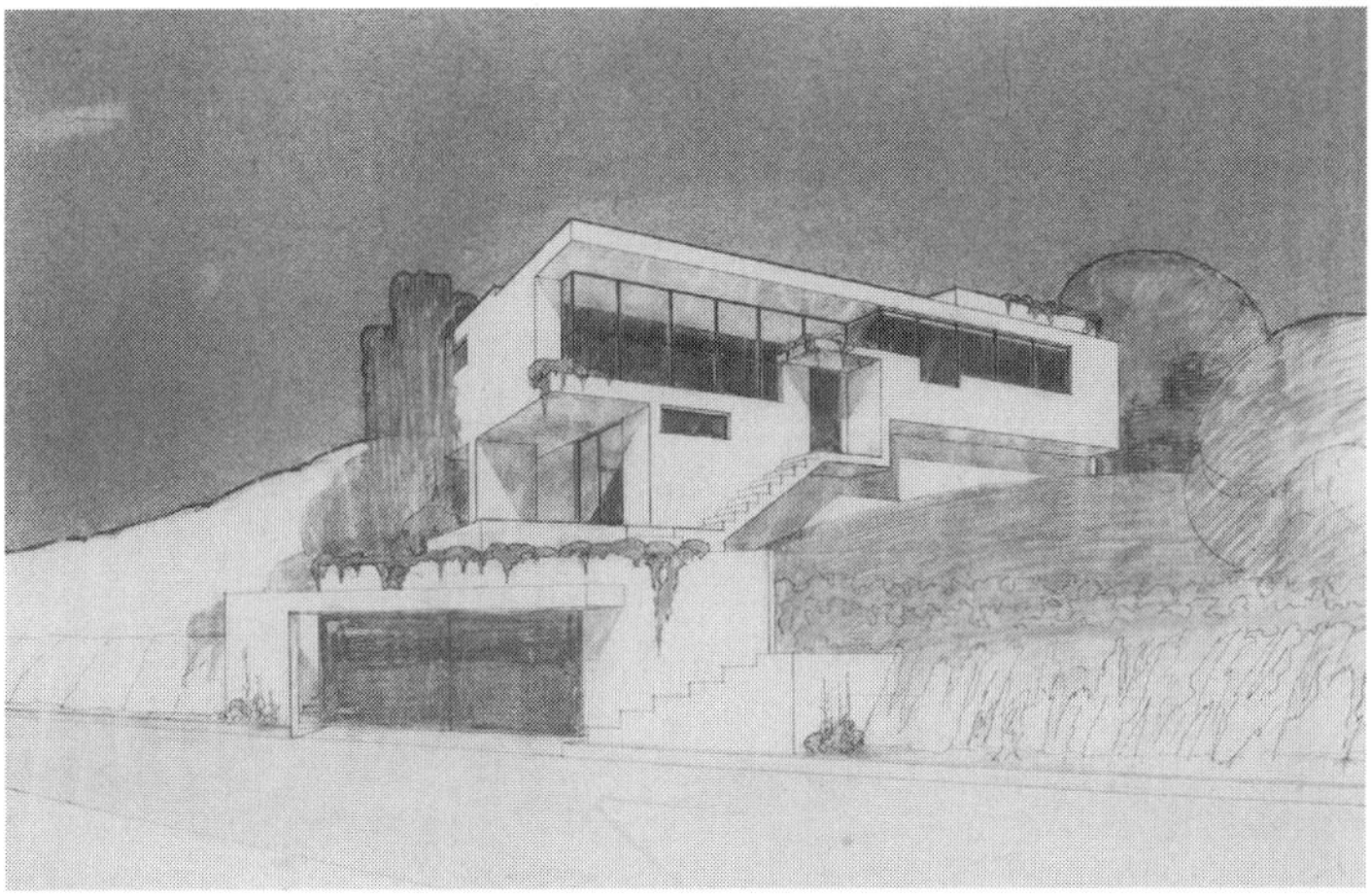

［図 100］W. E. オリバー邸、ロサンゼルス、1933、透視図

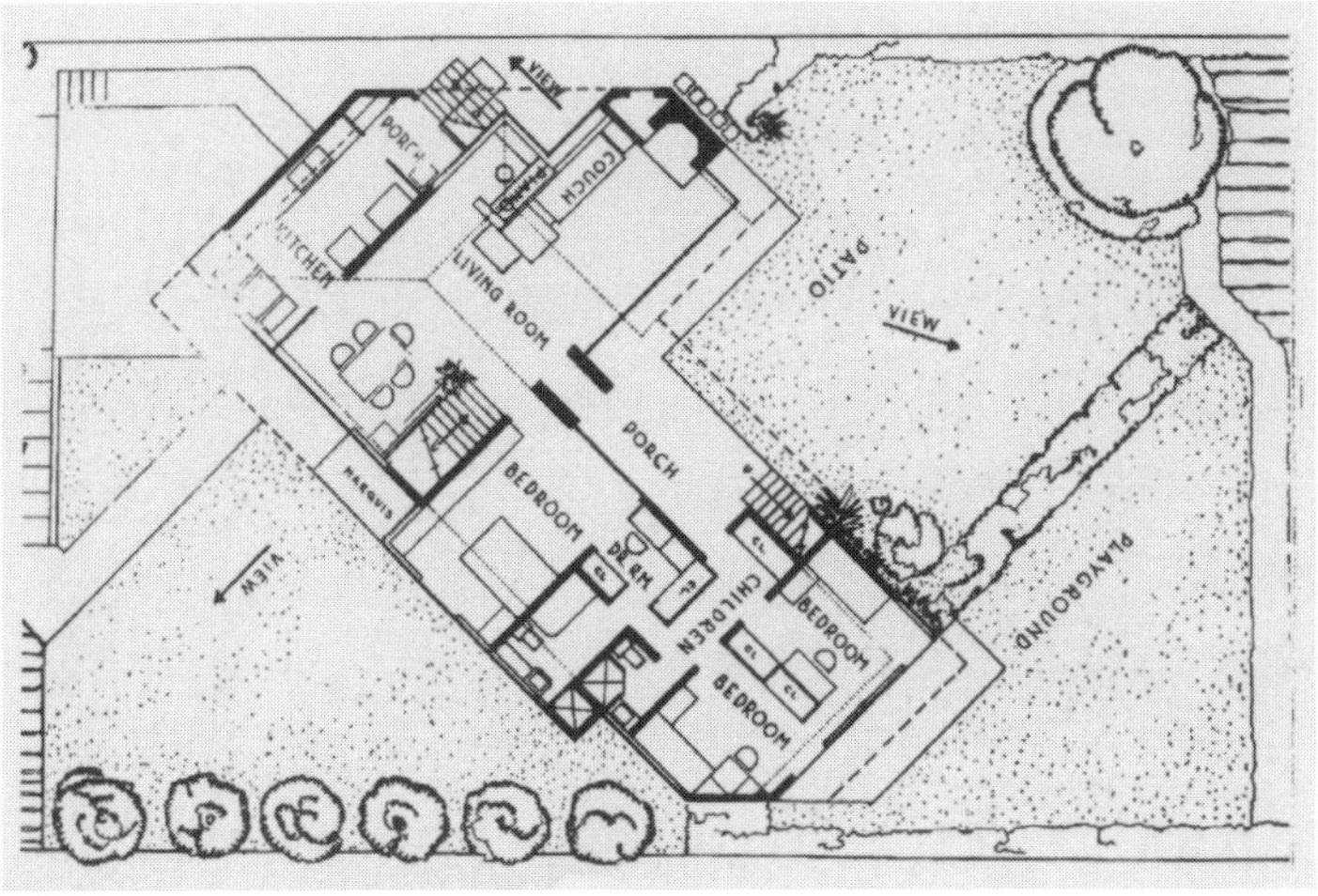

［図 101］W. E. オリバー邸、平面図

［図 102］ W. E. オリバー邸、庭側の外観

［図 103］ W. E. オリバー邸、居間

りに面して駐車場が設けられている。敷地に対して斜めに配されたL字型の平面構成によって、三方向への眺望がいかされるだけでなく、平坦な部分を最大限に利用し、奥側にはパティオがつくり出されている。小さな玄関は主階から五フィート下にある。居間、ダイニング、そしてキッチンを通り側に、子供室は奥側に、その間に主寝室とポーチを配している。子供室の屋上にはルーフ・テラスがある。当初、ここには寝室を増築できるよう計画していたが、実現にはいたっていない。子供室のウィングへは、屋外のポーチを通っていく。これによって住宅の三つのゾーンが効果的に分離されている。

しかしオリバー邸には、いくつかの意図的な対立性があるように思われる。そのうち最も驚くべきものは、通りからは、フラットな屋根をいただく箱型の住宅に見えるものの、実際は、奥の庭側で表出されているように、勾配屋根であることである。シンドラーは、勾配屋根を利用して、住宅内の天井高を劇的に変化させた。厳格な直交系のデ・ステイル的な構成に勾配屋根を持ち込む手法を、シンドラーは三〇年代以降たびたび繰り返す。この曖昧性はシンドラーにとっては計画的なものであった。もちろんロースもまた、厳密な直交系の構成に曲線のついた屋根(図104)を持ち込み、シンドラーと同様の曖昧性をもっていた。もちろんスパニッシュ・コロニアル・リヴァイヴァルを奨励する地域での規制によって、

[図104] アドルフ・ロース、シュタイナー邸、ウィーン、一九一〇

勾配屋根を用いなければならない（また可能な場合はそれを否定する）場合もあった。しかし多くの場合、シンドラーは自ら勾配屋根を選択していたのである。

一九三一年に、ハリウッドのリヴィエラ地区――この地区はスパニッシュ・コロニアル・リヴァイヴァルの住宅が多数を占める――に建てた、ハンス・N・フォン・カーバー邸（図105・106）は、シンドラーがこうしたリヴァイヴァルを明ら

[図105] ハンス・N. フォン・カーバー邸、ハリウッド・リヴィエラ、トランス、1931、玄関

[図106] ハンス・N. フォン・カーバー邸、居間の暖炉

かに批判するものとなっている。表層の垂直部分における長方形の幾何学な構成は、妥協のないデ・ステイル的な構成である。しかし、住宅全体は、一見すると、乱雑に並べられたタイル貼りの勾配屋根で覆われており、壁面まで同じタイルが貼られている部分もある。内部では、暖炉にも丸い屋根用のタイルが貼られ、炉には屋根用の曲線のついたタイルの凹面を上にしたものが縦並びに組み込まれている。また、窓や照明がさまざまな位置に設けられることによって床や天井のレベル差が強調されているが、こうした構成は、インターナショナル・スタイルの厳格な理論だけでなく、スパニッシュ・コロニアル・リヴァイヴァルの上品な内部空間とも相容れないものであった。

レイク・アローヘッドにギセラ・ベナッティのために建てたA字型フレームの山荘（図107・108、一九三四－三七年）にも、同様の反駁が認められる。この地域では住宅の様式をフレンチ・ノルマン風とする規制があった。それは、とにかく屋根を架けておくということであった。こうした規制に対してシンドラーは、パッカード邸での対応と同様に、キャビンを屋根だけで構成した。これは規制や因習への攻撃であるとともに、彼が継続して試していた、傾斜のついた壁や屋根による構成を継承したものでもある。

［図107］ギセラ・ベナッティ山荘、
レイク・アローヘッド、1934-37、居間

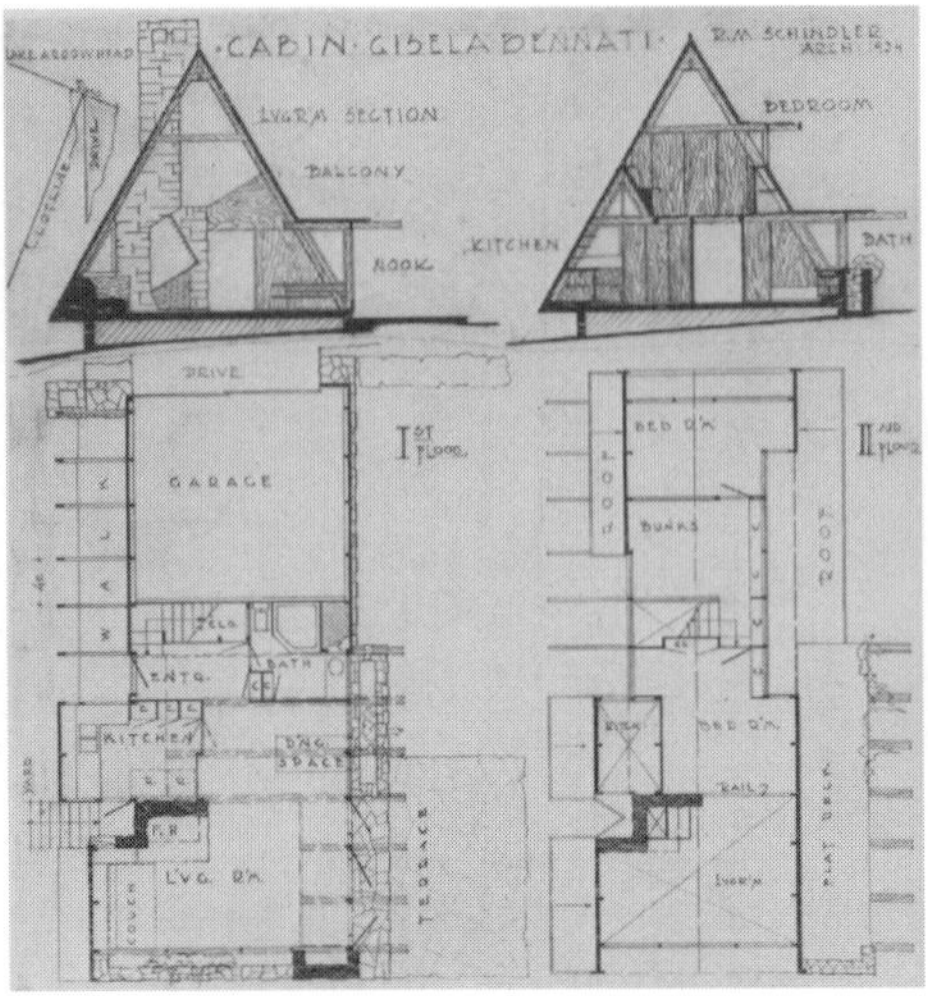

［図108］ギセラ・ベナッティ山荘、
断面図・平面図

一九三四年にロサンゼルスに計画された二軒の住宅のデザインは、その直線による構成の純粋性から、先の二軒に比べると国際主義者たちにははるかに受け入れやすいものである。その二軒とは、レイマート公園における住宅の計画（図109）と、ジョン・J・バック邸（図110・111）である。両者はともに平坦な市街地を敷地としている。また、敷地の日当たりの良さや周辺の環境から、直交系のヴォキャブラリーだけでの構成が可能となったようである。バック邸では、直方体

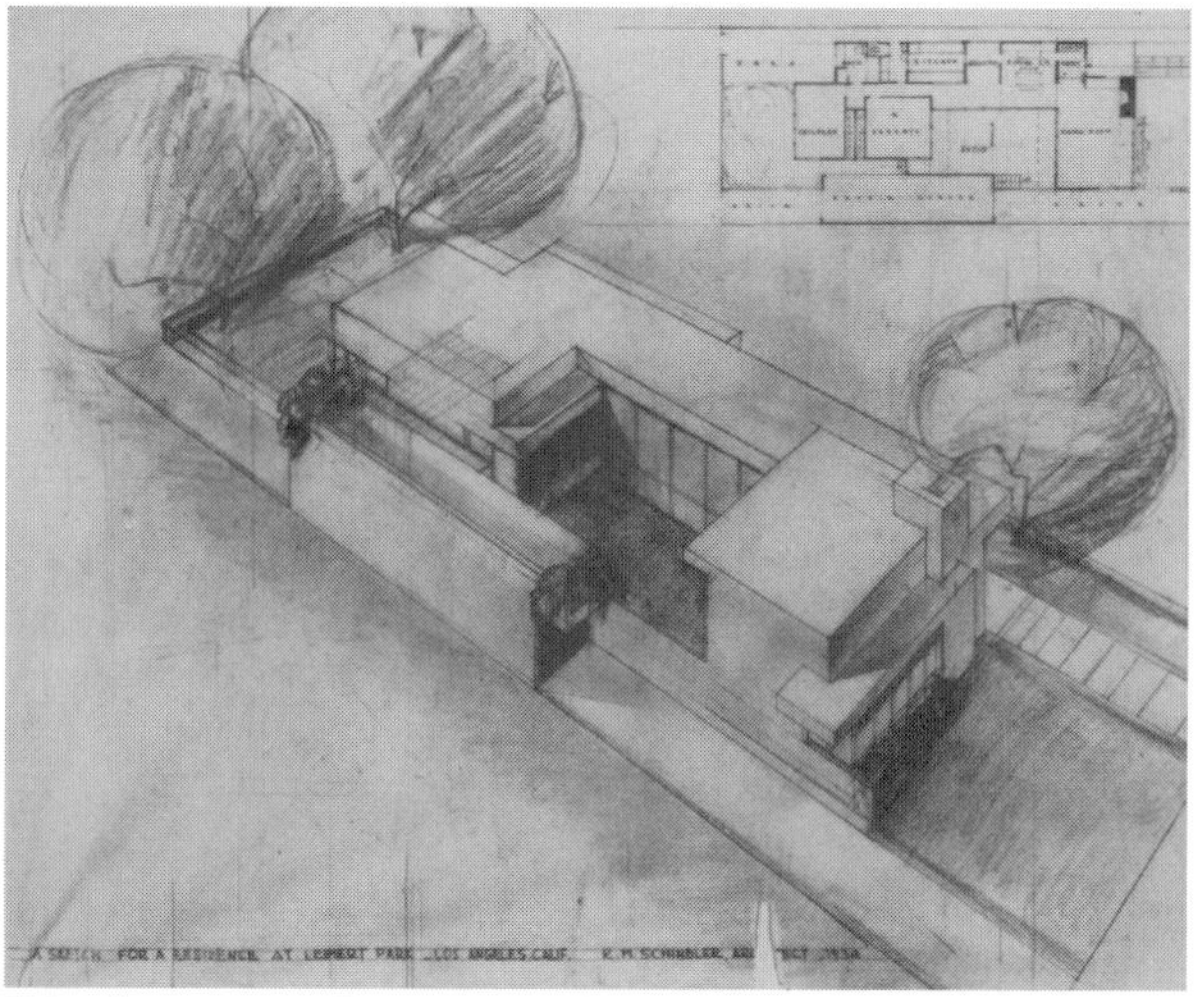

［図109］レイマート公園における住宅計画、ロサンゼルス、1934

のヴォリュームと水平の連続窓が二本の煙突の垂直性によって分節されている。内部の天井の高さは、さまざまに変化しているので、光もさまざまなレベルから差し込む。玄関ホールの天井は、屋根の水平面からは二四インチ下に抑えられているため、これらの中空部を通して先を見渡すことができる。

レイマート公園の小規模な計画は、空間としては劇的なものではないが、ヴォリュームの扱い方がバック邸と近似している。

［図110］ジョン・J. バック邸、ロサンゼルス、1934、外観

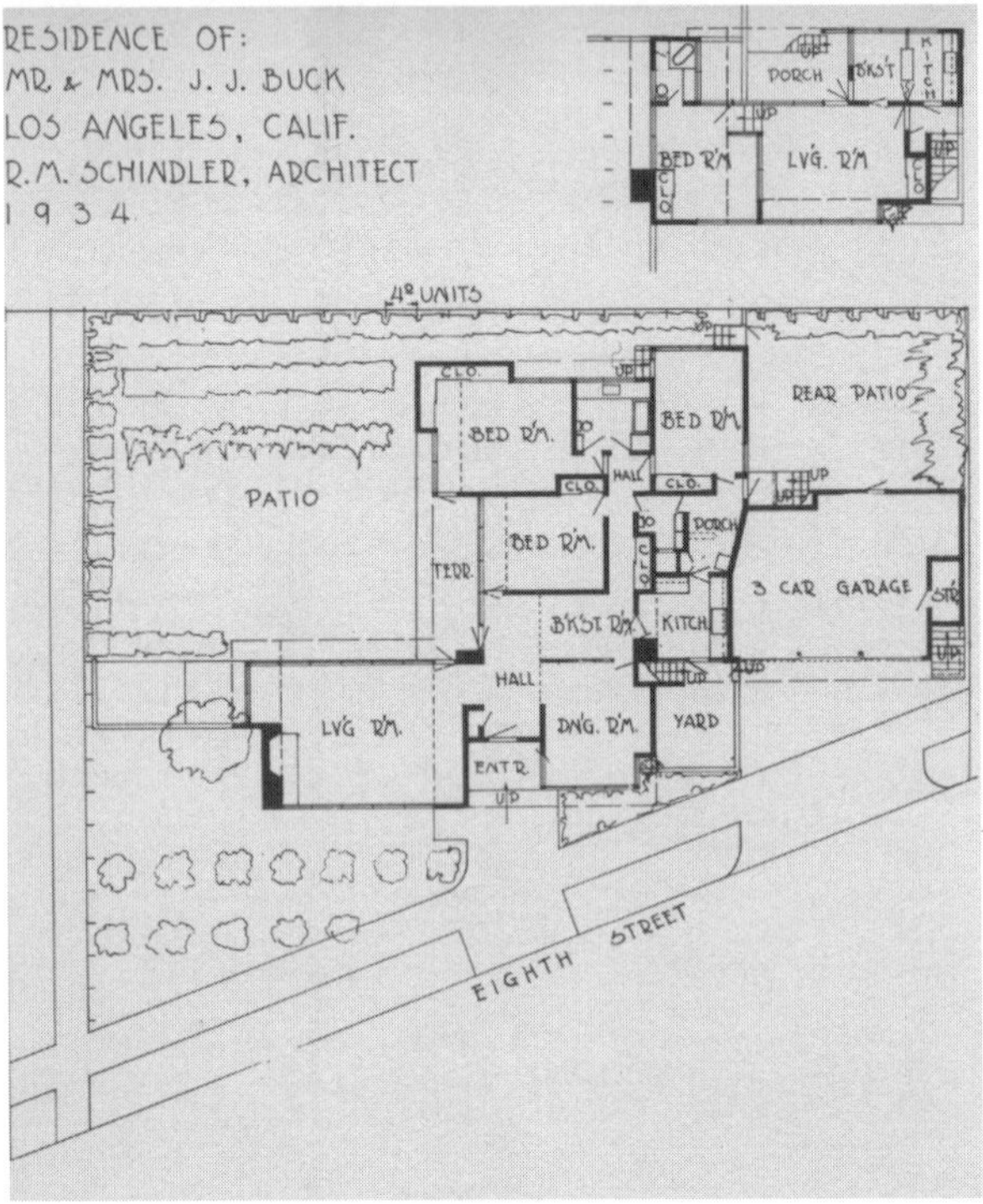

［図111］ジョン・J. バック邸、平面図

この二軒の住宅、特にバック邸の視覚的な特徴は写真映えのするものではあったが、その本当の価値は賞賛に値する機能的な平面計画にある。駐車場の上部に賃貸用の小さなアパートが配されているため、実際は二つの住宅からなるL字型のバック邸は、ほとんどの部屋が囲われた庭に向かって開かれている。レイマート公園の住宅では、小さな中庭を朝食室、ダイニング、そして居間の連続する空間が囲み、またキッチンからもガラスの壁を通して臨めることで、内部空間をパティオへと伸張することが企図されている。この開かれた自由度の高い内部空間と、その見た目にも実用的な屋外空間への伸張という要素は、三〇年代後半のワースター[22]、ファンク、そしてデイリーといったベイエリア派の作品や、エイン[23]、ソリアノ[24]、そしてハリス[25]といった、ロサンゼルスの建築家の作品を予兆するものでもあった。

シンドラーが、一九三五年にロサンゼルスの丘陵地に計画したW・J・デラホイデ邸（図112）は、ノイトラ流の正統的なスタッコとガラスの建築に最も似ている作品である。この住宅は、二層の静的な形態に、各層で突出と陥没といった操作がなされている。通りのレベルにある駐車場から上がる階段の上部には切り取られた壁があり、住宅そのものよりデ・ステイル的な傾向が強くなっている。

22　William Wilson Wurster（1895-1973）：カリフォルニア生まれ。カリフォルニア大学に学び、一九二四年に独立。木構造に木の質感を重視した内外の仕上げによる簡潔なデザインの住宅を数多くつくり出した。ジョン・ファンク、ガードナー・デイリーの作品も同様の系列にあり、彼らを称してベイエリア派と呼ぶこともある。

23　Gregory Ain（1908-1988）：ペンシルヴァニアに生まれる。カリフォルニア大学ロサンゼルス校や南カリフォルニア大学で学び、シンドラーやノイトラに師事。一九三五年に事務所を設立し、三〇年代から六〇年代にかけて近代的な住宅を数多くつくり出した。

24　Raphael S. Soriano（1907-88）：ギリシャのロードス島生まれ。一九二四年に渡米し、南カリフォルニア大学に学ぶ。ノイトラに短期間師事した後、一九三六年に独立。規格品の鉄骨を用いた住宅や集合住宅、事務所等のデザインによって戦後のロサンゼルスの建築界を先導した。

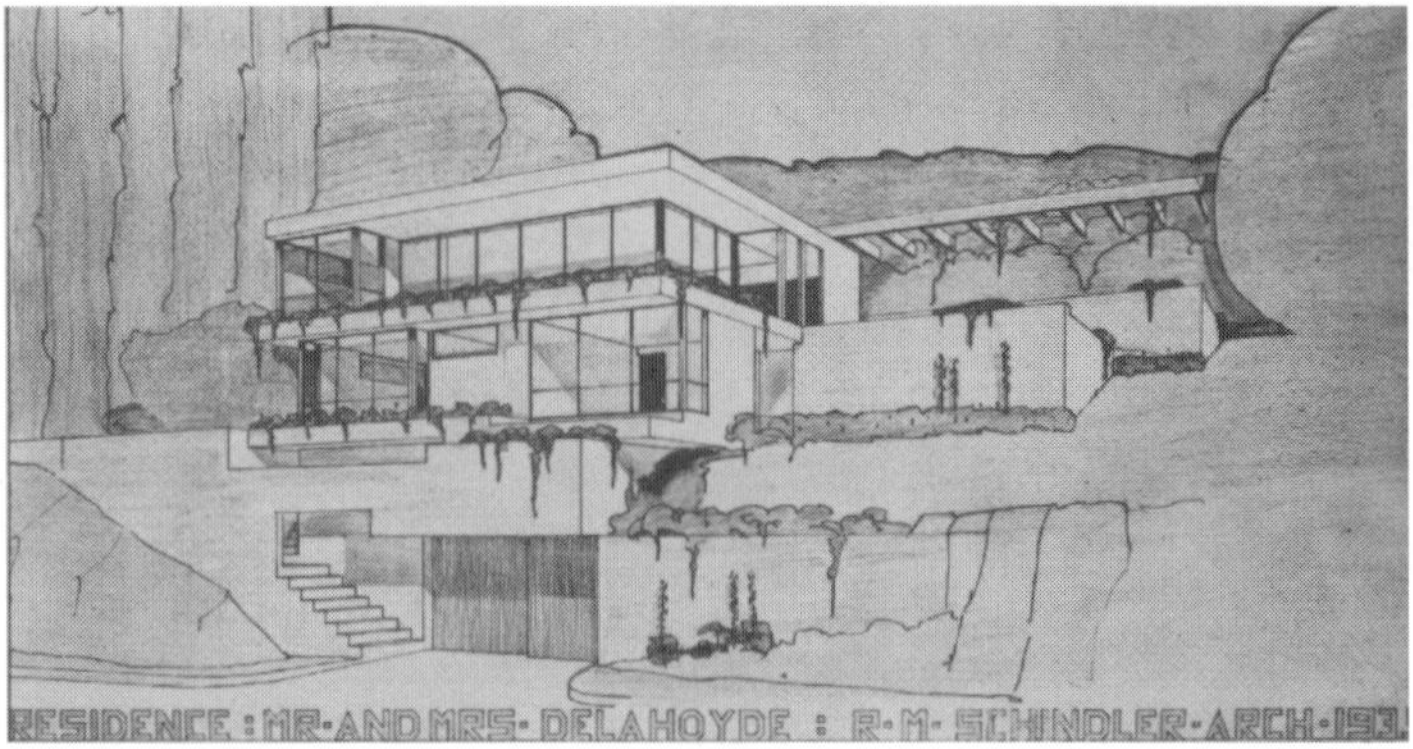

［図112］W. J. デラホィデ邸、ロサンゼルス、1935

ミルトン・シェップ邸（図113・114、ロサンゼルス、一九三五年）の第二案における通り側の立面は、インターナショナル・スタイルに近似するものである。しかし、丘に面した立面では、より特徴的なヴォリュームの陥没や重ね合わせが行われている。パサディナのモリス・ゲッギー邸の第一案（図115、一九三五−三六年）は、二枚の水平の屋根が強く表現されているため、その下にある壁面のデ・ステイル的な構成があまり目立たないものとなっている。この住宅においてシンドラーは、長方形の勾配屋根に支配されるヴォリュームと、屋根の表層に包み込まれるヴォリュームの葛藤を、伝統的で古典的な意匠で解決するのではなく、これらの要素のそれぞれの衝撃をデザインの主題としたのである。

25　Harwell Hamilton Harris（1903-90）：カリフォルニアに生まれる。ポモナ大学やオーティス芸術アカデミーに学んだ後、一九二九年から三三年にかけてノイトラに師事する。住宅を中心に数多くの作品をつくり出したが、グリーン兄弟や日本の建築からの影響を窺わせる木質を重視したものや、スタッコで仕上げたインターナショナル・スタイルに近いジョン・エンテンザ邸（一九三七）がある。一九五〇年代中期以降はテキサス大学で教職に就いた。

ゲッギー邸に続き、一九三六年、シンドラーはこうした形態の格闘を展開する二つの計画を作成した。ロサンゼルスのワーショー邸（図116）、ビバリー・グレンのウィリアム・ジェイコブス邸（図117）である。これらの住宅のデザインにおいて、シンドラーは突出や貫入といったデ・ステイル的な構成と、三〇年代の流線型のモデルヌ建築が強く想起される曲線のついた屋根とを衝突させている。ワーショー邸は、木の面材によって分節された緩い勾配の屋根がそのまま住宅の裏

［図113］ミルトン・シェップ邸第2案、ロサンゼルス、1935

［図114］ミルトン・シェップ邸の居間の家具、ロサンゼルス、1934-35

［図115］モリス・ゲッギー邸第1案、パサディナ、1935-36

側の壁になっている。また、ジェイコブス邸では、曲線のガラスが高窓を包含し軒裏や天井まで続いている。このようにルーフィング材や木の面材を用いて屋根と壁を一体的に扱おうとする試みは、すでに一九二四年のパッカード邸でなされていた。そして、シンドラーは、こうした手法を一九三五年にハリウッドに建てたジョン・デキーサー邸で採用している。しかし、ワーショー邸とジェイコブス邸だけが、曲線のある連続する表層によってデ・スティル的な面による構成を持たせた事例である。

［図116］ワーショー邸、ロサンゼルス、1937

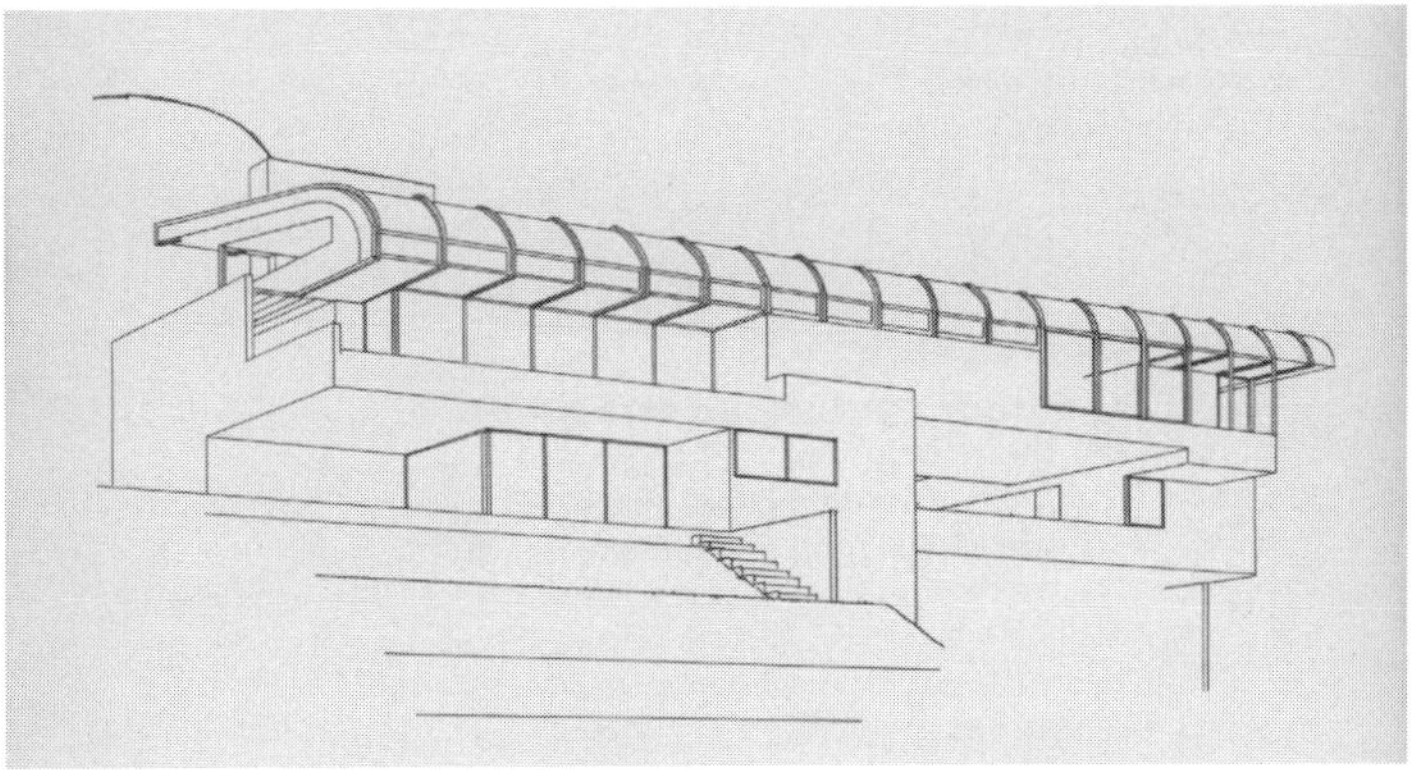
［図117］ウィリアム・ジェイコブス邸第2案、ビバリー・グレン、1936

第一〇章　モダン対モデルヌ

一九三〇年代中期は、シンドラーだけでなくアメリカの多くの建築家にとっても新たな転機となった。一九三六年に、ライトは、ウィスコンシン州ラシーンに建つジョンソン・ワックス本社や、ペンシルベニア州のベア・ランにカウフマン家のために建てた落水荘で、その偉大さと驚愕すべき精神力を示し復活を遂げる。カリフォルニアでは、ノイトラがベルに開放的な学校（図118、一九三五年）を建て、またアルタデナに規格化された金属を用いた住宅を建てる。その前年には、まだ若いハーウェル・H・ハリスが、カール・アンダーソンと協働で中庭型のポーリン・ロウ邸（図119、一九三四年）をアルタデナに実現する。さらに二人の若いデザイナーが――グレゴリー・エインはエドワーズ邸（図120、一九三六年）を、ラファエル・ソリアノはリペッツ邸（図121、一九三五年）を建て――ロサンゼルスの建築界に登場する。北カリフォルニアでは、ウィリアム・ワースター、ガードナー・ディリー、ジョン・ファンク、マリオ・コルベット、フランシス・マッカーシー、そしてジョン・ディンウィディーらが、第二次世界大戦前に成熟した、こうした展開に参画し始めていた。

木を表現の主体とするベイ地域の建築家たちや、アメリカ南部におけるハリスの建築といった例外はあるものの、アメリカ建築の視覚的なイメージは、三〇年代になると流線型の輸送機械のデザインの流行と一致する。ライトやシンドラー

［図118］リチャード・ノイトラ、コロナ・アヴェーニュー・スクール、ベル、一九三五

は、ノーマン・ベル・ゲデスやレイモンド・ローウィたちの滑らかな流線型のデザインと共通する要素があるように思われることに対して、嫌悪感を持ったことであろう。しかし、実際のところ彼らに共通する要素はあったのである。ライトのジョンソン・ワックス本社は、工業的なデザインのオブジェクトに強く示唆されている。また、シンドラーは、建築には直角でフラットな面を用いることをやめなかったものの、家具や装飾品のデザインには曲線を用いることが多くなったのである。ノイトラとライトは、三〇年代を通して曲線を用いたが、彼らは全体のデザインを流線形に融合させた。しかしシンドラーは、いつも通り曲線をアンチテーゼとして直方体の形態との明確な対比として用いた。

シンドラーの対人的なイメージを良くしようとする努力は、一九三五年から三六年にようやく実を結んだ。ハリウッドは経済的に上昇の傾向にあり、最新の近代的な住宅を持ちたいという施主が増えた。これらの人びとの多く、特に婦人は、モデルヌでありさえすればよかった。しかし流行に敏感な人たちは、ガラス・ブロック、曲線のついたファサード、フラットな屋根といったものより、より純粋に近代的な住宅を求めた。その結果、シンドラーや、さらに大きな比重を持って、ノイトラ、エインやソリアノが重要な役割を担うようになる。彼らは、近代的に見える住宅をつくり、彼らがつくり出した住宅は、モデルヌなどではなく、二〇

［図119］ハーウェル・H・ハリス＆カール・アンダーソン、ポーリン・ロウ邸、アルタデナ、一九三四

［図122］エリザベス・ヴァン・パタン邸、
シルバーレイク、ロサンゼルス、1933-35、通り側の外観

世紀のハイ・アートへの実現について妥協がないという点で疑い得ないものに見え、事実そうであった。ノイトラの住宅の外観は、非人間的な機械への呼応という点で一貫性があった。しかし、シンドラーの機械の美学は、三〇年代中期から後期にかけて混成的なものとなった。なぜなら、彼の美学は、ハイ・アートとロー・アートの双方のイメージに基づくものであったからである。その結果、シンドラーの建築は、ノイトラの作品のように印象的で瞬間的な衝撃をもつことはなかった。ロサンゼルスで活動していた前衛建築家のなかで、シンドラーが最も革命的であると感じた明敏な人もいた。このことは、シンドラーが、一九三四年から三六年にかけて設計した六軒の住宅によく示されている。その中で、ロサンゼルスの丘陵地に建てられた二軒の住宅として、エリザベス・ヴァン・パタン邸（図122－124、一九三四－三五年）とラルフ・G・ウォーカー邸（図125－128、一九三五－三六年）がある。ヴァン・パタン邸は、通りからは三台分の駐車場しか見えない。この駐車場には勾配屋根が架かり、一台分ごとに雁行しているので、全体としては工場の鋸形の屋根のようにみえる。駐車場で隠

［図120］グレゴリー・エイン、エドワーズ邸、ロサンゼルス、一九三六

された住宅は三階建てで、ここは相互に反対の向きに傾斜した二つの大きな勾配屋根で覆われた部分とフラットな屋根で覆われた部分からなる。主となる屋根の勾配は、デッキへのスロープやその上のデッキの床の勾配と同じである。ウォーカー邸の場合、通り側の立面は、単純な直方体と庇の下の縦長の窓の列からなり、インターナショナル・スタイルの雰囲気を有している。しかし、その裏側は、八本のコンクリートの支柱、水平のトレリスやデッキ、そして屋根によって構成され、完全にシンドラー流のデ・ステイルとなっているのである。

さらにデ・ステイル的な雰囲気を色濃くしているのが、ロサンゼルスのミルトン・シェップ邸の計画、パサディナのモリス・ゲッギー邸（一九三五－三六年）、そしてルパート・R・ライアンのビーチ・ハウス計画（場所は不明、一九三七年）である。コ型のヴォリュームは、壁や屋根、そして窓を結びつけながら、それらの突出や陥没によって構成され、同時に、こうした操作によって内外空間が強く結合されるものとなっている。シンドラーは、これら三軒の住宅のすべてにフラットな屋根を採用している。ゲッギー邸では、日除けのために第二の屋根として勾配のついたものを配している。シェップ邸の計画では、最大限の眺望と日差しを得るために、通りに対して角度を振って住宅を配置している。さらに規制によるセットバックもあり、彼の直交系のヴォリュームが少し切り取られている

［図121］ラファエル・ソリアノ、リペッツ邸、ロサンゼルス、一九三五

部分もあるが、内部空間の使い勝手は損なわれていない。こうした純粋に直交系の幾何学による構成からの変容は、シンドラーのデザインに新たな緊張感をもたらすものとなった。

［図123］エリザベス・ヴァン・パタン邸、居間

［図124］エリザベス・ヴァン・パタン邸、庭側の外観

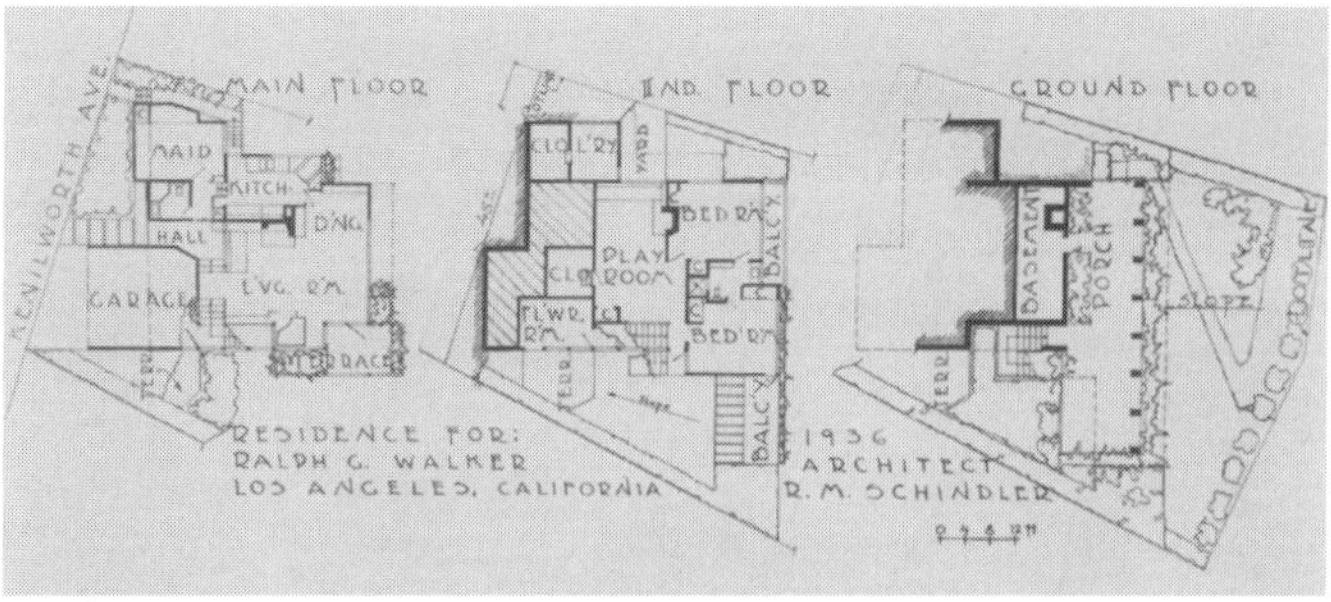

［図125］ラルフ・G. ウォーカー邸、ロサンゼルス、1935-36、平面図

［図126］ラルフ・G. ウォーカー邸、居間・ダイニング

［図127］ラルフ・G. ウォーカー邸、外観

［図128］ラルフ・G. ウォーカー邸、透視図

［図129］ヴィクトリア・マッカルモン邸、ロサンゼルス、1935-36、外観

［図130］ヴィクトリア・マッカルモン邸、居間

デ・ステイル的な美学を最大限に展開した建築的な彫刻である、ヴィクトリア・マッカルモン邸（図129・130、ロサンゼルス、一九三五年－三六年）は、シンドラーの三〇年代中頃における傑作のひとつである。ここでは、L字型のヴォリュームを単独で用いるのではなく、第二のヴォリュームを導入し、主となるコ型のモチーフや屋根のスラブとを重ね合わせることで対比的なヴォリュームを関係づけている。壁や屋根スラブそして窓は、全体のデザインのための要素として扱われている。玄関や、その裏側にあるダイニング・ポーチのように、外部空間が内部へと貫通している部分もあれば、閉ざされた内部空間が外部へと突出している部分もある。

しかし、どう考えても美学的な観点からは、マッカルモン邸の平面計画に何ら妥協した点は見当たらない。通りから徐々に上がっている細長い敷地は、途中でその傾斜が急になり尾根となる。シンドラーは、既存のバンガローを敷地の通り側に移しその下に駐車場を配して、デ・ステイル的な外装で覆った。そして尾根の頂部に新しい主屋を置き、すべての主な部屋から眺望が得られるようにした。

ロサンゼルスに建つC・C・フィッツパトリック邸（図131・132、一九三六年）も、デ・ステイル的なデザインがなされた住宅である。しかし、この住宅の場合、

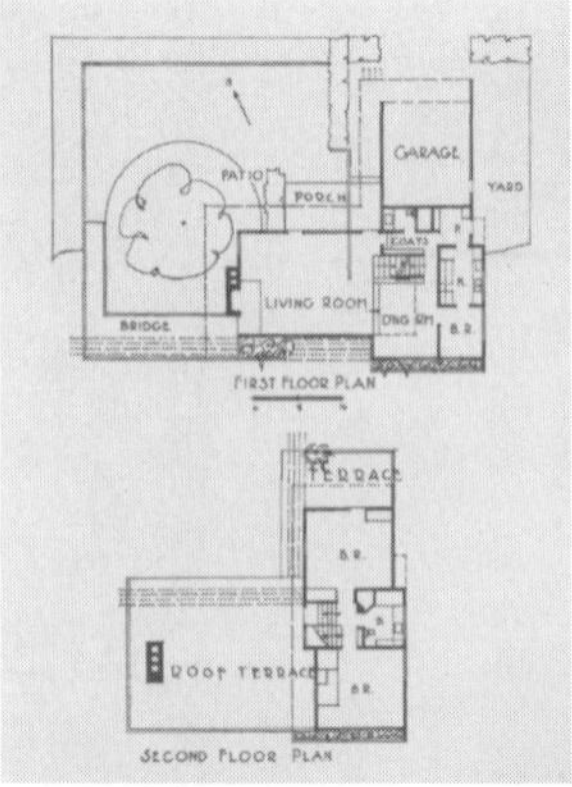

［図131］C. C. フィッツパトリック邸、ロサンゼルス、1936、平面図、居間

［図132］C. C. フィッツパトリック邸、外観

ヴォリュームの表現よりも、水平の屋根スラブの層による表現の方が勝っている。この住宅は新規に開発されたハリウッド・ヒルの頂部にあり、開発地の目玉として劇的な住宅であることが求められたものだからである。

一九三六年から三九年にかけての四年間は、インターナショナル・スタイルが南カリフォルニアで最初に試みられた時期にあたる。ノイトラは、ノースリッジに金属で被覆されたフォン・スタインバーグ邸（図133、一九三六年）を、パーム・スプリングスにミラー邸（図134、一九三八年）を建てた。年下のソリアノは、ロサンゼルスのロス邸（一九三八年）や、ロングビーチのキンプソン−ニクソン邸（図135、一九三九年）を、H・H・ハリスもまた国際主義者に転向し、アーツ・アンド・アーキテクチュア誌[26]の編集長で出版者でもあったジョン・エンテンザ邸（一九三七年）をパシフィック・パリセードに建てている。

J・R・デヴィッドソン（例えばサンタモニカに建つストサートーフィリップス邸、図136、一九三七年）や、ケム・ウェーバー（アルタデナに建つヴェデメイヤー邸、図137、一九三七年）による商店やオフィス、そして個人住宅も、仮に、それらがモデルヌではないとしても、同様の近代性を有していた。こうした傾向は、第二次世界大戦後にエンテンザが主催した、印象的なケース・スタディ・ハウスのプログラムに継承されることとなる。

[図133] リチャード・ノイトラ、フォン・スタインバーグ邸、ノースリッジ、一九三六

［図138］ヘンヴァー・ラダキーウィッツ邸、ロサンゼルス、1937、外観

モデルヌの場合と同様に、シンドラーは、インターナショナル・スタイルを完全に使いこなすことはできなかった。しかし彼は、インターナショナル・スタイルのアメリカ版と性格づけるために細部や素材を数多く利用して、二軒の住宅を苦労の末につくり出した。それらはロサンゼルスに建つ大規模なヘンヴァー・ラダキーウィッツ邸（図138–140、一九三七年）と、ハリウッドに建つヒレール・ヒラーのためのスタジオ兼住宅（図141・142、一九四一年）であった。ラダキーウィッツ邸は、シンドラーにとって、内部空間の三次

26　Arts and Archirecture：ロサンゼルスで発行されていた建築と芸術の雑誌。特に一九三八年にジョン・エンテンザが出版者兼編集者に就任後、それまでのリヴァイヴァル建築の掲載を中心とする編集方針を抜本的に変革し、近代的な住宅を積極的に掲載するようになる。第二次世界大戦後、本誌が企画したケース・スタディ・ハウス・プログラムによって、世界を先導する建築雑誌となった。

［図134］リチャード・ノイトラ、ミラー邸、パーム・スプリングス、一九三八

［図139］ヘンヴァー・ラダキーウィッツ邸、居間

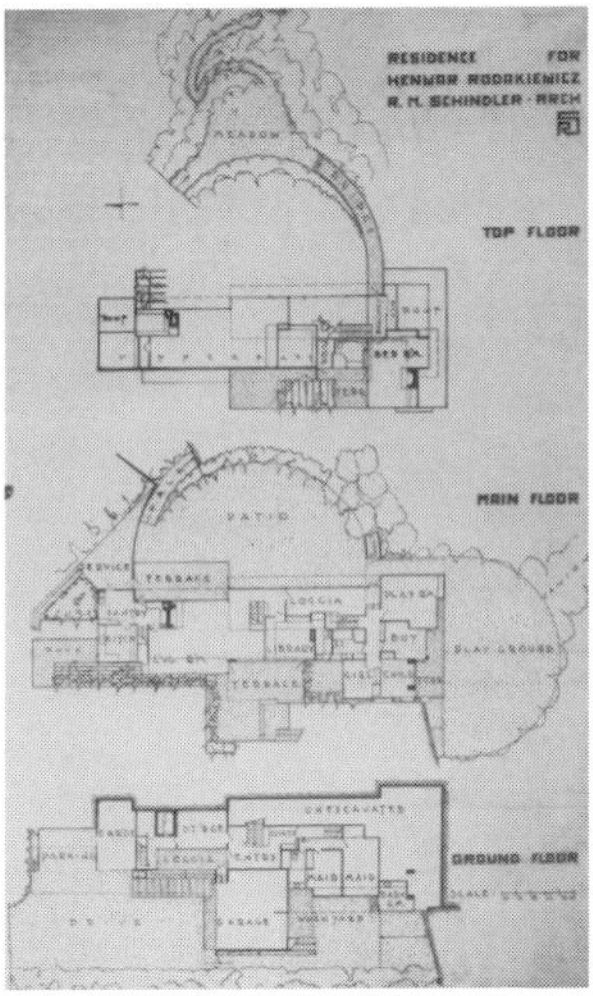

［図140］ヘンヴァー・ラダキーウィッツ邸、平面図

元的な展開とともに、その空間を周囲の環境にどのように伸張させうるのかという試行を大々的に展開できる機会であった。地上階にある玄関から階段を上がると、二層分の高さのある居間へといたる。居間には、背の高いガラスで囲われたロッジアがあり、その床から天井までのガラス窓を通して半円形状のパティオが臨める。この内部のロッジアにある階段からは、主寝室とバルコニーへと上がることができる。バルコニーから円弧のブリッジがガラスを抜けて延び、下階のパ

［図135］ラファエル・ソリアノ、キンプソン－ニクソン邸、ロング・ビーチ、一九三九

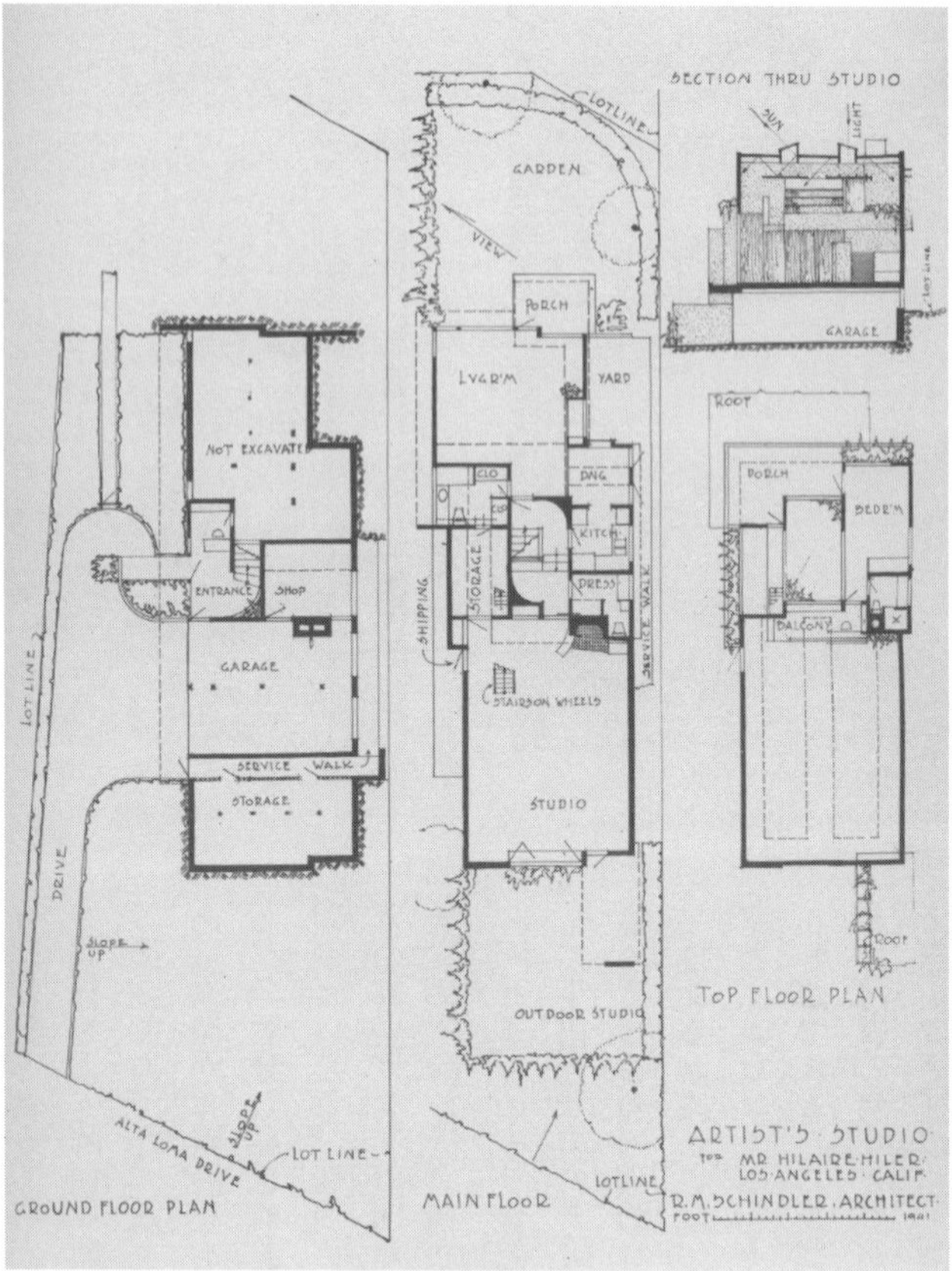

［図141］ヒレール・ヒラーのためのスタジオ兼住宅、
ハリウッド、1941、平面図・断面図

［図136］J・R・デヴィッドソン、ストサート－フィリップス邸、サンタモニカ、一九三七

［図137］ケム・ウェーバー、ヴェデメイヤー邸、アルタデナ、一九三七

ティオの領域を閉じている。窓の方立や桟は光沢のある金属による精緻な細部設計が行われ、船舶のような機械的な質を有している。

ラダキーウィッツ邸の庭は、周囲の環境は保持したまま建物との対比をつくり出そうという、シンドラーの考えをよく示すものとなっている。住宅の東側にある半円形のパティオと南側にある半円形の遊び場は、直接的な統御された内部空間の伸張として扱われている。これら二つの丁寧に関係づけられた場所の先には、草地、曲がりくねった芝生の道、生い茂ったジャングルを思わせる樹木や灌木があり、ロマンティックなイギリス風庭園の二〇世紀的な解釈が認められる。こうした自然の不規則性のなかに、人工的な

［図142］ヒレール・ヒラーのためのスタジオ兼住宅、外観

［図143］ローズ・L.ハリス邸、ロサンゼルス、1942

幾何学による住宅が建ち上がっているのである。シンドラーの人為的な統御とイギリス風のピクチャレスクなランドスケープが完全に織りなされたものに、ローズ・L・ハリス邸（図143、ロサンゼルス、一九四二年）がある。ここでシンドラーは、不規則に層が露出した岩の頂部に直接、住宅と部分的に囲まれたパティオを敷地に合わせて配している。

シンドラーのインターナショナル・スタイルの住宅の二軒目は、ヒラー氏のスタジオ兼住宅である。この住宅はサンセット大通りから数ブロック奥に入ったところにある市街地内に建つ。駐車場は敷地内に引き込まれ、通りと直交して配置されている。その上部には、この住宅の中心である二層分の高さのあるスタジオ兼居間がある。この部屋は、トップライトによる採光だけで、その下に設けられた調整装置によって光が拡散されるようになっている。ラダキーウィッツ邸に比べ金属的な表現は少ないものの、その外部と内部のイメージは依然として機械的なパッケージによるものである。この住宅は、当時の工業製品と同様に、それがデザインされたものではなくスタイルが与えられたものであることを、そして形態が効用性に重ね合わされたことを示している。

第二時世界大戦前、そして戦争の初期に、シンドラーは彼の後期デ・ステイル的美学を用いて、セルマー・ウェスビー邸（ロサンゼルス、一九三八年）、ヘンリー・J・ウルフ邸（スタジオ・シティ、一九三八年）、G・J・ドロステ邸（ハリウッド、一九四〇年）、サミュエル・グッドウィン邸（スタジオ・シティ、一九四〇年）、そして、ジョン・ペニングトン邸改修（サウザンド・オークス、一九四二年）を実現する。さらに一九三八年には、モデュール化された合板を用いることによってデ・ステイル的な外装を施した作品をロサンゼルスに数軒建てている。E・デジェイ－M・アルドリッチ邸の計画案では、合板のパネルを縦に使い、構造的にも美学的にも建物のモデュールとしている。またミルドレッド・サウザールのスタジオ兼住宅では、合板の垂直部分の接合部がほとんど隠され、内外の壁が連続してみえるようになっている。

第一一章　ビジネス・コミッション——商業施設と集合住宅

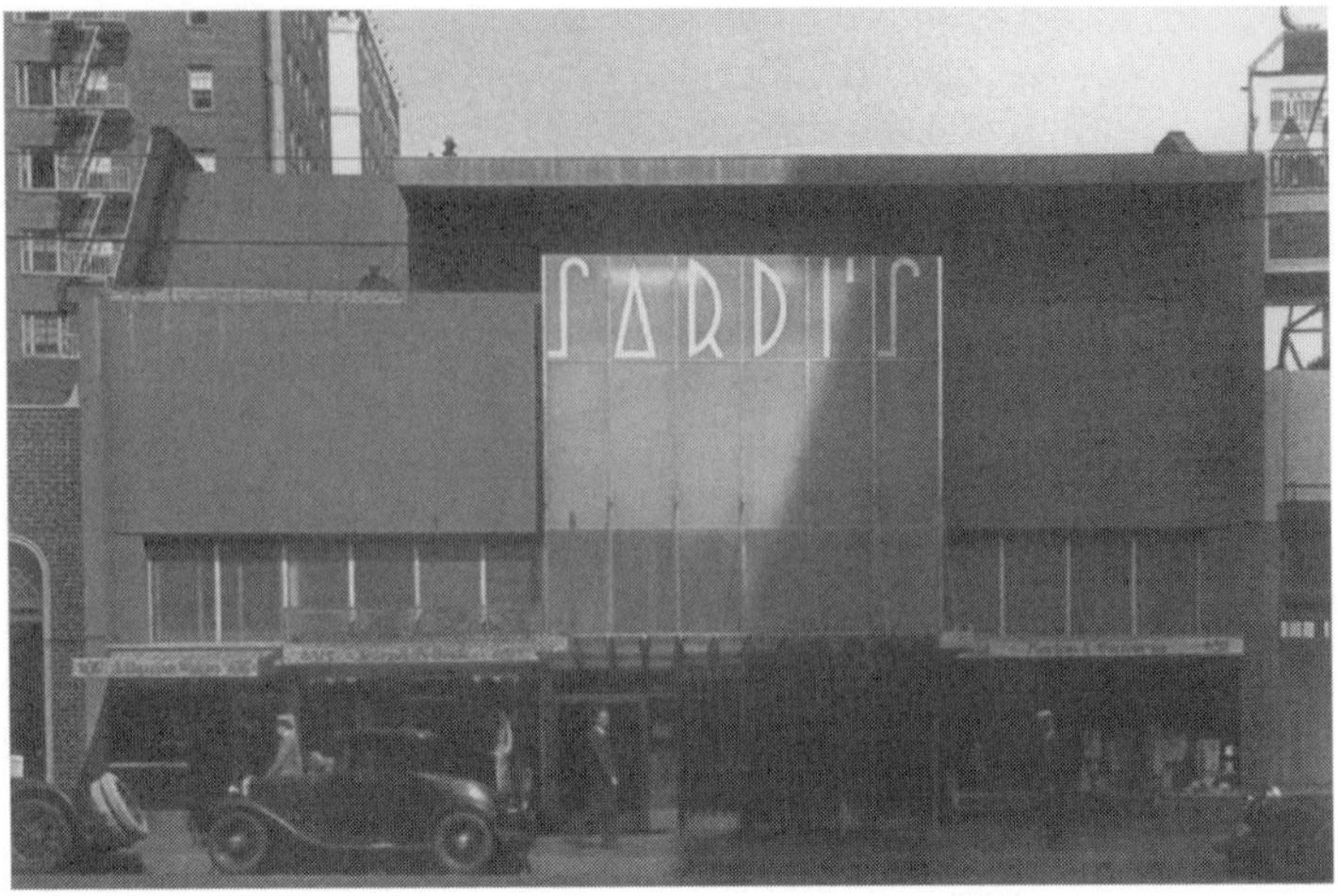

［図144］サーディズ・レストラン1号店、ハリウッド、1932-34、外観

一九四一年の後半まで、ロサンゼルスの、特に西部の商業地域を歩くと流線型のモデルヌ建築が点在している様子を目の当たりにしたであろう。これらの建物のうち、最も印象深く大規模なものは、スティルス・O・クレメンツやアルバート・マーチンの設計事務所のデザインであった。スティルス・O・クレメンツ事務所がデザインしたラルフズ・スーパーマーケットや、S・チャールズ・リー・アカデミー劇場（イングルウッド、一九三九年）といった映画館にいたるまで、流線型のモデルヌのスタイルは、さまざまなタイプの建物に利用された。シンドラ

ー、ノイトラ、エイン、ソリアノ、そしてハリスといったロサンゼルスの近代建築家たちも、皆、商業建築を手掛けるが、その数は少なく規模も小さなものであった。二〇年代と同様に、実業界と彼らの間に交流がないことや、そのスタイルの斬新さによって依頼が少なかったのである。

シンドラーにとって、最も重要な商業建築は、一九三二年から三四年にかけてハリウッドに建てられたサーディズ・レストラン一号店（図144・145）とリンディズ・レストラン一号店計画（図146）である。二軒とも光沢のある金属による表層

［図145］サーディズ・レストラン
1号店、透視図

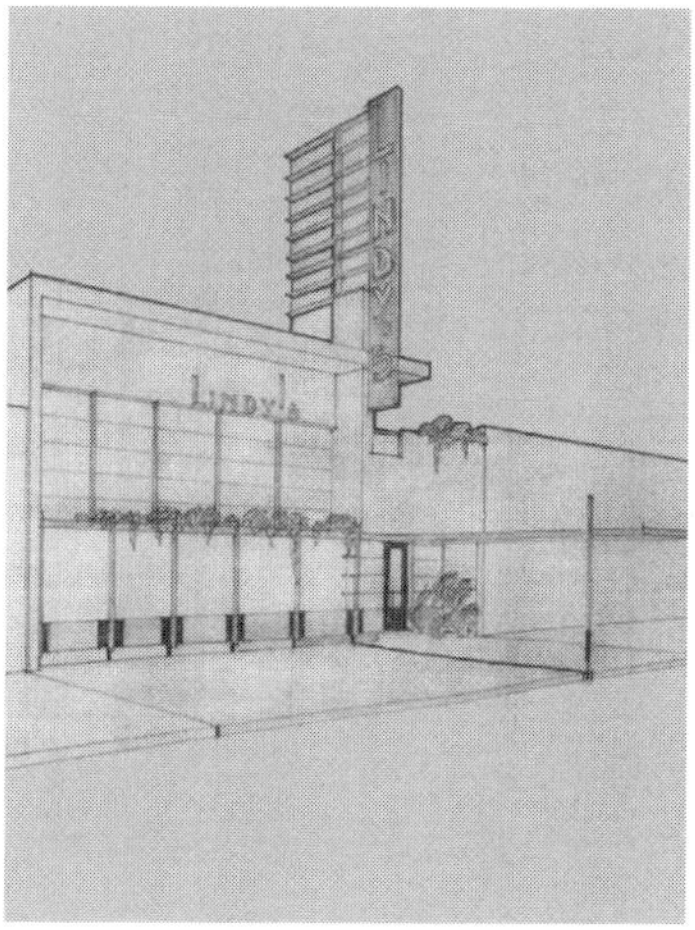

［図146］リンディズ・レストラン
1号店計画、ロサンゼルス、1932-34

や構造部材が使用されており、シンドラーのブラクストン・ギャラリー（一九二八年）やJ・J・ニュベリーのための店舗のファサードの計画（ロサンゼルス、一九二九年）といった、以前の作品からの機械的なイメージが継承されている。これらすべての建物で、その近代性が売り物にされており、彼はそれを最大限に生かしている。シンドラーは、サーディズ・レストランにおいて、座席の下をはじめ、ケースの後ろや造り付けの椅子、そして窪みに、金属や鏡で反射させる間接照明を数多くデザインした。曲線定規とT定規を使って、彼は店名のタイポグラフィをつくった。それは読みやすく人の注意を引くものであった。サーディズの屋外のタイポグラフィは、シンドラーのそれ（彼はサーディズのメニューのデザインも行っている）の中では、最も成功したものである。

［図147］ユニオン石油会社のためのガソリンスタンド プロトタイプ案、ロサンゼルス、1933

シンドラーによる、三軒のガソリ

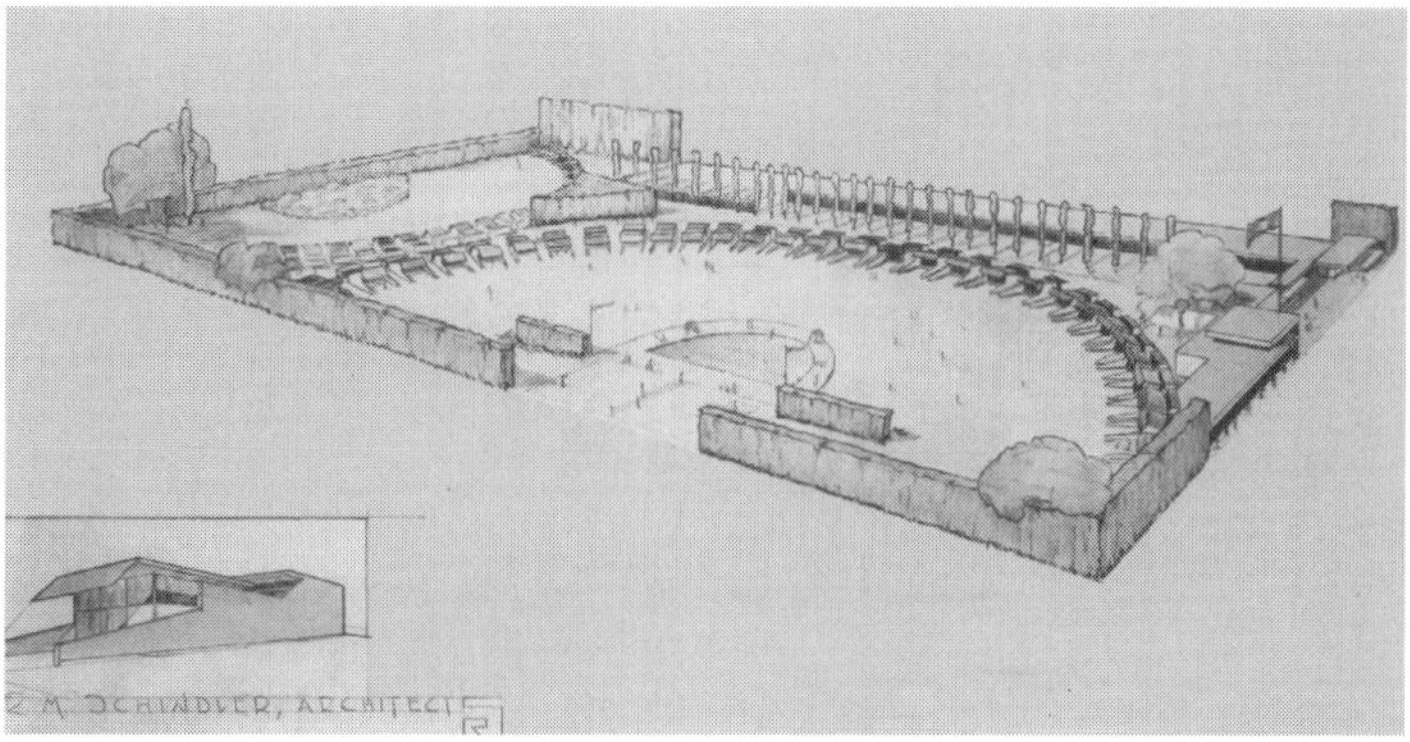

［図148］A. E. ローズのための海岸に建つコロニー計画、サンタモニカ、1937、全体図

ン・スタンドのデザインにも機械のイメージが認められる。三軒のガソリン・スタンドとは、スタンダード石油会社のためのプロトタイプ案（一九三二年）、ユニオン石油会社のためのプロトタイプ案（図147、一九三三年）、そしてネーレンバウム夫人のためのスタンド（ロサンゼルスと思われる、一九三四年）である。ユニオン石油会社のスタンドのデザインは、梁や表層が交差したデ・ステイル的な彫刻となっている。一方、ネーレンバウム夫人のスタンドのデザインは、スタンドとしては古典的なもので、ほとんどモンドリアン的な広告板であった。

一九三〇年代にシンドラーは、集合住宅のデザインをそれほど行ってはいないものの、強い関心をもっていた。そして彼は遠隔地での計画であろうと仕事を得ようとした。彼が三〇年代終盤までに集合住宅で依頼を受ける可能性が最も大きかったのが、A・E・ローズのための海岸に建つコロニー（図148、サンタ・モニカと推測される、一九三七年）であった。このコロニーは、夏の間に貸し出される数多くの住戸から構成され、木造でキャンバスやスタッコで仕上げられたものである。円弧状の配置はボザールからの強い影響を感じさせる。しかし、この計画では、個々の住戸が共用のビーチに開くだけでなく、海への眺望を確保している点で、円弧状の構成はうまく機能している。住戸の小さな模型もつくられた。しかし、この計画は海岸沿いの敷地の地価が高いことから実現されることはなかった。

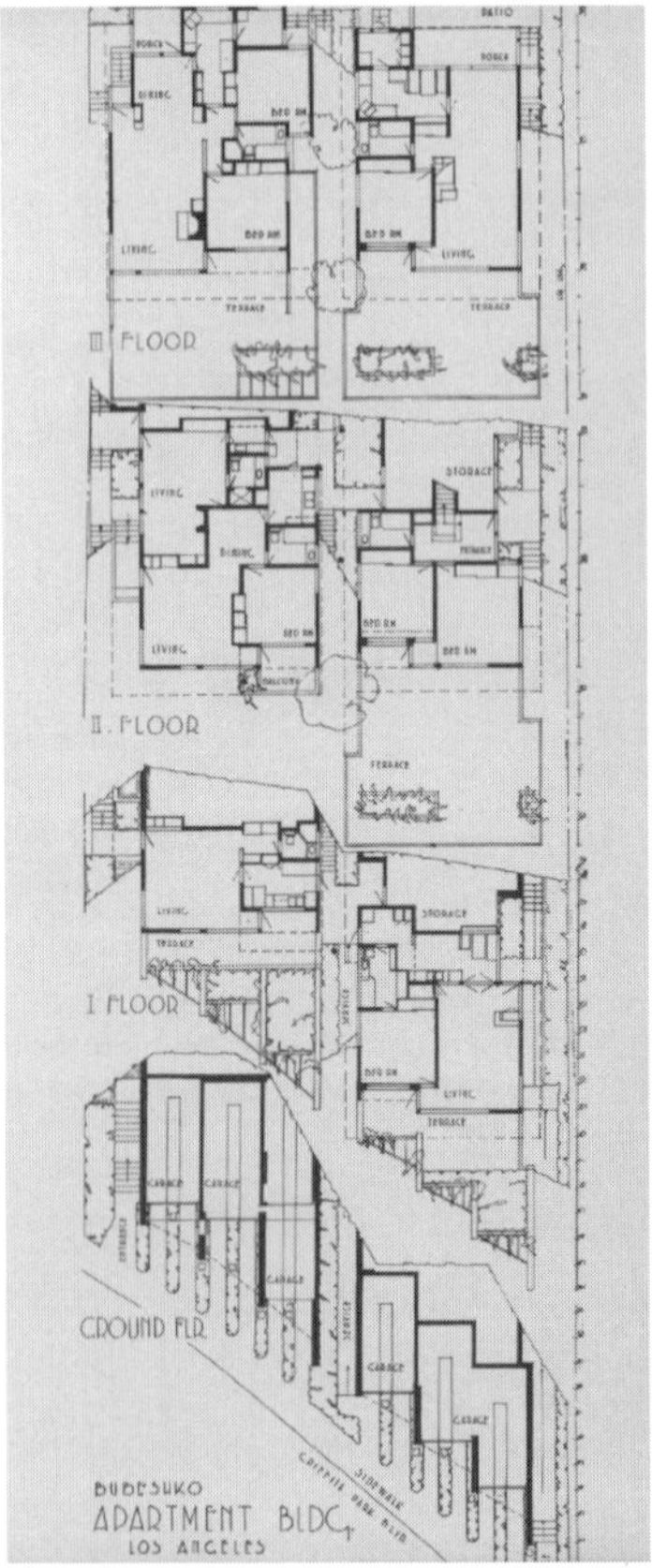

［図149］A. L. ブベシュコ・アパート、ロサンゼルス、1938・41、平面図

［図150］A. L. ブベシュコ・アパート、外観

パール・マッケィのためのアパート（ロサンゼルス、一九三九年）では、各住戸が専用の屋外の居間、パティオまたはルーフ・ガーデンを有している。丘陵地にあるA・L・ブベシュコ・アパート（図149・150、ロサンゼルス、一九三八年と一九四一年）の場合は、より自由度が高く、シンドラーは、三層からなるアパートを傾斜に沿って階段状にセットバックさせた。各層のセットバックした部分には、ルーフ・テラスやパティオが設けられ、そこへの内部空間の伸張を可能にしている。S・T・フォーク夫人のためのアパート（図151・152、ロサンゼルス、一九三九年）は、複雑な形態の敷地を利用して屈曲した形態となった。ここでも、個々の住居には、それぞれ庭とルーフ・テラスが設けられている。

［図151］S. T. フォーク夫人のためのアパート、ロサンゼルス、1939、居間

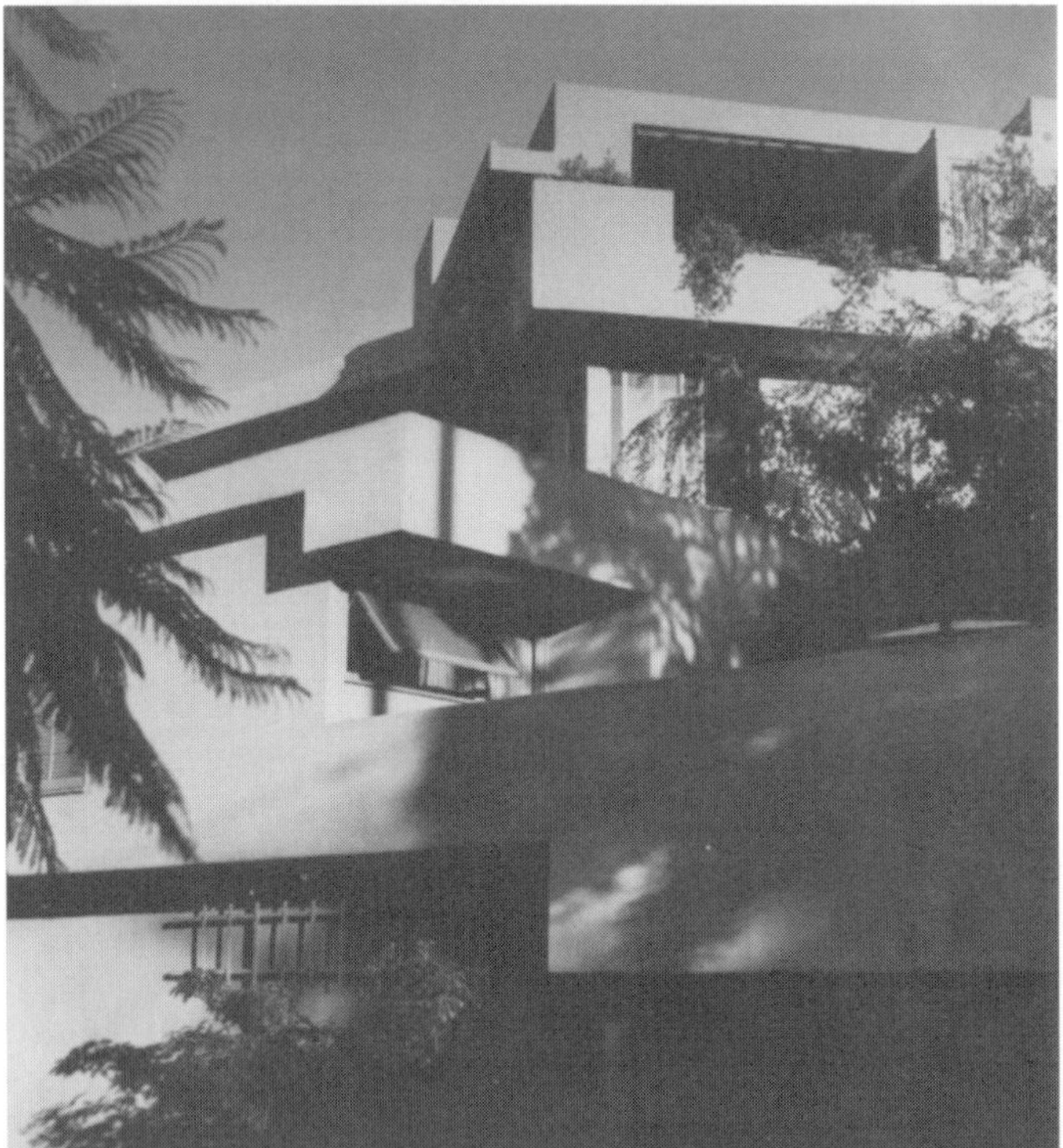
［図152］S. T. フォーク夫人のためのアパート、外観

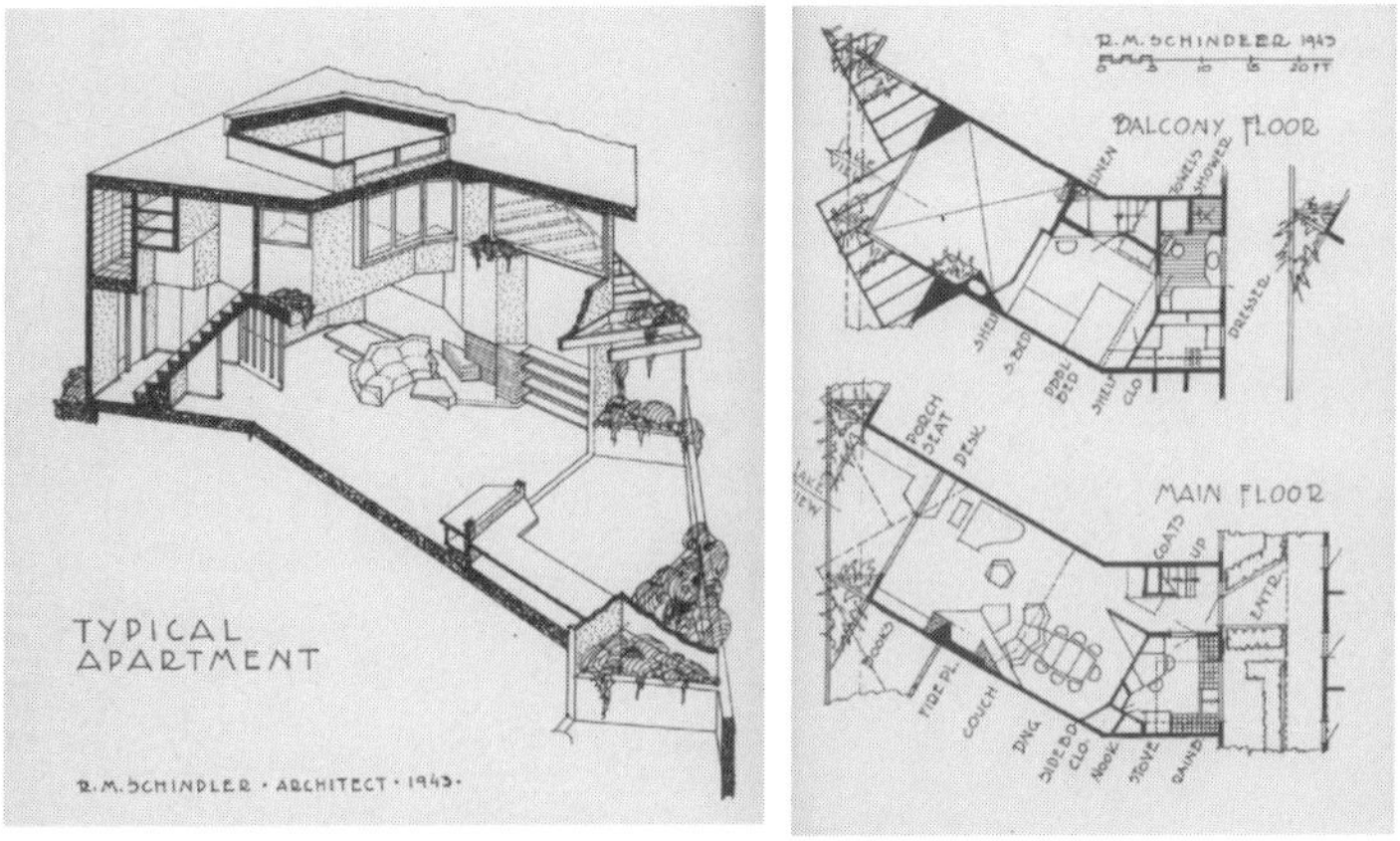

［図153］S.T.フォーク夫人のためのアパート計画、ロサンゼルス、1943、標準住戸の断面透視図・平面図

一九四一年のアメリカの第二次世界大戦への参戦後、シンドラーは、S・T・フォーク夫人から西ロサンゼルスのシルバーレイクの西側の丘陵地に建つ新たなアパートの設計（図153）を依頼された。この頃にはシルバーレイク地区は、モダンあるいはモデルヌ建築の楽園であった。この計画でシンドラーは、各住戸を屈曲させて南側と眺望からの日差しを得られるようにした。また、屈曲させることで段状になった部分には、各住戸専用のパティオ・デッキが配された。住戸内では二階分の高さを有する居間の周りに諸室が配されている。これは、伝統的な二層分の高さを有するスタジオの形式を用いたも

のであるが、屈曲させたことによって空間的な変化がもたらされた。住戸の内部空間は、上下のバルコニーで層が分けられたヴォリューム感のある箱ではなく、あらゆる要素が統合され、垂直・水平方向に空間が複合化された空間となっている。

第一二章　木の使用

南カリフォルニアでは、外部仕上げに木材を用いることは適切なことではなく、スタッコで覆われた住宅こそ、視覚的にも構造的にも環境と調和するものであると、シンドラーは、一九三〇年代初めから中期にかけて強く主張した。この主張は合理的なものであった。南カリフォルニアでは、年間に九カ月程度は全く雨が降らず、冬には激しい降雨と高い湿度に見舞われる。したがって、アメリカ杉を含むいかなる木材も、こうした気候のもとではその性能はすぐに保持できなくなる。スタッコは、経済的にも最も実用的で構造を覆うためには最も安価な素材であった。合板でさえ価格的には競合できなかったのである。

三〇年代後半までにシンドラーは、作品の外部仕上げや構造の露出部分に、木材を再び導入するようになった。この外装を木で覆い構造を露出させるという、木の使用への回帰は、シンドラー自身は、後年否定するものの、伝統や二〇年代の構成主義的な作品への部分的な回帰でもあった。しかし、木材についてはいくつかの利点もあった。合板は大量生産が開始され、その結果、価格も住宅の建設に見合ったものとなってきた。さらに、合板は近代建築家にとって別の利点もあった。木は、伝統的な素材であるとともに、三〇年代に一般誌や技術誌で紹介されたように、新しい工業生産品でもあったのである。さらに流行もあった。ベイエリアの建築家たち（南部ではH・H・ハリス）による、「木質」の建物は、一九三八年から三九年までに一般住宅のデザインとして流行し、その人気によってシンドラーやノイトラも同じ方向へと向かうこととなった。ノイトラの場合、彼の限定的な形態の中で木材を使用するのは、外部の仕上げか、建物からところどころ突き出た独立柱と梁（スパイダーレッグ）に限られていた。しかし、一九三六年のプライウッド・モデル・ハウスでは合板を被覆材とし、一九三五年にロスアルトスに建てた三軒の小さな住宅ではアメリカ杉の板を用いている。

一九四〇年までにシンドラーは、合板を自身の主要な材料のひとつにした。彼は、合板を外装に使う試みをハインズ邸（ダナ・ポイント、一九三四－三五年）をはじめ、三〇年代後半から四〇年代にかけての数多くの住宅で行っている。内部では主に壁や造り付けの棚、そして家具に用いている。シンドラーは、合板の中でもモミ材のものを好んだ（彼はこれを、B・イナヤ邸をはじめ数多くの住宅の家具材として使用した）。それは、最も安いということだけでなく、一般的で、しかも手ごろなものに見えることによる。彼は、数多くの家具を合板でデザインしたが、これは家具の専門業者に頼らなくても、大工の手で簡単につくれるものであった。このような方法は、エインとは似ているものの、ノイトラ、ウェーバー、そして後のイームズ[27]のように、家具のデザインが機械的なイメージを表現し、実際に機械によって生産されねばならないとする態度とは全く異なるものである。

27　Charles Eames（1907-78）：セントルイスに生まれる。ワシントン大学、クランブルック芸術学院で学び、また教鞭もとった。一九四〇年にはエーロ・サーリネンとの協働による家具の競技設計で、ニューヨーク近代美術館から賞を受けた。建築作品としては、サーリネンとの共同作であるエンテンザ邸（ケース・スタディ・ハウス #9）、自邸（ケース・スタディ・ハウス #8）がある。家具をはじめ、映画や建築等、幅広い活動を、レイ夫人と協働して展開し、当時もそして現在でもデザイン界に大きな影響を与えている。

シンドラーは、視覚的な緊張感をもたせるために木材を露出させることに、ますます興味を抱くようになる。しかしプラヤ・デル・レイのオルガ・ザックゼクのためのビーチハウス（一九三六－三八年）という例外を除いては、外部仕上げに、伝統的なアメリカ杉の板材を、羽目板として水平や垂直に貼ることを好まなかった。シンドラーは、ワースター、デイリー、その他のベイエリアの建築家たちの作品に興味はもっていたものの、彼が、木材を用いるのは、ハリス、エイン、ロイド・ライトのロサンゼルスにおける同時期の作品に鼓舞された結果によるものと考えた方がよさそうである。さらに、当時のフランク・ロイド・ライトによる木の構造と仕上げを有するユーソニアン・ハウスからも影響を受けずにはいられなかった。

近代主義建築の支持者にとって、木材の使用が増えたことや勾配・切妻屋根が目立つようになったシンドラーの作品は、彼の反デ・ステイル的な二〇年代以前の作品への後悔をともなう回帰であると思われたかもしれない。しかし、こうした不調和は、彼の作品の本質として常に存在していたものである。彼のデ・ステイル的な構成の最盛期においても、オリバー邸、ヴァン・パタン邸、そしてウォーカー邸では、さまざまな屋根の形を重ね合わせていた。ガイ・C・ウィルソン邸（図154、一九三八年）では木材の使用が増え、上へと跳ね上がった勾配屋根が

［図154］ガイ・C.ウィルソン邸、ロサンゼルス、1938

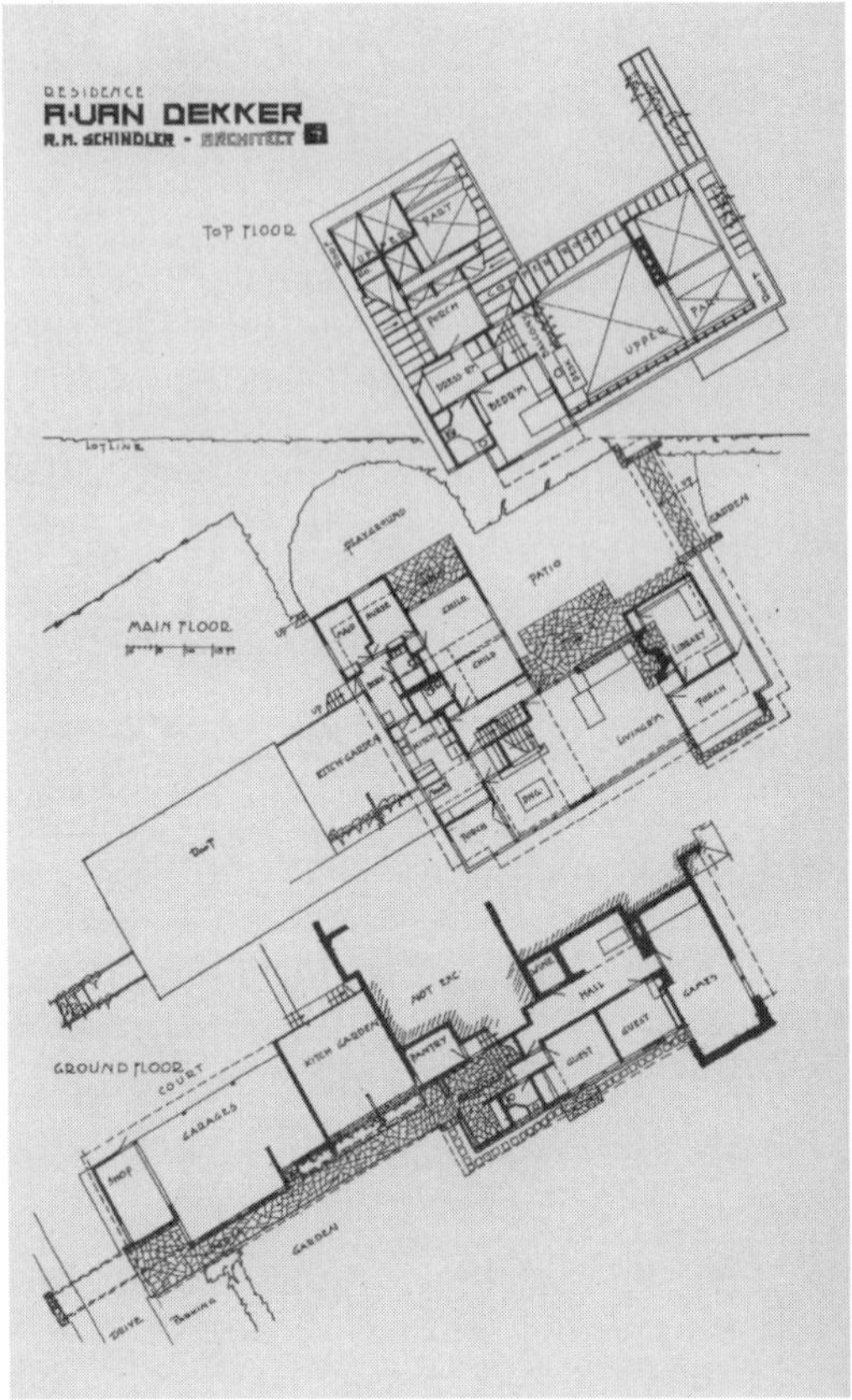

［図155］アルバート・ヴァン・デッカー邸、カノガ・パーク、1940、平面図

用いられており、まさに先の三軒の住宅と同じ傾向を有する。しかし、C・P・ロウズ邸（二軒目の住宅、イーグル・ロック、一九三七年）、アーサー・R・テイム邸計画（ロサンゼルス、一九三八年）、アルバート・ヴァン・デッカー邸（図155－157、カノガ・パーク、一九四〇年）、そしてJ・ロドリゲス邸（図158、グ

［図156］アルバート・ヴァン・デッカー邸、外観

［図157］アルバート・ヴァン・デッカー邸、居間

レンデール、一九四一年）は、全く異なる様相を呈している。これらの住宅では、屋根や、特に木の構造によって、その下部のデ・ステイル的な構成である直方体の影を薄くしている。ロドリゲス邸の場合、角のあるU字型の支柱が帯状に配された居間の窓を覆っている。それらは、窓の下の部分から外側へと突き出して

［図158］J. ロドリゲス邸、グレンデール、1941

上へとのび、さらに折れ曲がって垂木となっている。屋根自体は垂木で支持されている。ヴァン・デッカー邸では、こうした構造的な技巧が内部空間を規定している。外部の銅板や小割り板を用いたさまざまな勾配屋根や切妻屋根は、視覚的には屈折した面として扱われている。これらの住宅でシンドラーは、勾配や切妻の屋根を内部空間における垂直性を高めるために用いているのであり、外観をピクチャレスクにすることを企図したものではない。

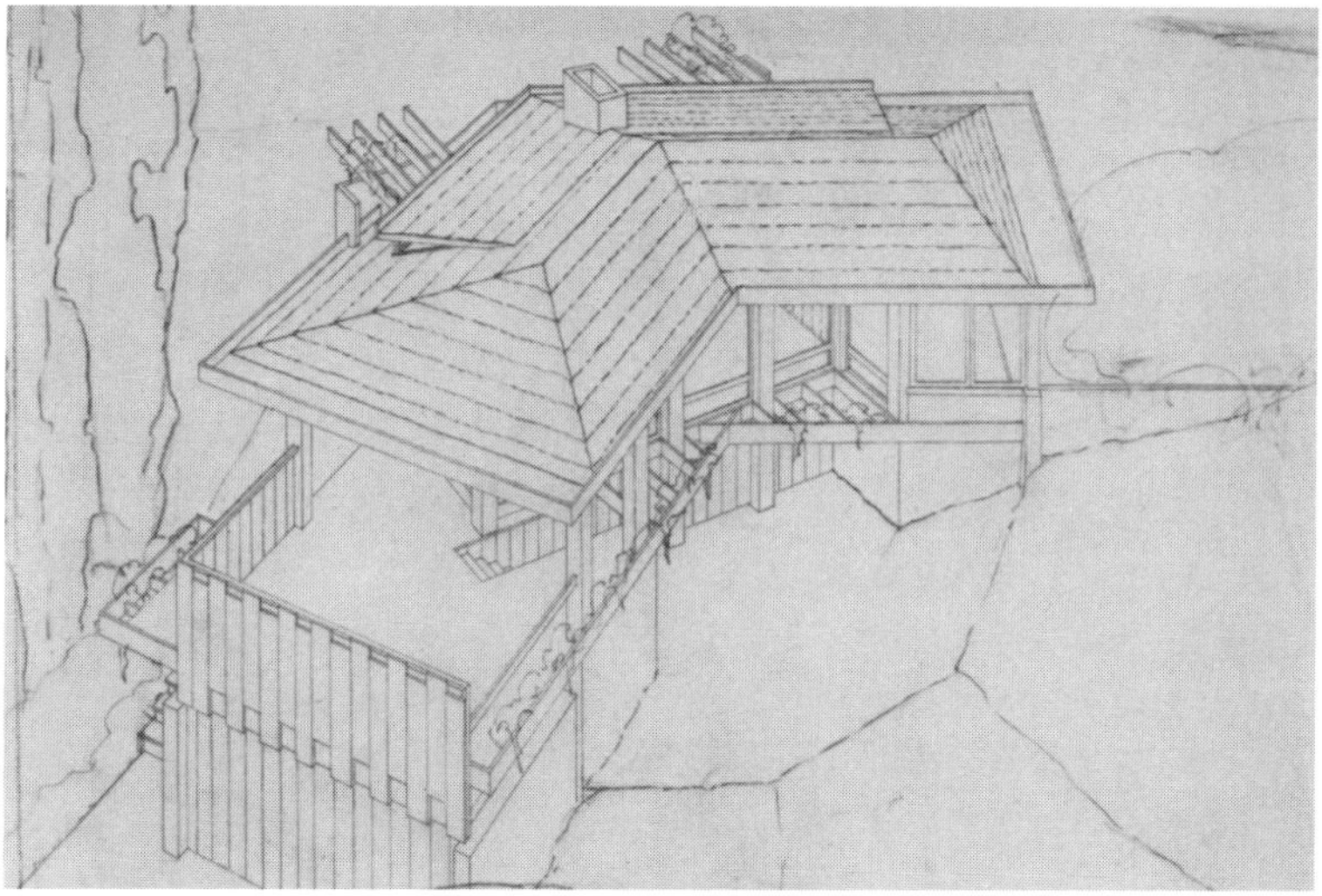

［図159］オルガ・ザックゼクのビーチハウス、プラヤ・デル・レイ、1936-38

シンドラーの作品の中で、ベイエリアの建築家やＨ・Ｈ・ハリスによる、「木質」の建築に最も近接したものが、オルガ・ザックゼクのための小さなビーチハウス（図159、プラヤ・デル・レイ、一九三六－三八年）である。この住宅には、他の建築家たちが四〇年代から五〇年代に用いることとなるすべての要素が存在している。それらは、構造体の露出、緩い勾配の屋根、住宅内部へと光を入れる一組のここちよい水平のハイサイド・ライト、アメリカ杉の羽目板を垂直に貼った外装であった。このザックゼク邸は、他の西海岸の「木質」の建物と同様に人気があり、適度に近代的で快適に過ごすことのできる、カリフォルニアのランチハウスのプロトタイプとなったのである。このようなランチハウスは、第二次世界大戦後の数年間、建設業者や建築家に大量につくられることとなる。

これら三〇年代後半の住宅に見られる、屋根の不調和と構造表現の明示は、シンドラーの初期の作品と通じるものである。しかし、伝統性、永続性、さらにモニュメント性を強く打ち出すために石材が導入された点に新しい機軸が窺える。ここでもシンドラーは、彼の周囲における事態の進捗を理解していたのであり、石材の導入もそれへの応答であった。グロピウスやブロイヤーでさえ、結局、三〇年代後半のニューイングランドでの作品では石材を用いたのである。ヴァン・デッカー邸(一九四〇年)や、戦後に砂漠に建てられたマリアン・トーレの砂漠の家(図160・161、パーム・ヴィレッジ、一九四六年)の内部空間において、シンドラーは石による永続性と、軽い木の構造や表層による非永続性との間に強い緊張感をつくり出している。

では、アメリカが一九四一年に参戦した時点で、シンドラーはいかなる位置に立っていたのであろうか。シンドラー自身の評価は、ニューヨーク近代美術館の

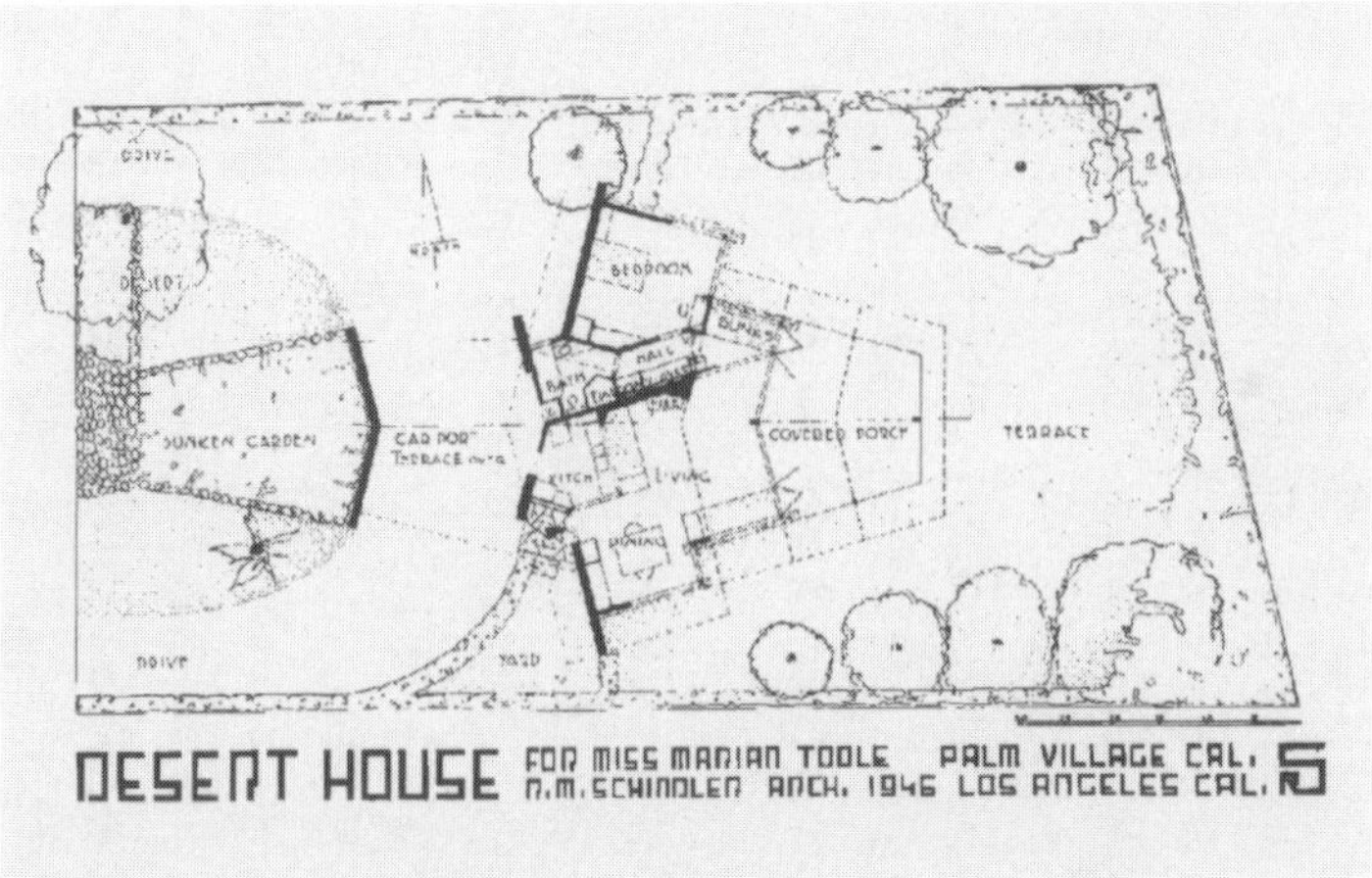

［図160］ マリアン・トーレの砂漠の家、パーム・ヴィレッジ、1946、平面図

［図161］ マリアン・トーレの砂漠の家、外観

エリザベス・モックにあてた手紙（日付は一九四三年八月一〇日）に示されている。「私は、芸術の媒介としての空間を発展させるため、様式的で彫刻的な建築を意識的に破棄した最初の建築家であり、現在においても、その数少ない一員であると考えています。フランク・ロイド・ライトを除くと、私だけが、明確な地域性と個性的な形態言語をつくり出した建築家だと信じています」。では、他の人にシンドラーはどのように見られていたのであろう。ヒッチコックは、いつもの鋭さを持ってシンドラーについて、よく知っていたはいたものの完全に高く評価したわけではなかった。一九四〇年一二月の「東部の批評家が見る西部の建築」と題した論文で、ヒッチコックは下記のように述べた。

私は、シンドラーを理解しているとは公言できない。彼の建築には、西海岸の最良の建築家たちには欠けているであろう、強固なヴァイタリティが確かにある。しかし、このヴァイタリティも往々にして恣意的でブルータルな効果へと導かれているように見受けられる。彼の近年の作品さえも、一九二〇年代半ばの急進的な表現主義者や新造形主義者たちの主要な作品を想起させずにはいられない。シンドラーの手法は成熟するようには思われない。彼は、他の建築家であれば、それから自身を防御しようとする、地域の熱狂的な雰囲気といったものを反映し続けるのである。その結果、H・G・ウェルズ流の未来をテーマとした映画のセットのように見える建築をつくり出すのである。

東部の建築のエスタブリッシュメントや建築ジャーナリズムは、シンドラーの建築に嫌悪感を持ち続けた。南カリフォルニアにおいてでさえ、彼は熱狂的に支持されたわけではない。ジョン・エンテンザは、アーツ・アンド・アーキテクチュア誌にシンドラーの作品のいくつかは掲載はしたが、それもいつも抑制のきいた掲載の仕方であった。

第一三章　最終期のシンドラー

戦争中あるいは終戦直後でも、ロサンゼルスの発展のパターンに変化はなかった。数多くの軍事産業（特に飛行機）によって、南カリフォルニアを越えて市街化が進行した。戦争中に、こうした工場へ働きに来た人びとは戦後もこの地にとどまった。そして多くの軍事産業が早期に復興を遂げる過程で、初めて理想郷の片鱗を見た人々もそうであった。戦争直前にはアロヨ・セッコに最初のフリーウェイが完成し、五〇年代初頭までにはロサンゼルスは世界の中で名実ともに車社会のシンボルとなったのである。

南カリフォルニアにとって、四〇年代後半から五〇年代は、カリフォルニアにおいてでさえ、かつて体験したことのないほど戸建住宅の大量供給が開始された時期である。これらの住宅のスタイルはカリフォルニア特有のランチハウスであり、そのうちの最上のものはカリフォルニアの環境に適応するものであった。シンドラーをはじめロサンゼルスの近代建築家も、実務的な建築家と同様に、ランチハウスの形態を発展させてはいたものの、この南の地において、平坦な地域や丘陵地に建てられる中流や上流階級のための大量の住宅を実際に手掛けることはほとんどなかった。エイン、スミス&ウィリアムス、そしてジョーンズ&エモンズたちは、雑誌等によく掲載された団地の計画を作成したが、建設業者がつくり出すものと比較すると重要度が低いものであった。その大部分は建築界における事実というより大衆のイメージとしてではあるが、ハイ・アートとしての建築とロー・アートとしての建物のギャップを埋めることの難しさに、シンドラーや彼の仲間たちは直面した。開発業者や実業家である建設業者の立場からすれば、彼らは手際良く仕事をまとめていくというタイプには見えず、一緒に仕事をしていきたいとは思わなかったのである。

戦後の一九四五年から死去する一九五三年までのシンドラーの作品に対する評価は、概して失望感を伴うものであった。確かに、一九四〇年には、新しい南カリフォルニア派の建築家としてシンドラー、ノイトラ、エイン、ソリアノ、そしてハリスがあげられていた。彼らは戦後もさらなる精神力で発展を続けていくものとみられていた。しかし実際はそうはならなかった。彼らは質の高い建築をつくり続けたのだが新しいアイデアがないように見えた。その結果、チャールズ・イームズや後のクレイグ・エルウッドといった、全く異なる手法でありながら強度のあるミース的な正統性を支持した建築家に取って代わられることとなる。戦後になると、シンドラーは不調和性へと近接する。彼の建築は、もはや三〇年代のデ・ステイル的なヴォリュームを主軸とした作品のように単一の要素を主軸にすることはなかった。不調和性や曖昧性といった雰囲気は、目標に対する複数の手法としてではなく、それ自体が彼にとっての目標となった。シンドラーの最終期の建築を、彼の二〇年代や三〇年代の作品のみに照らして理解しようとしても、その本質を理解することは不可能である。彼の戦後の作品であるローレルウッド・アパート（図162、スタジオ・シティ、一九四八年）の外観は、当時から現在にいたるまで建設業者や開発業者の手によってロサンゼルス一帯に建てられてきたアパートと区別することは困難である。では一般のアパートとシンドラーのこの作品とを隔てるものは何であろうか。それは、駐車場と車廻しによって住戸部分を通りから離して配置すること、本当に使いやすい屋外の居住空間を提供すること、そして各住戸の内部空間に豊かな複合性が認められるという、複合体における秀逸な配置計画なのである。

［図162］ローレルウッド・アパート、スタジオ・シティ、1948

ロサンゼルスの南部地域に建つベツレヘム・バプティスト教会（図163－165、一九四四年）は、カードボードでつくられたような世界であるという文脈の中で見れば完全に理解できよう。ここでシンドラーは、デ・ステイル的なパターンである水平の層を表現し（ファサードは再び広告板となった）、その簡潔でありながら複合的な形態

［図163］ベツレヘム・バプティスト教会、ロサンゼルス、1944、外観

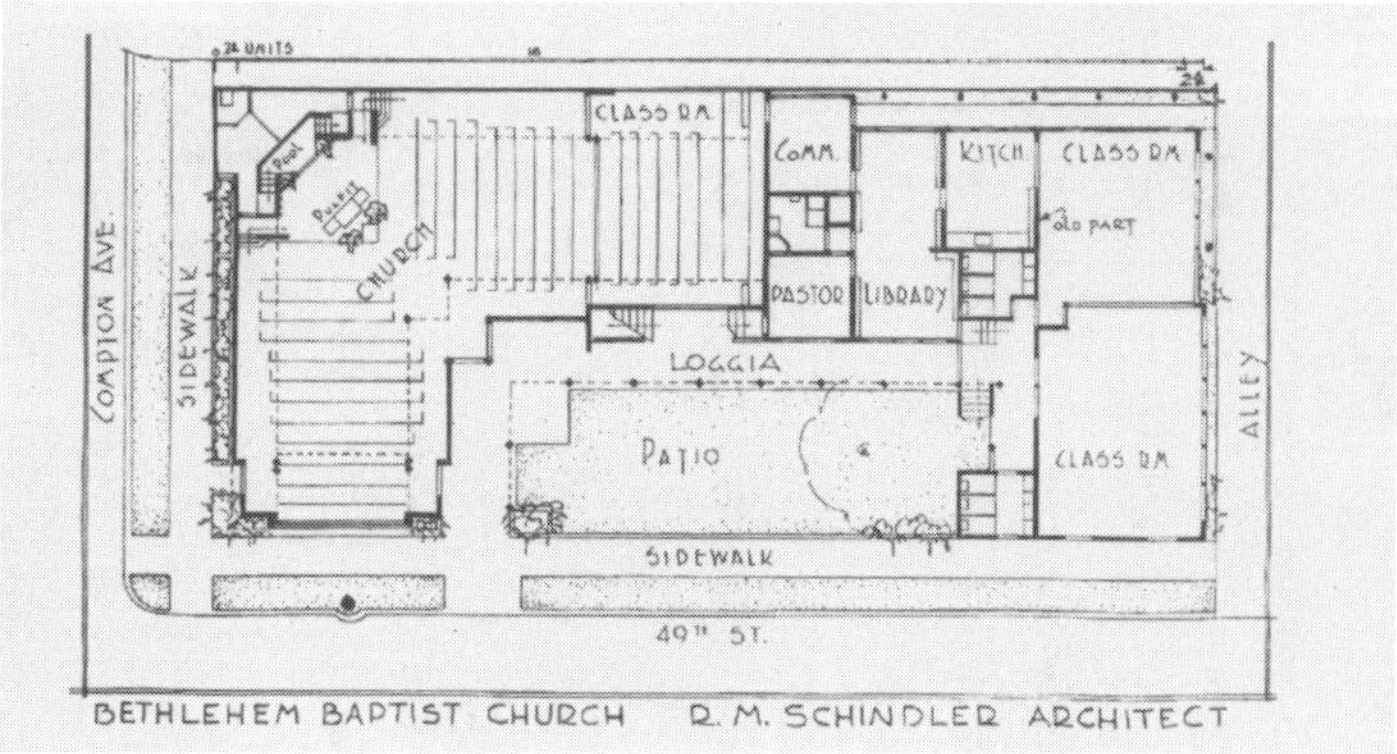

［図164］ベツレヘム・バプティスト教会、平面図

によって、通過する車の注意を引くのに十分なものとした。開かれた十字型の塔によって、この建物が教会であることが明示されている。このようにキリスト教の広告となるサインをつくり出すことで、シンドラーは、広告板の裏側で自身の空間を存分につくりあげたのである。

［図165］ベツレヘム・バプティスト教会、内観

スタジオ・シティにあるF・プレスバーガー邸（図166－168、一九四五年）で、彼は、再び都市部にある小規模な敷地での計画という課題に取り組んだ。ここでもキングス・ロードの自邸と同様に敷地のすべてを使った計画とした。正面でセットバックした部分は、片側が玄関への動線がある生垣で囲まれたパティオとなり、敷地の裏側には植栽で囲まれた第二のパティオが設けられた。大きなはめ殺しの窓と可動式の窓によって、内外の居間空間が効果的に関係づけられている。主たる採光は、この住宅の全周にわたって設けられた高窓による。五〇年代初頭までに、このプレスバーガー邸の数え切れないヴァリエーションが建設業者の手によってカリフォルニアを席巻するようになる。

スタジオ・シティに建つM・カリス邸（図169－172、一九四六年）は、シンドラーが、戦前のデ・ステイル的な造形から大きく離脱したことを示すものである。大きく開いたV字型の平面は、周囲の丘に穏やかに包まれるように配されている。緩い勾配のついた壁は、屋根と一体になっているため、まるで薄いテントによって覆われたプラットフォームにいるかのように、内外双方の空間を感じることが可能である。スタジオ・シティのR・レッチナー邸（図173・174、一九四八年）の主屋も同様にテントのような構造をしている。レッチナー邸は、構造や外部仕上げ

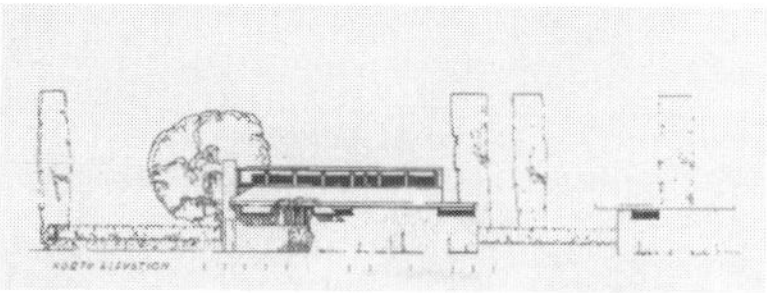

［図166］F. プレスバーガー邸、スタジオ・シティ、1945、立面図

［図167］F. プレスバーガー邸、外観

［図168］F. プレスバーガー邸、居間

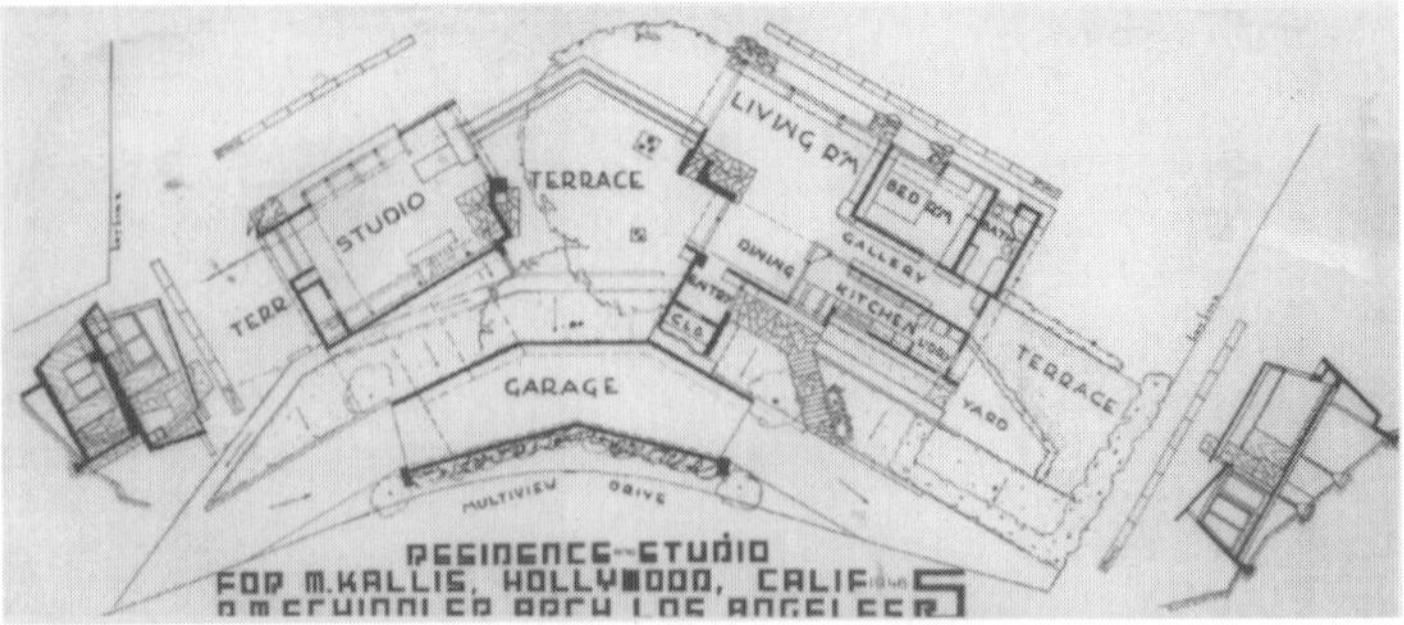

[図169] M. カリス邸、スタジオ・シティ、1946、平面図・断面図

[図171] M. カリス邸、通り側の外観

[図172] M. カリス邸、スタジオ

[図170] M. カリス邸、テラスからスタジオ棟を臨む

［図173］R. レッチナー邸、スタジオ・シティ、1948、外観

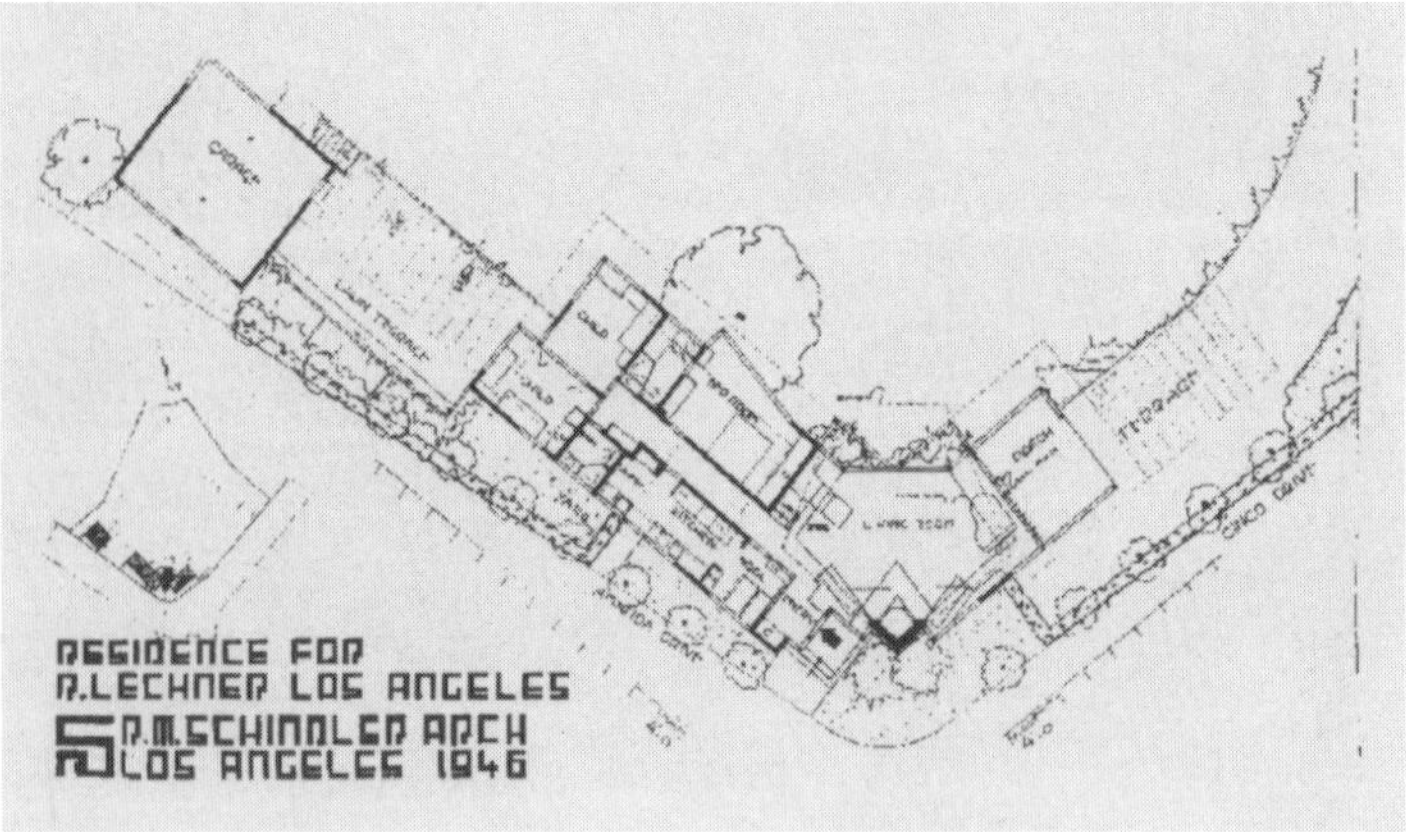

［図174］R. レッチナー邸、平面図

［図175］サミュエル・スコルニック邸、ロサンゼルス、1950-52

だけでなく、その外観もロサンゼルスで建設業者が建てる家々と同じであった。レッチナー邸の場合は、ハイ・アートをつくり出すための媒介として、ロー・アートが用いられた。また、サミュエル・スコルニック邸（図175、ロサンゼルス、一九五〇－五二年）のような後年の作品でも同様に、形態を優先するハイ・アートの専門家に理解してもらうため、ましては享受してもらうためには、あまりに多くのロー・アートが用いられすぎたのである。

一九四九年から五三年にかけてのシンドラーの死去までの間、彼は、さらに非調和性のある要素を深化させ続けた。彼は、より広い範囲の概念や形態を用いて、さまざまな方向へと食指を伸ばした。その中には、すでにシンドラーにとって親しいものとなっていたデ・ステイル的な美学を継承した、M・リース邸（図176、ロサンゼルス、一九五〇年）、W・E・タッカー邸（図177、ハリウッド、一九五〇年）、そしてドナルド・ゴードン邸改修（ハリウッド・ヒルズ、一九五〇年）がある。

［図176］M. リース邸、ロサンゼルス、1950

［図177］W.E. タッカー邸、ハリウッド、1950

これらの住宅のデザインは、彼の戦前のどの作品に比べても、恣意的に希薄な非永続性を示唆するものに他ならない。ベル・エアに建つアドルフ・テッシラー邸（図178、一九四九－五〇年）では、屋根に青いファイバーグラスの波板が用いられている。これは、一九二七年のトランスルーセント・ハウスや一九二四年の

［図178］アドルフ・テッシラー邸、ベル・エア、1949-50

パッカード邸への回帰を示している。彼のそれ以前の作品と比較して、テッシラー邸の正面は、デ・ステイルの舞台セットと化している点で全く対照的である。これは、ヒッチコックを一九四〇年に困惑させた、まさにあの種のものなのである。テッシラー邸は、建築のエスタブリッシュメントにとって理解しがたいもの

［図179］エレン・ジャンソン邸、ハリウッド・ヒルズ、1949

であったが、さらにエレン・ジャンソン邸（図179、ハリウッド・ヒルズ、一九四九年）になると理解することが不可能なものであった。この住宅は、高い竹馬のような支柱に支えられているが、風や強い嵐で倒れてしまうような手づくりのツリー・ハウスにすぎない。少なくともテッシラー邸にはファサードがあった。極めて希薄ながらも正統的なヨーロッパの建築と結ばれていた。しかしジャンソン邸は、そうしたものさえ捨て去ってしまったのである。それは、ロサンゼルスの大工の「実務」の世界としか関係を有していない。ヒッチコックが一九四〇年に、シンドラーの作品をＳＦ映画のセットのように見ていたことは予言的であったが、その際、彼は一九三六年の南カリフォルニアの建築に関する自らの観察を一瞬ではあろうが忘れていたのであった。彼は「通り沿いのスタンドの最良のものに見られる厳格な機能主義と大胆な象徴主義の組み合わせは、おそらく二〇世紀中盤の建築にとって最も勇気を与える示唆を含んでいる」と述べていたのである。仮にヒッチコックがこのことを覚えていれば、シンドラーの一九四〇年そして一九五三年における活動を理解することができたであろう。

一九五三年四月にシンドラーは死去する。シンドラーはその生涯において、意識的ではないにしろ、ロー・アートとハイ・アートの驚愕すべき融合を成功させたのである。

終章　シンドラーの位置

シンドラーは、二〇世紀の建築史において、いかなる位置を占めているのだろう。彼の戦後の手紙やコメントからは、近代建築に関する編集者や批評家・歴史家への辛辣さが増していたことが窺える。ニューヨーク近代美術館が一九四九年に開催した大きな展覧会、「アメリカに建てる――戦後の建築」では、ノイトラ、ソリアノ、エイン、ハリス、ロイド・ライト、そしてイームズが、南カリフォルニアから選出されたが、シンドラーは選から外れる。建築雑誌の編集者も、もはやシンドラーに近作の掲載を求めることもなくなっていた。

［図180］ルドルフ・シンドラー（中央）、
カリス邸でのパーティーにて、
ロサンゼルス、1948

一九三〇年代からすでに表れていた、シンドラーの個性や作品の特異性は、四〇年代後半にはより強調されるようになった。シンドラーは、特製の開襟シャツとサンダル履きといった装い（図180）を変えようと（また、そうすべきとも）思わなかったように、自身のアーティスト・アーキテクトとしての位置づけを変えることはできなかった。自身の好みに執着する彼にとって、デザインと施工のすべての面に関与しなければならないという想いは増すばかりであった。年を経るにつれ、シンドラーのドローイングはぞんざいでいい加減なものとなっていった。それらは申請図としての意味を満たすだけのものであった。こうした傾向によってシンドラーは、事務所においてではなく、現地で、それも建設にあわせて、即興でつくったりデザインを行う自由を得た。その結果、一九五〇年までには、彼のイメージは、実際の社会で機械的なシンボリズムを追求しているアーキテクト・エンジニアではなく、一九世紀的なロマン主義のアーティストに近くなる。

未だギーディオンやペブスナーらのインターナショナル・スタイルこそ二〇世紀の様式であるという史的概念を継承している人にとっては、シンドラーは、かつてペブスナーが指摘したように、実際、興味深くはあるが二流の建築家にすぎない。しかし、国際主義者たちの議論の場であっても、シンドラーは、そうした重要視されない位置におかれてはならないのである。なぜなら、彼のコンクリート造のロヴェル・ビーチハウスは、ル・コルビュジエのサヴォワ邸、グロピウスのバウハウス校舎、ミースのバルセロナ・パヴィリオンと比べても、インターナショナル・スタイルの理念をより忠実に展開しているからである。

しかしながらインターナショナル・スタイルに関する歴史的な逸話の創造と、

それが二〇世紀における唯一の論理的なスタイルであるという主張は、現在では、それが近い過去における最も印象深い販売キャンペーンの一つであったことが明らかとなってきた。その正否についての論争は、ちょうどハリウッド・カウボーイと先住民の映画が、どちらが正しいものであるかということと同様に単純である。歴史がそれを凌駕したのである。

インターナショナル・スタイルの支配性は、内側から徐々に衰え始めた。チャールズ・イームズが一九四九年にパシフィック・パリセイドに自邸を建てた時からである。この住宅の外観は、機械を源にもつことを示す四角い箱で、インターナショナル・スタイルそのものである。しかし、その内実は破壊的なものである。つまり、かつてシンドラーが行ったように、この作品では反ヨーロッパ、そしてハイ・アートとロー・アートの混合による反古典性への強い希求が具現化されているのである。実際に、イームズ自邸はハイ・アートというよりはロー・アートに近い。一九五〇年代にはイギリスのブルータリストたちだけが、かろうじてイームズ自邸の意義を認めていた。スミッソン一派は、彼らの作品からヨーロッパ的なハイ・アートを重視する伝統を排除しようとしたのである。古典性に囚われすぎていたことから、彼らの試みは、成功こそしなかったが、彼らは、この重要なテーマを多くの人びとに提起できたのである。その結果、彼らはインターナショナル・スタイルの強固な鎧に、最初のそして主たる風穴をあけることができたのである。

六〇年代初頭のチャールズ・ムーアやロバート・ヴェンチューリの出現によって、革命は最高潮を迎える。しかし、インターナショナル・スタイルを壊滅させた最後の嵐は、建築ではなく、絵画や彫刻のハイ・アートの世界からもたらされた。ポップ・アートである。ポップ・アートは、「実際の世界」にあふれる道路際の看板や商品のパッケージや広告に、豊かなヴァイタリティを「発見」した。その結果、第一次世界大戦前後において、キュビスム、未来派、ダダ、構成主義、そしてデ・ステイル等の芸術が建築に果たしていた密接な役割を終えることとなった。

二〇年代と三〇年代を振り返ると、われわれは、インターナショナル・スタイルが、さまざまに競い合った「近代」的な視点の一つにすぎなかったことを、ようやく認識できるようになった。インターナショナル・スタイルに見られた機械の翻案やシンボリズムは印象深いものではあった。しかし、それは、レイナー・バンハムが指摘したように、未来派やバックミンスター・フラーといった、SF映画「バック・ロジャース」の構成主義者のように、知的な点では貢献することもなく、三〇年代の流線型のモデルヌの実践のように大衆を魅了することもなかった。国際主義者たちが本当に興味をもったのはパッケージであったため、インターナショナル・スタイルは、施工会社が建てる住宅や商業施設と比べると、特にアメリカにおいてはかなり苦労したといえよう。なぜなら、こうした建物においては、効用性と経済性のみに関心が集中し、スタイルはパッケージ以外の何物でもなかったからである。

こうした状況を踏まえてシンドラーを再考すると、彼の貢献として、次の二点が指摘されよう。まず、シンドラーは、ハイ・アートに表現されたような機械の象徴的なイメージを、ロー・アートの強さとヴァイタリティをもつ形態や形態群へと変換したのである。こうした形態の変換を達成するための言語を、彼は南カリフォルニアでの一般的な建設方法から導き出したのである。第二に、シンドラーは、建物やその集合のさせ方によって、ロー・アートをハイ・アートへと変換させた。彼にとって、建築におけるハイ・アートの目標は空間の創出にあったのである。

建築における象徴的な要素は決して不変のものではないことを、シンドラーは理解していた。彼のシンボリズムは、次々と変貌すべきものであった。二〇世紀のシンボリズムは、活力に満ち、生き生きとし、そして意味深いものであるべきで、同時にそれは、ハイ・アートとロー・アートの双方に根ざしたものであるべきである、と彼は考えていた。シンドラーにとって、ハイ・アートの源は芳醇なもので、彼はそれらの源泉をよく知っていた。それらは、インターナショナル・スタイルだけではなく、構成主義、ロースやライトの空間概念である。また、シンドラーのロー・アートの源は、商業主義に満ちた通りや建設業者が建てた家々であり、さらにはスパニッシュ・コロニアル・リヴァイヴァルのようなリヴァイヴァルやモデルヌの隆盛であった。こうした混沌とした状況の中、シンドラーは、おのおのの要素は全体の構成に貢献すべきであり、同時に、その基本的な個性を失うべきではないと主張した。形態やシンボルについて情熱的に関与していたため、彼は、繊細な平面計画や建設費については最小限の関心しか持たなかった。私たちが、インターナショナル・スタイルの概念に知的な面でも感情的な面でも強く結びつけられているため、現在、私たちは、シンドラーの意図を部分的にしか理解できていない。私たちが、スタイルはパッケージであり、それ以外の何物でもないことを、少しずつ認識するようになって、初めて、シンドラーの作品が建築の世界でその評価を上げていくのであろう。

「建築宣言」一九一二[28]

ルドルフ・M・シンドラー

I

洞穴が、最初の住居であった。日干しレンガを積み重ねてできた空洞が、最初の恒久的な住宅であった。「建てること」は、素材を集めて固め、人間のシェルターとなる空洞をつくり出すことを意味していた。

こうした見方によって、二〇世紀までの、すべての建築様式を基本的に理解することが可能となる。すべての建築的な営為は、人間の意志によって、表現性が豊かな形態をつくり出すために、構造的な限界を克服していくことにあった。

すべての建築的な観念は、可塑的な構造材の使用に左右されてきた。建築家と彫刻家の手法は似ていた。空洞は、部屋をつくり出すことにあるのではなく、量塊を支持するために素材を積み重ねていくという、構造的な体系に応じたものであった。こうした構造的な量塊に、可塑的な表情を付与するために、壁面に装飾がなされた。

28　原書に収録されている、一九一二年の執筆となっている「建築宣言」は、一九三二年に『国際建築』誌の小山氏に送られた英語版に基づくものである。原書の出版後、シンドラー・アーカイブで、一九一三年六月の日付の入ったドイツ語版が発見され、それに基づく新訳が、Lionel March and Judith Sheine ed., *RM Schindler: Composition and Construction*, Academy Editions, 1993, pp.10-12. に収録されている。本書の訳出にあたっては、この新訳も参照した。なお、この「建築宣言」について、一九一二年版と一三年版の内容の差異等については、同書の一五－一九頁で述べられている。

こうした旧来の問題はすでに解決され、その様式は死滅した。

私たちは、素材を効果的に用いることによって、可塑的な構造材としてのそれを破棄する。現代の建築家は「部屋」を認識し、それを天井や壁そして床で構成する。

建築のデザインは、「空間」を、その直接の素材として扱い、分節された部屋は、デザインの結果として生じるものとなる。

可塑的な量塊が破棄されたことによって、内部空間の形態が外観を規定する。したがって、この新たな発展の最も初期の段階のものは、「箱形」の住宅である。

建築家はついに彼の芸術の媒介を見出した。空間（ＳＰＡＣＥ）である。

新しい建築的な課題が生まれた。いつもそうであるように、その揺籃期は、機能的な有用性が強調されることで保護されている。

II

最初の住宅はシェルターであった。その基本的な特性は堅牢さにあった。したがって、その構造的な機能は永続性にあった。この意味において、二〇世紀までのすべての建築様式は機能的なものであった。

建築の形態は、建物の素材の構造的な機能をシンボルとしてきた。その最終的な発展の段階は、鋼材のラーメン構造による建築的な解決である。その架構は、もはやシンボルではなく形態そのものとなる。

二〇世紀は、鉄筋コンクリートの導入によって、構造が建築形態の源であることを破棄する最初の時代となる。

構造的な課題は、方程式へとその価値を下げた。応力分布が計算できるようになって、構造的な堅牢性を誇示する必要がなくなった。

近代人は、構造材に注意を払わなくなる。基壇のある柱もシャフトやキャップも、さらにはレンガの段やコーニスのある壁も必要ではなくなる。彼は、キャンチレバーに斬新さを見出し、大スパンの自由さや、薄いスクリーンで覆われた空間形態の表層に注目する。

構造に基づいた様式は廃れた。機能主義は、保守的な様式主義者に、現代的な技術を利用させるように導くための、うわべだけのスローガンとして使われた。

Ⅲ

モニュメンタリティは、権力を顕示するものである。最初の主は専制君主であった。彼は、物質を支配できることを人々に見せつけて、自らの権力を象徴化した。原始的な文化における権力の象徴は、物質の二つの単純な抵抗しあうもの、すなわち「重力と結合」を支配することに限定された。

モニュメンタリティは、人々の心理を変えようとする努力に比例して、その存在を明らかに示すようになった。人々は権力の前に萎縮した。

今日では、以前とは異なる力がモニュメントを求めている。それは、専制君主の権力を破壊した考えによって求められている。機械は、人々が自然の力を制御できるという成熟したシンボルとなった。数学によって、構造的な制約も、芸術の形態を創出する源泉ではなくなった。空間という、新たなモニュメンタリティは、人々の心の限りない力を象徴するものとなった。人々は、宇宙を前にし、興奮している。

Ⅳ

私たちの祖先にとって、庇護されている感覚は、彼らの洞穴での隠遁と引きこもりに由来する。

中世の都市にあっては、同様の庇護感を得るために、最小の壁や要塞の輪の中に、最大限の防御のために、人々を収容することが必要とされた。農夫の小屋は、それとは驚くべき対照的な形式である「屋外」において、外敵から身を護られている気持ちにさせてくれるものである。

こうした過去から続く庇護感を呼び起こす部屋が、「快適で居心地のよい」ものとされる。

未来の人間は、自然の力から逃避するようなことはしない。彼らはそれを統御するのである。

未来の人びとの住居は、もはや小さな隠れ家ではない。地球が彼らの住居となるのだ。

「快適」や「くつろぎ」といった概念は、その意味を変える。先祖返りをしたような庇護感では、因習的なデザインを誤った形で推奨してしまう。

住居の快適性は、空間、気候、光、ムードを完全に制御したところに存在する。

近代の住居は、施主やデザイナーの一時的な気まぐれを、永遠に退屈なものとして凍結するものであってはならない。

近代の住居は、調和のとれた生活のための、静かで可変性に富んだ背景となるであろう。

［ウィーン、一九一二］

「スペース・アーキテクチュア」一九三四

ルドルフ・M・シンドラー

最近の出版物で近代建築に関する記事を読む人は、近代建築家にとって「空間」を扱うことがいかに重要なものであるか、ということに繰り返し直面するであろう。しかし、近代建築運動を先導することを望むグループや個人によって、さまざまに表明される宣言を分析しても、空間の問題を本当に理解することは不可能であろう。

一九一一年の夏、シチリアの山道の頂上にある、大地と一体化した農民の小屋の中に座っていた時、私は、建築における空間の意味が突如として理解できたのである。ここにある山の石を使い、手で素材を紡ぎ、何度も重ねられた重厚な壁でつくられた家々は、山際につくられた数多くの洞窟の再生の一つ以外の何物でもないのである。私は、たとえそれが、エジプト様式でも、ローマ様式でも、過去のすべての建築の本質は、彫刻家が抽象的な形態を扱ったものにすぎないということを見出した。建築家の試行は、建築物の素材を集めて紡ぎ、人間のための空洞をつくり出すことにあった。彼らにとって、形態をつくり出す努力は、常に、積み上げられた量塊の表面を削り、装飾を施すことにあった。したがって、部屋そのものは副産物であった。空洞は、部屋を形づくることを意図した結果ではなく、その起点は、量魂を大地から浮かび上がった状態に保つことにあった。内部空間の建築的な取り扱いは、四面の壁と天井とを彫刻的に彫り込み、それらを、内部空間を取り囲む独立した量魂にすることにあった。技術の発展により、こうした構造用の素材を積み重ねていく必要性はなくなってきているが、基本的に建築家たちは、依然としてこうした彫刻的な扱いに関心を示しているのである。西洋におけるすべての因習的な建築は、歴史的様式も含め、彫刻以外の何物でもない。

その大きすぎるひろがりを有した小屋の戸口から頭をかがめて外へ出たとき、私はよく晴れた空を見上げた。ここで私は、真の建築の媒体を見出した。空間である。この新たな媒体は、人類の歴史が続く限り存在する。歴史的な建築物には、その可能性への初源的で不確かな手探りのみが見出せる。ゴシックの建築家にしても、空間を、彼が彫刻を施した柱の間にあるものとして捉えているのにすぎず、空間を、彼の芸術のための媒体として意識的に使おうとしているわけではない。

「建築」は、私たちの時代に生まれようとしている。真に近代的な建物に込められた建築家の企図は、彫刻家やそれと同様の因習的な建築家とは根本的に異なる。

近代の建築家は、構造やその彫刻的な可能性に関心を向けるのではなく、空間の形態の創造にこそ関心を向けるべきである。近代建築家は、他の芸術における色や音や量魂などにはない、その豊かで限りない新しい表現の可能性を扱うのである。

こうした観点は、近代建築の使命への新たな解釈を促す。その実験は、空間についての、新たな言語やヴォキャブラリー、修辞法を発展させる。建築におけるさまざまな活動も、こうした方向に向かわせるのであれば意義があると思われる。

山での啓示を受けた直後、ウィーンの図書館員が私に一冊の作品集を見せてくれた。フランク・ロイド・ライトの作品集であった。すぐさま私は、ライトが、この新しい媒介を理解していることがわかった。ここには『スペース・アーキテクチュア』があった。それは、モールディングや、キャップスや、ファイナルスを問題とはしていない、意味深い形態と関連性を持った空間が存在していたのである。彼こそ最初の建築家である。ライトの時を超える重要性は、特に初期の住宅群にある。私には、彼のその後の作品は、再び彫刻的なものになっていったと感じられた。彼は、彫刻的な形態を用いて建物に地域性を付与するようになる。東京にあるホテルは、地域性の直接的な反映というより、伝統的な東洋的なモチーフを用いた巨匠の戯れに見える。芸術家としては、同時代の建築家を圧倒していたライトも、こうした傾向によって、後年の作品は「モダニスティック・スクール」に属するようになる。

「モダニスティック」と称される作品は、主に、ヨーロッパに起こった近代芸術である未来派やキュビズム等といった運動からの、建築的な逆流である。これらの建物は、未来の生活を創出するための枠組みとして建築を考えるのではなく、今日的な都市的な性質を、それとは対照的な、非常に因習的な彫刻的形態によって達成しようとしているにすぎない。建物を未来の生活を創出させようとする枠組みとして想定するかわりに、彼らはそれを、絵画や音楽作品のように興味深い欠落を抱えながら、現在を表現するということに終始しているのである。これはまた、シカゴ万国博覧会の建物を、どのように理解すればよいのかを示唆しているともいえよう。建築的には、残念ながら、それらは、より良い建築の未来を開こうとする試みではなく、近い過去の混沌からの最後の叫びなのである。

旧来の、彫刻的な形態として建築をつくることは、芸術としては過去のものとなったということを深層的に理解することによって、私たちの時代へと向かうことができる。眼前にある空間という媒体を扱う、新たな芸術の進展に目を閉ざし、「機能主義者たち」は、芸術としての建築を完全に見捨てた。彼らは技術者が建築をつくるように建築をつくろうとする。機能という意味しか持たない「型」をつくり出すのである。彼らは自身の問題を文明の問題だけに制限している。文明とは、私たちの環境を私たちの制約に適合させるための努力なのである。彼らは、芸術としての建築は、文化的価値を担っていること、すなわち、成長への要望を満たし、私たち自身を成長させ解放するという、重要な意味を有するということを忘れているのである。

状況をさらに悪くし、人々の関心をさらにひくために、機能主義者たちは、彼らが産み出したものに「インターナショナル・スタイル」という名前を与えた。ここでは、形態といった問題が全く忘れ去られている。製作者たち（手に入る設備、競争、労働の規則や利益、そして個人の習慣等に関心を抱く人たち）は、レディメイドの「形態」をつくり出す神である。柱やアーキトレイブやコーニスといった形態を構成する古典的な体系は、スチールの柱や水平なパラペット、コーナーウィンドゥといった形骸化した言語に置き換えられ、それらは、すべてジャングルでも氷河でも用いられるのである。

この新しいスローガニストたちの究極の理想は機械である。現在の機械が、個々の部品の寄せ集めで有機的な統一からはほど遠いものである、ということを気にかけてはいない。私たちは、機械の完全性を示す例として、現在の自動車の写真をしばしば示される。しかし、私たちが見ている近代の自動車は、「機械」ではないことが忘れ去られているのである。つまり、デザイナーによる、部品を包み込むシート状の金属のフードが有する機能的役割は、微々たるものなのである。それは、明らかに全体のものとして性格付けされたファッションの問題であり、私たちの服を規定するのと同じぐらい容赦なく伝統に縛られている。さらに重要なことに、自動車やその他の機械は、必然的に一次元のものなのである。ところが、有機体として私たちの生活に直接かかわる住宅は、四次元でなければならないのである。

ル・コルビュジエとその追従者たちは、私たちに「座ったり寝たりするためのさまざまな装置」が備わった「住むための機械」を提唱する。しかしそれらは、今日における機械の進展の状態にまで達してはいないのである。それらは目的に奉仕する粗野な「新案」なのである。そうした機械を居間に持ち込む人は、農夫が牛や豚を自らの住居に持ち込むことと同じように原始的なレベルにある。単なる生産された装置が生活の枠組みとなることはない。特に、私たちの粗野な機械時代のきしみやぎざぎざは、工場とは正反対なものである住宅において、人間の質を保護するように私たちを仕向けることとなる。

工場は私たちに仕える存在でなければならない。そして、もし「機械生産の住宅」が、そこから出現したら、それは、私たちの想像力に見合うものであるべきで、単なる今日的な生産技術の結果では駄目である。バックミンスター・フラー氏の作品は、私たちの生産技術の利用が建設技術に適用される事に限りない可能性があるように鼓舞するが、そうしたものに価値はないのである。彼は、ダイマキシオン・ハウスをつくり出したが、それは完全に容易なマニュファクチャーの観点に立ち、自身で創出そして操作できるものとしてしか考えていない。彼は馬の前にカートを付けようとしているのである。空間建築家は、第一に、未来の生活と未来の住居に対する視線をもっている。その視線を明確化することにより、実現に向けての必要な技術は確実に発展できよう。バックミンスター・フラー氏は、建築において、空間に関する考慮がこれから重要になってくることを感じてはいるものの、彼の「ダイマキシオン・ハウス」は「空間創造」ではないのである。それは、彼の言葉をかりると、いかに「短命」であろうとも彫刻的な観念の産物である。その構造的なスキームは、木のそれに類似し、その枝や他の部分は非常に繊細に編み上げられて空間を作ってはいるが、そうした重なりがつくり出す「部屋」は、目的に満ちた空間概念ではなく建築的には意味のない副産物にすぎない。

近代建築は、スローガンを変えることでは発展できない。それは、技術者の手によるものでもなければ、効率に関する専門家や機械技術者や経済学者の手によるものでもない。それは、「空間」と「空間形態」とを、人間の表現の新たな媒体として理解する芸術家の心の内に発展するのである。この新しい言語の発展は、われわれとともにある。多くの場合は、無意識に、いくばくかは意識されて。それは、単なる新しい様式の誕生や、彫刻的形態を使った昔馴染みのゲームの新たなバージョンではなく、人類の表現を伝達し奉仕させるものとして、新たな媒体を使いこなすことなのである。

［ロサンゼルス、一九三四年二月］

シンドラー文献リスト

シンドラーによる論考

‘Modern Architecture: A Program’
(unpublished manuscript), Vienna 1912

‘Notes on Architecture’
(unpublished manuscript), Chicago 1914–19

‘About Architecture’
(unpublished lecture), Hollywood 1921

‘Who Will Save Hollywood?’
Holly Leaves (Hollywood), 3 November 1922, p.3, 2

‘Ventilation’ (‘Care of the Body’),
Los Angeles Times Sunday magazine section,
14 March 1926, pp.25–6

‘Plumbing and Health’ (‘Care of the Body’),
Los Angeles Times Sunday magazine section,
21 March 1926, pp.25–6

‘About Hearing’ (‘Care of the Body’),
Los Angeles Times Sunday magazine section, 28 March 1926, pp.24–5

‘About Lighting’ (‘Care of the Body’),
Los Angeles Times Sunday magazine section,
7 April 1926, pp.30–31

‘About Furniture’ (‘Care of the Body’),
Los Angeles Times Sunday magazine section,
14 April 1926, pp.26–7

‘Shelter or Playground’ (‘Care of the Body’),
Los Angeles Times Sunday magazine section,
21 April 1926, pp.26–7

‘Civic Center Design for Richmond, California,’
City Planning Commission for Richmond, CA, 15 November 1930

‘A Cooperation Dwelling,’ *T-Square* (Philadelphia),
vol.2, no.2, February 1932, pp.20–21

‘Points of View–Contra,’ *Southwest Review*
(Austin and Dallas, TX), vol.17, Spring 1932, pp.353–4

‘Space Architecture,’ *Dune Forum* (Oceano, CA), February 1934, pp. 44–6

‘Space Architecture,’ (unpublished manuscript), September 1934

‘Space Architecture,’ *California Arts and Architecture* (San Francisco), vol. 47, January 1935, pp. 18–19

‘Furniture and the Modern House: A Theory of Interior Design,’ *Architect and Engineer* (San Francisco), Vol. 123, December 1935, pp. 22–5; vol. 124, March 1936, pp. 24–8

‘Prefabrication vocabulary: the panel-post construction,’ *California Arts and Architecture* (San Francisco), vol. 60, June 1943, pp. 32–3

‘Notes... Modern Architecture’ (unpublished manuscript), Los Angeles 1944

‘Architect–postwar post everybody,’ *Pencil Points* (New York), vol. 25, October 1944, pp. 16–18; and November 1944, pp. 12–14

‘Discussion,’ *Pencil Points* (New York), vol. 25, November 1944, p. 16; and December 1944, p. 8

‘Reference Frames in Space,’ *Architect and Engineer* (San Francisco), vol. 165, April 1946, pp. 10, 40, 44–5

‘Postwar Automobiles,’ *Architect and Engineer* (San Francisco), vol. 168, February 1947, pp. 12–14

‘Schindler Frame,’ *Architectural Record* (New York), vol. 101, May 1947, pp. 143–6

‘Houses U.S.A.,’ letter to the editor, *Architectural Forum* (Boston), vol. 87, August 1947, p. 22

‘A Great Debate’ (on the United Nations Building), *Architectural Forum* (Boston), November 1950, p. 15

‘Space Architecture,’ *Atelier* (Sydney), vol. 13, no. 1, November 1951, pp. 10–11

‘Visual Technique’ (unpublished manuscript), Los Angeles 1952

シンドラーに関する論考

PATRICK ABERCROMBIE, *The Book of Modern Houses*, London 1936, pp. 298–9; pp. 298–301

WAYNE ANDREWS, *Architecture, Ambition and Americans*, New York 1955, pp. 274–5; New York, 1978, p. 276

----*Architecture in America: A Photographic History from the Colonial Period to the Present*, New York 1977, p. 170

CAROL ARONOVICI, with Richard Neutra, R. M. Schindler, Associated Architects, 'Civic Center Design for Richmond, California,' *City Planning Commission for Richmond*, CA, 15 November 1930

J. B. BAKEMA, 'Schindler spel met de Ruimte', *Forum* (Amsterdam), vol. 16, no. 8, 1961, pp. 253–63

REYNER BANHAM, 'Rudolph Schindler–A Pioneer without Tears,' *Architectural Design* (London), vol. 37, December 1967, pp. 578–9

----*The Architecture of the Well-Tempered Environment*, London 1969, pp. 204–7

----*Los Angeles: The Architecture of Four Ecologies*, London 1971, pp. 39, 175, 178–9

TIM BENTON, CHARLOTTE BENTON, and DENNIS SHARP, eds., *Architecture and Design, 1890–1939: An International Anthology of Original Articles*, New York 1975

MARCUS BINNEY, 'A Viennese in California,' *Country Life* (London), vol. 145, 20 February 1969, p. 397

J. BLANTON, 'Schindler,' *American Institute of Architects Journal* (Washington, D.C.), vol. 58, September 1972, p. 56

ALLEN BROOKS, *The Prairie School*, Toronto 1975, p. 201

T. M. BROWN, 'Schindler,' rev. of Schindler, by David Gebhard, *Art Bulletin* (London), vol. 55, June 1973, pp. 309–12; reply by David Gebhard, vol. 56, March 1974, pp. 150–1

MARIA BUCHSBAUM, 'Interessantes aus Museum und Akademie,' *Wiener Zeitung* (Vienna), 27 March 1986, p. 4

JOHN BURCHARD and ALBERT BUSH-BROWN, *The Architecture of America: A Social and Cultural History*, Boston 1966, pp. 304, 374

SHELDON CHENEY, *New World Architecture*, New York 1930, pp. 288, 235, 286, 391

WALTER M. CHRAMOSTA, 'Brennbare Baukunst: eine Siedlung von Rudolph M. Schindler in den Fangen der Bodenspekulation–ein Hilferuf!,' *Architectur & Bauforum* (Vienna), vol. 24, no. 147, p. 26

ROBERT COOMBS, 'The I. S. in L. A.: Neutra and Schindler Live On,' *Skyline* (New York), February 1982, p. 13

WILLIAM CURTIS, *Modern Architecture Since 1900*, Oxford 1982, pp. 155–8, 260, 334

ARTHUR DREXLER, ed., *Modern Architecture U. S.* A., ex. cat., The Museum of Modern Art, New York, 1965, ill. 10

KURT W. FORSTER, 'California Architecture: now you see it, now you don't,' *UCLA Architecture Journal* (Los Angeles), 1986, pp. 5–22

KENNETH FRAMPTON, *Modern Architecture: A Critical History*, London 1980, pp. 248–9, 257–8

'The Usonian Legacy,' *The Architectural Review* (London), vol. 182, December 1987, pp. 26–31

WAYNE N. T. FUJI and YUKIO FUTAGAWA, eds., 'Two Houses by R. M. Schindler,' *GA Houses* (Tokyo), vol. 26, 1989

DAVID GEBHARD, 'R. M. Schindler in New Mexico–1915,' *The New Mexico Architect* (Roswell, NM), vol. 7, January-February 1965, pp. 15–19, 21

----*R. M. Schindler–Architect*, ex. cat., Art Galleries, University of California, Santa Barb ara, 1967

----*Architecture in California, 1868–1968*, ex. cat., Art Galleries, University of California, Santa Barbara, 1968

----'Ambiguity in the Work of R. M. Schindler,' *Lotus* (Milan), no. 5, 1968, pp. 107–21

----*L. A. in the Thirties: 1931–1941*, Layton, UT 1975, pp. 6, 43, 46, 49, 50, 109–16

----'R. M. Schindler: An Exhibition of the Architecture of R. M. Schindler, 1887–1953,' *Architectural Review* (London), vol. 143, March 1977

----*The Art of Gregory Ain: The Play Between the Rational and High Art*, ex. cat., Art Galleries, University of California, Santa Barbara, 1980, p. 10

----'R. M. Schindler: Wolfe House, Santa Catalina Island,' *Domus* (Milan), no. 689, December 1967, pp. 56–65

DAVID GEBHARD and HARIETTE VON BRETON, *Kem Weber*, ex. cat., Art Galleries, University of California, Santa Barbara, 1969, pp. 8, 18

DAVID GEBHARD and ROBERT WINTER, *A Guide to Architecture in Southern California*, Los Angeles 1965, pp. 10–16; Salt Lake City 1977, pp. 24–5, 27, 63, 70, 113, 122, 130, 132, 134–5, 139, 144, 146, 155–6, 160–1, 163–5, 168–71, 177–8, 182–3, 272, 280–1, 287, 290, 308, 311, 384, 391, 427, 431, 483, 654, 656, 663, 665, 671

CARMEN CABEZA GIL CASARES, 'R. M. Schindler y las vanguardias plásticas europeas,' *Arquitectura* (Madrid), vol. 65, no. 246, January-February 1984, pp. 20–22

EMILIO GIMÉNEZ, 'Rudy M. Schindler: el otro austriaco en Los Angeles,' *Arquitectura bis* (Barcelona), no. 9, September 1975, pp. 10–13

JOSEPH GIOVANNINI, 'Restoring Modernism in Los Angeles,' *The New York Times*, 26 November 1981

----'A Modernist Architect's Home is Restored in Los Angeles,' *The New York Times*, 3 December 1987

PAUL GOLDBERGER, 'A House of the Future, Now Part of Our Past,' *The New York Times*, 13 December 1987

OTTO ANTONIA GRAF, *Die Vergessene Wagnerschule, Schriften des Museums des 20. Jahrhunderts*, Vienna 1969, pp. 25–7, 34, ill. 115

RALPH W. HAMMETT, *Architecture in the United States: A Survey of Historical Styles since 1776*, New York 1976, pp. 147, 238

HERMAN HERTZBERGER, 'Dedicato a Schindler,'

Domus (Milan), no.465, September 1967, pp.2–7

ALAN HESS, 'Jack Hillmer's Ludekens House,' *Fine Homebuilding*, no.30, December / January 1985–6, pp.18–23

LUDWIG HILLBERSHEIMER, *International Neue Baukunst*, Stuttgart 1928, pp.9, 55

----*Contemporary Architecture*, Chicago 1964, pp.168–9

LUDWIG HILLBERSHEIMER and JULIUS VISCHER, *Beton als Gestalter*, Stuttgart 1928, p.78

THOMAS HINES, 'Conserving the Visible Past: The Schindler House and the Los Angeles Preservation Movement,' *L.A. Architect* (Los Angeles), vol.4, September 1978, n.p.

----*Richard Neutra and the Search for Modern Architecture: A Biography and History*, New York and Oxford 1982

HENRY-RUSSELL HITCHCOCK, 'An Eastern Critic Looks at Western Architecture,' *California Arts and Architecture* (San Francisco), vol.57, December 1940, pp.21–3, 40

HANS HOLLEIN, 'Rudolph M. Schindler: ein Wiener Architect in Kalifornien,' *Der Aufbau* (Vienna), vol.16, no.3, March 1961, pp.102–4

----'Rudolph M. Schindler: Ein weiterer Beitrag zur Beitrag zur Berichtigung der Architekturgeschichte', *Bau* (Vienna), vol.21, no.4, 1966, pp.67–82

ELAINE JANSON, 'Biographical Notes on R.M. Schindler, Architect,' (unpublished), c.1938

GREG KINDY, 'The Swan of Studio City,' *L.A. Architect* (Los Angeles), September 1986, p.3

GIOVANNI KLAUS KOENIG, 'Dal Danubio blu al viale del Tramonto: Rudolf Michael Schindler e Richard Josef Neutra,' *Casabella* (Milan), vol.34, November 1970, pp.29–36; vol.35, January 1971, pp.36–42

MANFRED KOVATSCH, 'Rudolph M. Schindler: Notizen zu acht Bauten,' *Bauwelt* (Guetersloh, Germany), vol.75, no.39, October 19, 1984, pp.1685–1689

----*katalog R. M. Schindler, Architekt, 1887–1953*, Munich 1985

DAVID LECLERC, 'Schindler, la maison Wolfe: les morsures du temps. A Catalina,' *L'Architecture d'Aujourd'hui* (Paris), no. 307, October 1996, pp. 57–71

LIONEL MARCH and JUDITH SHENE, eds., *RM Schindler Composition and Construction*, London 1993

J. MAASS, 'Case that Buildings Sometimes Resemble their Architects,' *American Institute of Architects Journal* (Washington, D.C.), vol. 66, June 1977, p. 47

ESTHR McCOY, 'West Coast Architecture: A Romantic Movement Ends,' *Pacific Spectator* (Stanford, CA), vol. 7, no. 1, Winter 1953, pp. 20–30

----'Four Schindler Houses of the 1920s,' *Arts and Architecture* (San Francisco), vol. 70, September 1953, pp. 12–14

----'Work of R. M. Schindler,' *Arts and Architecture* (San Francisco), vol. 71, May 1954, pp. 12–15

----'A Work by R. M. Schindler: Visual Expansion of a Small House,' *Los Angeles Times Sunday magazine section*, May 2 1954, pp. 14–15

----'Roots of California's Contemporary Architecture,' *Arts and Architecture* (San Francisco), vol. 73, October 1956, pp. 14–17, 36–9

----'R. M. Schindler 1887–1953,' *Five California Architects*, New York 1960, pp. 149–93

----'Five California Architects,' *Progressive Architecture* (New York), vol. 41, July 1960, pp. 121–36

----'Letters of Louis H. Sullivan to R. M. Schindler,' *Journal of the Society of Architectural Historians* (Philadelphia), vol. 20, December 1961, pp. 179–84

----'The Growth of Cubism in the Work of R. M. Schindler,' paper presented at the annual meeting of the Society of Architectural Historians, Los Angeles, January 1965 (unpublished)

----'Renewed Interest in Popularity of Schindler's Architecture,' *Los Angeles Times Calendar*, 23 October 1967, p. 46

----'R. M. Schindler,' *Lotus* (Milan), no. 5, 1968, pp. 92–105

----'Letters Between R. M. Schindler and Richard Neutra, 1914–1924,' *Journal of the Society of Architectural Historians* (Philadelphia), vol. 33, October 1974, pp. 219–24

----'Pauline Schindler, 1893–1977,' *Progressive Architecture* (New York), vol. 58, September 1977, pp. 28–33

----'Five Houses of R. M. Schindler,' *Architecture and Urbanism* (Tokyo), vol. 82, pp. 134–5

----*Vienna to Los Angeles: Two Journeys*, Santa Monica 1979

----'Schindler: A Personal Reminiscence,' *L. A. Architect*, November 1987, pp. 5–9

----'Second Guessing Schindler,' *Progressive Architecture* (New York), vol. 70, no. 4, April 1989, pp. 86–9

CAREY McWILLIAMS, *Southern California Country*, New York 1946, pp. 354–62

CAROL MERRILL-MIRSKY, ed., *Exiles in Paradise*, ex. cat., Hollywood Bowl Museum, Los Angeles, 1991

CHARLES W. MOORE, 'Schindler,' *Progressive Architecture* (New York), vol. 54, January 1973, p. 132

MINISTERIO DE OBRAS PÚBLICAS Y URBANISMO, ed., *R. M. Schindler, Arquitecto*, ex. cat., Madrid, 1984

RICHARD J. NEUTRA, *Wie Baut Amerika?*, Stuttgart 1927, pp. 53–7

----*Amerika II*, Vienna 1930, pp. 65, 128–32, 139

PETER NOEVER and WILLIAM MOHLINE, eds., *Zugmann: Schindler*, Munich and Los Angeles 1996

PAUL B. OHANESSIAN, 'The Schindler Houses: 1921 Landmark in Los Angeles,' *AIBC Forum*, July, 1978, pp. 20–24

RICHARD OLIVER, 'Five for Romance,' *Architectural Record* (New York), vol. 158, September 1975, pp. 43, 45, 47

DAN O'NEILL, 'Schindler,' *Architectural Record* (New York), September 1972, pp. 152–91

----'The High and Low Art of Rudolph Schindler,' *The Architectural Review* (London), vol. 153, April 1973, pp. 242–6

STEFANOS POLYZOIDES, 'Schindler, Lovell, and the Newport Beach Houses, Los Angeles, 1921–1926,' *Oppositions* (New York), no. 18, Fall 1979, pp. 60–73

STEFANOS POLYZOIDES and PANOS KOULERMOS, 'R. M. Schindler–Notes on His Work: Five Houses by R. M. Schindler,' *Architecture and Urbanism* (Tokyo), November 1975, pp. 61–126

----'Response to Esther McCoy's Critical Comments on "Five Houses of R. M. Schindler",' *Architecture and Urbanism* (Tokyo), February 1978, pp. 75–6

EDWIN PONDEXER, 'America's Own Architecture,' *Building Age and National Builder* (New York), vol. 48, December 1936, p. 97

ANNE-MARIE PUGA, 'Schindler, la maison Wolfe: Album photographique,' *L'Architecture d'Aujourd'hui* (Paris), no. 307, October 1996, pp. 48–56

J. M. RICHARDS and ADOLF K. PLACZEK, eds., *Who's Who in Architecture, from 1400 to the Present*, New York 1977, p. 289

D. ROUILLARD, 'Logiques de la Pente a Los Angeles: Quelques figures de F. L. Write et R. M. Schindler,' *Cahiers de la Recherche Architecturale* (Paris), no. 14, 1984, pp. 8–25

AUGST SARNITZ, 'Rudolf Michael Schindler–Theory and Design,' Massachusetts Institute of Technology, Cambridge, MA., 1982 (unpublished)

----'Raumarchitektur–Theorie und Praxis eines Prinzips. Über Entwurfs- und Konstruktionsprinzip bei Rudolf M. Schindler,' diss. Technische Universität Wien, Vienna (unpublished).

----'Mythos und Moderne, Rudolf M. Schindler–60 Jahre Strandhaus Lovell,' *Bauforum* (Vienna), vol. 18, no. 108, 1985, pp. 19–34

----*R. M. Schindler, Architekt 1887–1953*, Vienna 1986; English ed. New York 1988

----'Proportion and Beauty–The Lovell Beach House by R. M. Schindler,' *Journal of the Society of Architectural Historians*

(Philadelphia), vol. 45, no. 4, December 1986, pp. 374–85

----'Rudolf M. Schindler zum 100. Geburtstag,' *Bauwelt* (Guetersloh, Germany), vol. 78, 23 October 1987, p. 1486

PAULINE SCHINDLER, 'Modern Architecture Acknowledges the Light which Kindled It, F. L. W.,' *California Arts and Architecture* (San Francisco), vol. 47, January 1935, p. 17

RUDOLF M. SCHINDLER, 'Unusual Home is Built of Concrete and Glass,' *Popular Mechanics* (Chicago), vol. 48, June 1927, p. 969

----'Clippings, R. M. Schindler House,' collected photographs and plans, Graduate School of Design, Harvard University, Cambridge, MA, 1936–1938

----'Collected Papers–Presenting an informal collection of papers to clarify my work–which recognizes that space is the true and sole medium of architecture,' Los Angeles, 1948; illustrations and plans, Avery Library, Columbia University, New York

----see 'Sixteen Southern California Architects Exhibit Contemporary Trends in a Group Showing at Scripps College,' *California Arts and Architecture* (San Francisco), vol. 67, April 1950, pp. 22–3

----see 'Schindler Exhibition, Balboa Park, San Diego,' *Architect and Engineer* (San Francisco), vol. 198, July 1954, p. 8

----see 'Architecture of R. M. Schindler (1887–1953),' *RIBA Journal* (London), vol. 76, February 1969, p. 52

----see 'R. M. Schindler 1887–1953,' rev. of Schindler exhibit at the Stedelijk Museum, Amsterdam, May-June 1969, *Bouwkundig Weekblad* (Amsterdam), vol. 87, no. 8, 29 April 1969

----see 'Drawings for a Beach House,' *Architectural Design* (London), vol. 42, July 1972

----see 'Fountain, Pergola, and Wading Pool, Olive Hill, Hollywood,' *Journal of the Society of Architectural Historians* (Philadelphia), vol. 38, March 1979, p. 31

PATRICK SCOTT, DAVID DALSASS et al., *Mirrors & Hammers: Eight Germanic Emigres in Los Angeles*, Los Angeles 1988

WALTER SEGAL, 'The Least Appreciated: Rudolph Schindler: 1887–1953,' *The Architects Journal* (London), vol. 149, February 1969, pp. 476–9

P. MORTON SHAND, 'A Caltilevered Summer House in California,' *The Architectural Review* (London), vol. 73, March 1933, p. 117

JUDITH SHEINE, 'Schindlerfest: Revising Architectural History,' *Architecture and Planning*, 1988, pp. 9–11

----'Schindler Reassessed,' *Architectural Record* (New York), vol. 176, no. 10, September 1988, pp. 69, 71

DAVID SISAM, 'Aspects of the House: Three Projects by Schindler,' *Canadian Architect* (Don Mills, Ontario), vol. 26, no. 2, February 1981, pp. 32–5

KAY SMALL, 'Hollywood Architects in International Contest,' *Hollywood Magazine* (Hollywood), December 1928, p. 9

KATHRYN SMITH, *The R. M. Schindler House, 1921–22*, Los Angeles 1987

ROBERT A. M. STERN, 'International Style: Immediate Effects,' *Progressive Architecture* (New York), vol. 63, no. 2, February 1982, pp. 106–9

WOLFGANG JEAN STOK, 'Befreites Wohnen,' *Archithese* (Zurich), March–April 1986, pp. 70–1

DIETMAR STEINER, 'Das Bild von Leben ist das Leben,' *Die Prese* (Vienna), 21 March 1986, p. 5

BO SUNDBERG, 'Fran Wien till Los Angeles (Rudolph Schindler and Richard Neutra),' *Arkitektur* (Stockholm), vol. 87, no. 8, pp. 60–62

ROBERT L. SWEENEY, 'Interview: Robert Sweeney, Executive Director of the Schindler House,' *Sites* (New York), no. 6, 1982, pp. 10–16

JAN TABOR, 'Baukünstler mit Atelier in der Werkzeugtasche,' *Kurier* (Vienna), 27 March 1986, p. 11

BRUNO TAUT, *Modern Architecture*, London 1929, pp. 9, 150–1

----*Die Neue Baukunst in Europa und Amerika*, Stuttgart 1929, pp. 178–9

DANIEL TREIBER, 'R. M. Schindler, 1887–1953,' *AMC* (Barcelona), no. 54 / 55, June / September 1981, pp. 117–30

OTTOKAR UHL, *Moderne Architektur in Wien von Otto Wagner bis Heute*, Vienna 1996, pp. 49, 89

MARCO VISCONTI and WERNER LANG, 'R. M. Schindler: Kings Road House, West Hollywood, 1921–22,' *Domus* (Milan), no. 746, February 1993, pp. 78–84

DEREK WALKER et al., 'The Morphology of Los Angeles and the Architecture of Los Angeles,' *Architectural Design* (London), vol. 51, no. 8 / 9, 1981, pp. 1–97

MARCUS WHIFFEN and FREDERICK KOEPER, *American Architecture 1607–1976*, Cambridge, MA 1982, pp. 334–7

LEON WHITESON, 'De Bretteville and Polyzoides: Remodeling a Historic Schindler House in Los Angeles,' *Architectural Digest* (New York), vol. 45, no. 4, April 1988, pp. 28–31, 62

RICHARD GUY WILSON, 'International Style: the MOMA Exhibition,' *Progressive Architecture* (New York), vol. 63, no. 2, February 1982, pp. 92–104

BRUNO ZEVI, 'R. M. Schindler: Austria California in una composizione diversa da Richard Neutra,' *L'Architettura* (Milan), vol. 6, October 1960, pp. 422–3

シンドラー作品の掲載文献

1912 *Der Architekt* (Vienna), vol. 29: Clubhouse for Actors, Vienna

1916 *Western Architecture* (Minneapolis and Chicago), vol. 24, November: works for Ottenheimer, Stern and Reichert

1917 *Western Architect* (Minneapolis and Chicago), vol. 2 S, April: project for Martin house, Taos

Catalog, *13th Annual Chicago Architectural Club Exhibition*: project for Martin house, Taos

1927 Bruno Taut, *Bauen* (Leipzig and Berlin), p. 56:

Pueblo Ribera, Lajolla

Bruno Taut, *Bauen der Neue Wohnbau* (Leipzig and Berlin), pp. 114–16: Pueblo Ribera, La Jolla

'Unusual Home is Built of Concrete and Glass', *Popular Mechanics Magazine* (Chicago), vol. 48, June, p. 969: Lovell house, Newport Beach

1928 *Moderne Bauformen* (Stuttgart), vol. 28, pt 2, November, pp. 475–6: Packard house, Pasadena

1929 Bruno Taut, *Die neue Baukunst in Europa und Amerika* (Stuttgart), pp. 178–9: Howe house, Los Angeles

Architectural Record (New York), vol. 65, January, pp. 5–9: Howe house, Los Angeles

Architectural Record (New York), vol. 66, no. 3, September, pp. 257–61: Lovell house, Newport Beach

1930 *Moderne Bauformen* (Stuttgart), vol. 6, June, p. 240 Lowes house, Eagle Rock

Architectural Record (New York), vol. 67, July, pp. 17–21: Pueblo Ribera, La Jolla

Western Architect (Minneapolis and Chicago), vol. 39, August, pls. 117, 118: Pueblo Ribera, La Jolla

1931 *Architectural Record* (New York), vol. 70, September, pp. 157–64: Wolfe house, Catalina Island

1932 *Creative Art* (New York), vol. 10, February, p. 112: Wolfe house, Catalina Island, and Elliot house, Los Angeles

T-Square (Philadelphia), vol. 2, February, pp. 20–21: Schindler-Chase House, Hollywood

Kokusai Kenchiku (Tokyo), vol. 8, April: Elliot house, Los Angeles

1933 *Architectural Review* (London), vol. 72, March, p. 117: Wolfe house, Catalina Island

Architectural Forum (Boston), vol. 58, pt 2, May, pp. 402–4: Sardi's Restaurant, Hollywood

Architectural Record (New York), vol. 74, August, p. 144:

project for 'A Gasoline Station'

1934 Reymond McGrath, *Twentieth-Century Houses* (London), pp. 42, 112, 120: Wolfe house, Catalina Island

Architectural Forum (Boston), vol. 61, October, p. 231: Elliot house, Los Angeles

1935 *California Arts and Architecture* (San Francisco), vol. 47, January, p. 8, 18–19: Oliver house, Los Angeles; Wolfe house, Catalina Island

American Architect (Boston), vol. 146, May, pp. 23–6, 70–71: Oliver house, Los Angeles

Vomag (Pasadena), vol. 3, May, p. 17: Wolfe house, *Catalina Island Architect and Engineer* (San Francisco), vol. 123, December, pp. 16–21, 26–7: Buck house, Los Angeles; Oliver house, Los Angeles; Wolfe house, Catalina Island

1936 *Kokusai Kenchiku* (Tokyo), vol. 12, March, pp. 56–7: Oliver house, Los Angeles

Clarte Art et art decoratif (Paris), vol. 9, February, cover and pp. 1–4: Oliver house, Los Angeles

Architectural Forum (Boston), vol. 65, pt 2, October, pp. 264–5: Buck house, Los Angeles

1937 *L'Architecture d'aujourd'hui* (Paris), vol. 8, no. 1, January, p. 63: Oliver house, Los Angeles

The Architect (London), February: McAlmon house, Los Angeles

The Architect and Building News (London), vol. 149, 19 February, pp. 240–41: Van Patten house, Los Angeles

Sunset (San Francisco), vol. 78, March, pp. 22–3: Oliver house, Los Angeles; Kaun house, Richmond

Architectural Record (New York), vol. 81, March, p. 89: Van Patten house, Los Angeles

Architectural Forum (Boston), vol. 66, April, pp. 340–41: McAlmon house, Los Angeles

California Arts and Architecture (San Francisco), vol. 51, May, p. 26: Kaun house, Richmond

Architectural Forum (Boston), vol. 67, July, pp. 31–2: Fitzpatrick house, Los Angeles

California Arts and Architecture (San Francisco), vol. 52, July, p. 28: McAlmon house, Los Angeles

Architectural Record (New York), vol. 82, September, pp. 87–8: Sunset Medical Buildings, Hollywood

The Architectural Forum, ed., *The 1938 Book of Small Houses* (New York), pp. 12–13: Kaun house, Richmond

1938 *Studio Yearbook of Decorative Art* (London): Buck house, Los Angeles; Fitzpatrick house, Los Angeles

Architect and Engineer (San Francisco), vol. 134, August, p. 10: Rodakiewicz house, Los Angeles

Kokusai Kenchiku (Tokyo), vol. 14, August: Van Patten house, *Los Angeles Architectural Forum* (Boston), vol. 69, November, pp. 362–3: Walker house, Los Angeles

Neustra Arquitectura (Buenos Aires), December, pp. 440–41: Walker house, Los Angeles

1940 James Ford and Katherine M. Ford, *The Modern House in America* (New York), pp. 101–3: McAlmon house, Los Angeles; Van Patten house, Los Angeles

California Arts and Architecture (San Francisco), vol. 57, November, p. 26: Rodakiewicz house, Los Angeles

1941 *Los Angeles Times Home Magazine*, 16 March, p. 6: Rodakiewicz house, Los Angeles

Pencil Points (New York), vol. 22, May, pp. 316–19, and October, p. 645: Rodakiewicz house, Los Angeles, and Pueblo Ribera, La Jolla

1942 *American Home* (New York), vol. 38, September, p. 48: Sachs apartments, Los Angeles

1943 *California Arts and Architecture* (San Francisco), vol. 60, January, pp. 32–3: Harris house, Los Angeles

1944 *Interiors* (New York), vol. 103, January, p. 41: Falk apartments, Los Angeles

Arts and Architecture (San Francisco), vol. 61, February, pp. 21–3: Bennati cabin, Lake Arrowhead

American Home (Garden City, NJ), vol. 31, April, pp. 18–19: Southall house, Los Angeles

Interiors (New York), vol. 103, August, p. 50 Pennington house, Thousand Oaks

1945 *Interiors* (New York), vol. 104, January, p. 82: Bethlehem Baptist Church, Los Angeles

1946 *California Plan Book* (San Francisco): Rodakiewicz house, Los Angeles; Van Dekker house, Canoga Park; Harris house, Los Angeles

The Californian (Los Angeles), vol. 1, May, pp. 58–9: Harris house, *Los Angeles Architects' Journal* (London), vol. 104, 25 July, pp. 65–6: Bennati cabin, Lake Arrowhead

Interiors (New York), vol. 106, August, pp. 75–100: Bubeshko apartments, Los Angeles

1947 *California plan Book* (San Francisco): Druckman house, Los Angeles

Architectural Forum (Boston), vol. 86, February, pp. 100–102: Van Dekker house, Canoga Park; Southall house, Los Angeles

Interiors (New York), vol. 107, August, p. 84: Falk apartments, Los Angeles

Sunset (San Francisco), vol. 99, December, p. 16: Presburger house, Studio City

1950 *Arts and Architecture* (San Francisco), vol. 67, January, pp. 36–7: Daugherty house, Encino

Perfect Home (Cedar Rapids, Iowa), March, pp. 8–9: Daugherty house, Encino

Arts and Architecture (San Francisco), vol. 67, April, p. 29: Lechner house, Studio City

1951 *Arts and Architecture* (San Francisco), vol. 68, November, p. 38: Toole house, Palm Village

シンドラー作品リスト（可能な限り年代順に示した）

1912
Hotel Rong, Vienna
Hunting lodge, Vienna
Clubhouse for Actors,
'Österreichischen Bühnenverein'
(for Hans Mayer and Theodor Mayer),
6 Dorotheergasse, Vienna. Still 1918
standing and in good condition
Crematorium and chapel,
'Totenfeld für eine 5 mill. Stadt,'
Vienna; 1912–13

1914
Summer house, near Vienna
Neighbourhood centre, Chicago
(Chicago Architectural Club competition)

1915
Eleven-storey hotel, Chicago
(for Ottenheimer, Stern and Reichert)
Bar, Chicago (for Ottenheimer,
Stern and Reichert), c. 1915
House for T. P. Martin, Taos, N. M.
Homer Emunim Temple and School, Chicago
(for Ottenheimer, Stern and Reichert); 1915–16

1916
Storefront Chicago
(for Ottenheimer, Stern and Reichert)
Central administration building, Chicago
(for Ottenheimer, Stern and Reichert); c. 1916
Women's club, Chicago
Remodelling of house for J. B. Lee,
street address unknown, Maywood,
Ill. Altered
Hampden Club (?), Chicago
(for Ottenheimer, Stern and Reichert)

1917
Melrose Public Park, Melrose, Ill.
'Log House', location not given; 1916
Buena Shore Club, Chicago
(for Ottenheimer, Stern and Reichert); 1917-18. Destroyed
Three-room house, Oak Park, Ill.

1918
Children's Corner, Chicago Art
Institute, Chicago

1919
One-room apartments, Chicago
(for Ottenheimer, Stern and Reichert)
Memorial Community Center, no street address given,
Wenatchee,
Wash. (for Frank Lloyd Wright).
Replanned
House for C. E. Staley, no street
address given, Waukegan,
Ill. (for Frank Lloyd Wright)
J. P. Shampay house, no street address
given, Chicago
(for Frank Lloyd Wright)
Workmen's Colony of 'Monolith Homes'
(for Frank Lloyd Wright)

1920
Temporary house for J. B. Irving,
Wilmette, Ill.
(for Frank Lloyd Wright)
Actor's Abode, apartment house
for actors, for Miss A. Barnsdall,
Olive Hill, Los Angeles
(for Frank Lloyd Wright)
Director's house for Miss A. Barnsdall,
Olive Hill, corner of Hollywood Blvd.
and Vermont Ave., Los Angeles
(for Frank Lloyd Wright).
Remodelled, in poor condition
Terrace stores for Miss A. Barnsdall,
Olive Hill, Los Angeles
(for Frank Lloyd Wright)
Oleanders, house for Miss A.
Barnsdall, Olive Hill, Los Angeles
(for Frank Lloyd Wright). Destroyed
Free Public Library, Bergen Branch,
Jersey City, H. J. (competition)
Double house, industrial housing
(for Los Angeles)

1921
Walt Whitman School, Los Angeles
First scheme for R. M. Schindler house, Hollywood

Double house for R. M. Schindler and
Clyde Chace, 833 N. Kings Rd., Hollywood; 1921–2.
Some remodelling in good condition
Bungalow court for J. Korsen,
Los Angeles
Sketch for apartment building for
Los Angeles
'The Playmart,' skyscraper of black
glass and aluminium, Los Angeles

1922
Beauty salon Helena Rubinstein,
Los Angeles. Destroyed
House for C. P. Lowes, Eagle Rock
(for Frank Lloyd Wright)
Apartment buildings for I. Binder
and H. Gross, Soto St., Los Angeles. Remodelled
Duplexes and small apartments
for O. S. Floren, Hollywood
(1 NE corner of Harper and Romaine;
2 NW corner of La Jolla and Romaine;
3 5075 Romaine); 1922–5.
All extensively remodelled Duplex for
Mrs A. M. Burrell, Hollywood.

Destroyed
Double dwelling for F. Henderson,
Los Angeles. Destroyed
Remodelling of apartment building
for B. Caplan and others,
Los Angeles. Destroyed
Duplex for Mrs E. E. Lacey, 830–832 Laguna Ave.,
Los Angeles.Remodelled
House for W. E. Kent, Los Angeles
Bungalow for P. L. Mix, Los Angeles
House for Mrs. L. Davies, Los Angeles;
c. 1922-4
House for M. P. Campbell.
Los Angeles
House for W. G. Duncan, Los Angeles
House for Mrs R. Lindquist,
Hollywood
Photographic studio for Miss V. Baker, Los Angeles; 1922 and
1924.
Destroyed
Apartment building for E. Temple, Hollywood
Cabin for P. Popenoe, Coachella;
1922 and 1924. Destroyed
House for Mrs. A. M. Burrell

First drawings for beach house for
Dr. P. M. Lovell, Newport Beach

1923
Apartment building for S. Friedman
and A. Kopley 115 N. Soto St.,
Los Angeles. Remodelle
Duplex for Mrs. A. L. Paine,
1024 Havenhurst Ave., Los Angeles.
Remodelled
House for Dr. P. M. Lovell, Hollywood
House for Dr. P. M. Lovell, Eagle Rock
(four different schemes). Destroyed
Alterations to Hotel Wind and Sea,
La Jolla, for T. E. Snell
House for Mrs. C. Warne, Los Angeles
House for Mrs. M. D. Baker,
Hollywood
New art room for the Hollywood Public Library, Hollywood
(with Douglas Donaldson)
Physical education club lodge for
Topanga Ranch, Topanga Canyon,
Los Angeles County
Store and hotel building for
J. E. Neville, Hollywood
Remodelling and additions to Helena
Rubinstein house, no street address
given, Greenwich, Conn.
Beach studio (and store) for E. Leswin
and H. Leepa, Castel La Mar.
Destroyed
Pueblo Ribera community for
W. L. Lloyed, 230 Gravilla St.,
La Jolla.
Remodelled, but basic form intact
House for Mrs W. Baker, Hollywood
Apartment building for Mrs C. Kruetzer,
1620–1626 N. Gower St., Los Angeles. Remodelled
'Four-Flat' building, 5427 Harold Way,
Los Angeles. Remodelled

1924
Sketch for a house in the desert for
P. Popinoff, Coachella; c. 1924?
Vacation house for Dr. P. M. Lovell,
Wrightwood. Destroyed
'Workmen's Colony', industrial
housing scheme for Gould, Bandini

Remodelling of apartment building for Mrs F. Braun, 6092 Selma Ave., Los Angeles. Remodelld

House for J. C. Packard, 931 N. Gainborough Dr. South Pasadena. Many Remodellings

The Peoples Bank, Los Angeles

House for A. Plotkin, Los Angeles

Garden wall and landscaping for Miss A. Barnsdall, Olive Hill, Los Angeles. Still extant

House for H. Levin, 2376 Dundee Pl., Los Angeles (Architectural Group for Industry and Commerce); 1924–33. In good condition

Nurembega Heights Hotel, Burbank

Harriman Colony, location not given; 1924–5

House for E. J. Gibling, Los Angeles. Destroyed

1925

Remodelling of Director's house and main residence for Miss A. Barnsdall Olive Hill, Los Angeles

Hotel and bungalow community Jor P. Popinoff, Coachella; c. 1925

House for J. E. Howe, 2422 Silver Ridge Ave., Los Angeles. Hipped roof added

First scheme for resort hotel, 'Hotel Elsinore', Elsinore (with A. R. Brandner and R. J. Neutra)

Wading pool and pergola for Miss A. Barnsdall, Olive Hill, Hollywood Blvd. and Edgemont St., Los Angeles. Intact

Photographic studio for Ambassador Hotel, Los Angeles

Bedroom for Dr. P. M. Lovell, Los Angeles. No longer extant

Ranch house for Dr. P. M. Lovell, Fallbrook. Destroyed

Furniture for the children's workshop, for Dr. P. M. Lovell, Los Angeles

Tea room for Mrs. O'Sullivan and Miss B. Kent, Los Angeles. Destroyed

Brudin house, El Monte

Apartment building for S. Breacher,
Los Angeles. Destroyed
Beach house for Dr. P. M. Lovell, 1242
Ocean Ave., Newport Beach; 1925–6.
Intact
Ranch house for C. Park, Fallbrook.
Destroyed

1926
Remodelling of house for F. M. Weiner,
1120 Court St., Los Angeles
House for Briggs, Newport Beach
Sketch for an exhibition room,
Berkeley; c. 1926
Studio for J. Morgenthau,
Palm Springs
House for Martec, Los Angeles,
1926-8
House for C. B. Price, Los Angeles,
c. 1926–8
Leah-Ruth Shop, Long Beach (AGIC).
Destroyed
Haines Health Food Store,
Los Angeles. Destroyed

Beach house for D. Lovell,
Newport Beach
Manola Court, apartment building
for H. Sachs, 1811-1813 Edgecliff Dr.,
Los Angeles; 1926–40.
In good condition
House for Mrs. K. Sorg, 600 S.
Putney Ave., San Gabriel. Remodelled
League of Nations Building
(international competition,
with R. J. Neutra)
Apartments for M. Brown, Hollywood
Hain house, Los Angeles (AGIC)
Apartment buildings for Hennessey
brothers, Los Angeles; c. 1926
Apartment building for Levy,
Los Angeles

1927
Furniture for S. Freeman house,
1695 Glencoe Way, Hollywood
Second scheme for resort hotel,
'Hotel Elsinore', Elsinore
(AGIC, with A. R. Brandner)

Five-storey apartment building for
J. H. Miller, Los Angeles (AGIC)
Four-storey class C apartment building
Pasadena (AGIC)
Aesop's Chest and Nosegay Store,
Los Angeles. Destroyed
Temporary outdoor poster exhibition
pavilion for Miss A. Barnsdall,
Olive Hill, Los Angeles
Garden Apartments,
Los Angeles (AGIC)
Alternate scheme for five-storey
apartment house for J. H. Miller
Los Angeles (AGIC)
Falcon Flyers Country Club,
near Wasco, Kern County (AGIC),
c. 1927–8
Oil mill for J. Napolitano, 676
Clover St., Los Angeles (AGIC)
Remodelling of house for J. E.
Richardson, 8272 Marmont Way,
Los Angeles (AGIC)
House for T. Zaczek,
Los Angeles (AGIC)
Translucent House for Miss A.
Barnsdall, Palos Verdes
Amusement center, garage and stores,
Los Angeles (AGIC), c. 1927

1928
Twin Harbor community,
Catalina Island (AGIC)
House for Slemons, Los Angeles
Art Gallery, Lake Merritt,
Oakland (AGIC)
House for H. Braxton, Venice, Calif.
An identical project at the same
address reappears in 1930 under
the name of V. B. Shore
Remodelling of Oleanders, house
for Miss A. Barnsdall, Olive Hill,
Los Angeles. Destroyed
The Golden Pyramid, also called
The Pyramid of Gold, Los Angeles
Summer house for C. H. Wolfe,
no street address given, Avalon,
Catalina Island. In good condition
Setting for Soul of Raphael,

for Opera and Drama Guild, at Trinity
Auditorium, Los Angeles
Braxton Gallery, Hollywood.
Destroyed
House for D. Grokowsky, 816
Bonita Dr., South Pasadena.
Remodelled, but basic form intact

1929
Hotel, Hollywood (AGIC)
Remodelling of house for H. D.
Diffen, Avalon, Catalina Island
Addition of studio, workroom,
and garage for Vorkapic, Beverly Hills
Coffee shop for hotel, Tucson
(for Tucson Holding Company)
Wolfe School of Costume Designing,
Los Angeles. Destroyed
Satyre Bookshop, Los Angeles.
Destroyed
Studio for an artist (location not given)
Lavana Studio Building for Sieburt,
Los Angeles
Automobile show room, Lincoln
Garage Building, Beverly Hills
(with H. Sachs). Destroyed
Store front for J. J. Newberry,
Los Angeles (with H. Sachs)
Cabin for W. Lingenbrink, Calabasas.
Destroyed
Store front for J. J. Newberry,
Los Angeles (with H. Sachs)
Paradise Resort, Ontario
Cabin No. 1 at Park Moderne,
Blackbird Way, Woodland Hills.
Remodelld, but basic form intact
Effie Dean Café, Los Angeles (AGIC)
Apartment building for Frankel,
Los Angekes
Remodelling of house for Vorkapic,
2100 Benedict Canvon, Beverly Hills.
Remodelled
Scheme for Easter puppet show,
Los Angeles; c. 1929

1930
Market for J. M. Cohan,
Los Angeles (AGIC)

Exposition building and park, Los Angeles

Remodelling of house and furniture for Gisela (Mrs. A.) Bennati, Los Angeles. Not fully carried out

Store building for E. George and S. Freeman, Los Angeles; 1930–31

House for R. F. Elliot, 4237 Newdale Dr., Los Angeles. In good condition

Hotel and subdivision for G. L. Wing, Banning (AGIC)

Nobby Knit Store, Los Angeles; c. 1930

Desert house for Kopenlanoff, Palm Springs

Subdivision scheme for Kopenlanoff Palm Springs, (AGIC)

Auditorium and civic centre, Richmond (competition; AGIC)

1931

Apartment house for Mrs. Cherry, 3910 S. Walton St., Los Angeles

Apartment for Hollywood Riviera Building Association, Hollywood

Remodelling of house for R. Marx, 1557 N. Courtney Ave., Los Angeles

Two-car garage for the residence of G. Stojano, 8501 Dahlia St., Los Angeles. In good condition

Highway bungalow hotels, no location given (AGIC)

First scheme for house for W. E. Oliver, Los Angeles

House for H. N. Von Koerber, 408 Monte d'Oro, Hollywood Riviera, Torranse

The Embassy Restaurant and Arcade, Los Angeles

1932

Speculative house No. 2, Park Moderne, Blackbird Way, Woodland Hills

House for F. Hanna, Los Angeles; c. 1932

House for Miss H. Lierd and Miss E. Todd, Los Angeles

House for J. Veissi. Hollywood;
1932–6

Bread Pit Stores, Los Angeles;
1932–3. Destroyed

Retail store and olive oil bath,
Lindsay; 1932 and 1935

Prototype service station for
Standard Oil Company

Donnell's Desert Hotel,
Twentynine Palms

Automobile store for Brown,
Smith and Moore, Los Angeles

Show windows for the May Co.,
Los Angeles (with A. R. Brandner
and B. P. Paradise)

Sardi's Restaurant No. 1, Hollywood;
1932–4. Destroyed

Lindy' Restaurant No. 1, Hollywood;
1932–4. Destroyed

1933

'Schindler Shelters'
(schemes for concrete and wood frame
single-family house)

Dance hall for O. K. Farr, Denver

House for W. E. Oliver, 2236
Micheltorena St., Los Angeles.
In good condition

Prototype service stations for
Union Oil Company, Los Angeles

Two schemes for house for E. Locke,
Los Angeles

Remodelling and living-room
furniture for Perstein, 111 Tamalpais
Rd, Berkeley

The Oven, retail bakery for Frederick,
Los Angeles. Destroyed

Dance-restaurant for S. Grauman,
Los Angeles

First concept for panal post
construction
(others in 1936 and 1938)

1934

Mountain cabin for Gisela (Mrs. A.)
Bennati, no street address given, Lake
Arrowhead; 1934-7. In good condition

House for J. J. Buck, 8th and Genesee

Sts., Los Angeles. In good condition
Remodelling of house for Dondo,
583 Tamalpais Rd., Berkeley
House for Haines, 5112 Alishia Dr., Dana Point;
1934-5. In good condition
Remodelling and furniture
for house of H. R. King, 10354
La Grange, Westwood
Remodelling of house for Mrs.
M. Kipp, 1773 Grifflth Park Blvd.,
Los Angeles; 1934 and 1937
Remodelling and furniture for
house of E. Pavaroff, 1641 N. Crescent
Heights Blvd., Los Angeles
Hollse for Ransom, Palm Springs
Remodelling of house for Mrs.
G. Rheingold, 8730 Sunset Blvd.,
Los Angeles
House at Leimert Park, Los Angeles
Service station for Mrs. Nerenbaum,
no location given
House for Miss E. Van Patten,
2320 Moreno Dr., Los Angeles;
1934–5 In good condition

1935
Remodelling of house for L. Stander,
2006 La Brea Terrace, Hollywood
Apartments for L. Stander, Los Angeles
Mountain cabins and hospital for
P. S. O'Reilly
House for P. Heraty, Los Angeles
House for R. G. Walker, 2100
Kenilworth Ave., Los Angeles;
1935–6. In good condition
First Baptist Church of Hollywood,
Hollywood
Double house for J. Dekeyser,
1911 Highland Ave., Hollywood.
In good condition
Two schemes for a house for M. Shep,
Lis Angeles
House for W. J. Delahoyde,
Los Angeles
Remodelling of house for L. Stander,
Los Angeles
Two schemes for M. Geggie house,
Pasadena; 1935–6

First sketch for main house and
secondary house for
Miss V. McAlmon, 2721 Waverly Dr.,
Los Angeles

1936
Beach house for Miss O. Zaczek,
114 Ellen Ave., Playa Del Rey;
1936–8. In good condition
House for C. C. Fitzpatric,
8078 Woodrow Wilson Dr.,
Hollywood Hills. In good condition
Sunset Medical Buildings for
A. Garland, 6642 Sunset Blvd.,
Hollywood. Extensively remodelled
Two schemes for a house for W. Jacobs,
Beverly Glen
Beach house for A. Kaun,
112 Western Dr., Richmond.
Remodelled House for E. Mack,
Hollywood
House for Schuettener, Los Angeles
Modern Creators Store Building,
corner of Holloway Dr. and
Palm Ave., Hollywood; 1936–8.
Extensively remodelled
Remodelling of house for S. Seligson,
1671 Orange Grove Dr., Los Angeles
Remodelling and furniture for
Seff house, address unknown,
Los Angeles
House for Mrs. F. Miller
(for Mrs. R. Shep), Los Angeles
House for Warshaw
(client not traced), Los Angeles
Craft workshop for M. Kipp,
Los Angeles. Destroyed
House for E. Pavaroff, Beverly Hills
House for E. Mack, Los Angeles
Furniture for Chaces, Los Angeles
House for Mrs. B. Berkoff,
Los Angeles; 1936–7
Main house and secondary house for
Miss V. McAlmon, 2721 Waverly Dr.,
Los Angeles. In good condition

1937
Store buildings for W. Lingenbrink,

8750 Holloway Dr., Holloway Dr.,
Hollywood. Additions in 1946
House No. 2 for C. P. Lowes,
Eagle Rock. Destroyed
House for H. Rodakiewicz,
9121 Alto Cedro Dr., Los Angeles.
In good condition
Beach colony for A. E. Rose,
no location given. Identical with
Cabania City project, Santa Monica
Remodelling of house and furniture
for H. Warren, 1115 N. Beverly Dr.,
Hollywood Hills
Beach house for R. R. Ryan,
no location given
House for N. Renisoff, Los Angeles

1938
Remodelling of house for P. Yates,
1735 Micheltorena St., Los Angeles.
In good condition
Apartment building for A. L.
Bubeshko, 2036 Griffith Park Blvd.,
Los Angeles; later addition, 1941.
In good condition
Apartment building for I. Rosenthal,
Los Angeles
Studio-house for Mrs. A. Sharpless,
Los Angeles
Studio-house for Mrs. M. Southall,
1855 Park Ave., Los Angeles.
In good condition
House for A. Timme, Los Angeles
House for S. N. Westby, 1805
Maltman Ave., Los Angeles.
In good condition
House for G. C. Wilson, 2090 Redcliff
St., Los Angeles. In good condition
House for H. Wolff, Jr.,
4008 Sunnyslope Ave., Studio City.
In good condition
Speculative house No. 3,
Park Moderne, Woodland Hills.
Destroyed
House for K. Francis, Hollywood Hills
House for F. Hanna, Los Angeles
Photographic shop for Morgan,
Hollywood

House for R. Shep, Los Angeles.
Other schemes in 1935 and 1936
House (including apartments) for
Burke, Newport Beach
House for E. Djey and M. Aldrich,
Los Angeles
Interior of Lockheed 27, 24-passenger airplane,
two alternate schemes (with H. Sachs)

1939
Apartment building for S. T. Falk,
3631 Carnation Ave., Los Angeles.
In good condition
Remodelling of house for Goodman,
2149 Casitas Ave., Altadena Stores for
W. Lingenbrink, 12560 Ventura Blvd,
Studio City; later stores designed and
built in 1940, 1941, and 1942,
Remodelled
House for A. Bissiri, Los Angeles
House for T. Balkany,
North Hollywood
The Hub Office Building, Los Angeles
Apartment building for
Mrs. P. Mackey, 1137 S. Cochran Ave.
Los Angeles. In good condition
Remodelling of house for Miss A. M. Wong,
address unknown, Santa Monica

1940
House for Droste, 2035 Kenilworth
Ave., Los Angeles. In good condition
House for S. Goodwin, 3807 Reklaw
Dr., Studio City. Some remodelling
Remodelling and furniture for
house of G. H. Hodel, 1800
Huntington Dr., San Marino
House for J. Rodriguez, Glendale
Lapotka Apartments, Los Angeles
Three speculative house, 423, 429 and 433 Ellis Ave.,
Inglewood (with E. Richard Lind); c. 1940
House for A. Van Dekker, 5230 Penfield Ave.
(to the rear of property), Canoga Park. In good condition
House for A. M. Sax, Los Angeles
House for J. Strader, North Hollywood
House for N. M. Taylor,
South Pasadena

1941

House for J. Rodriguez, 1845
Niodrara Dr., Glendale
House for B. Carre, Los Angeles
House for Hartian, Hollywood Park
Studio-house for H. Hiler, Hollywood.
Destroyed
House for W. Byers, Van Nuys
House for E. J. Gibling, Los Angeles
House for J. Druckman, 2764 Outpost
Dr., Los Angeles. Some remodelling
Karz Apartments, Los Aneles
House for M. Periere, Los Angeles

1942

Automobile trailer
Remodelling of house for Albers,
2781 Outpost Dr., Los Angeles
House for R. L. Harris, Los Angeles.
Destroyed
Officers' Club, Palm Springs
Remodelling of ranch house
'Pen Oaks', for J. Pennington,
Thousand Oaks, Camarillo.
In good condition
Apartment building for Mrs S. T. Falk,
Los Angeles; 3 alternate schemes

1943

Remodelling of house for Langley,
841 Stone Canyon, Brentwood
Remodelling of house for C. Marker,
Los Angeles
House for A. Fisher, Los Angeles
Remodelling of house for
K. Howenstein, South Pasadena

1944

Bethlehem Baptist Church, 4900 S.
Compton Ave., Los Angeles.
In good condition
Remodelling of Hollywood Women's
Club, Los Angeles
Remodelling of house for Litt, 3050
Menlo, Glendale
Remodelling of house for
Mrs H. Nickerson, 681 Norton St.,
Los Angeles

Remodelling of duplex for C. Rosoff, 6000–6002 La Prada Park, Los Angeles
Remodelling of apartment for K. K. Thomasset, Los Angeles
Remodelling of house for W. A. Starkey, 2330 Merrywood, Los Angeles
Addition of studio to house for R. Sabsay, Los Angeles

1945
House for D. M. H. Braden, North Hollywood
House for M. Compinsky Burbank
House for J. G. Gold, 3758 Reklaw Dr., Los Angeles. Some remodelling
Medical Arts Building, 12307 Ventura Blvd, Studio City. Some remodelling
House for F. Presburger, 4255 Agnes Ave., Studio City. Some remodelling
House for R. Roth, 3624 Buena Park Dr., North Hollywood. Some remodelling
House for H. Schick, North Hollywood
Hotel Jor L. Anson, no location given

1946
House for F. Daugherty, 4635 Louise Ave., Encino. Some remodelling
Kermin Medical Building, Los Angeles
Desert house for M. Toole, Palm Village, no street address given. In good condition
House for M. Kallis, 3580 Multiview Dr., Studio City. In good condition
Remodelling of house for C. E. Harvey, Los Angeles
House for Mrs. F. Howatt, Laguna Beach
Lord Leigh Showroom and Office (remodelling of interior of existing building), 847 S. Santee, Los Angeles
Redesdale Avenue Apartments, Los Angeles
House for R. M. Spangler, Los Angeles
Pottery works for Miss P. West, Los Angeles. Destroyed
Medical office for E. Tietz

(remodelling of interior of existing
building), Los Angeles; 1946-9.
Destroyed
House for J. L. Armon, 470 W. Avenue 43,
Los Angeles; 1946-9.
In good condition
Apartments for L. Gallagher,
Los Angeles

1947
House for M. Mangaldas, Los Angeles
Remodelling of house for Courcio,
Los Angeles
Rest home for H. Schick and
Assosiates, Los Angeles
Duplex for F. Virginia, Los Angeles
House for T. Trumbo, Los Angeles
House for A. Borisof, Los Angeles
Theoretical space development

1948
House for R. Lechner, 11606 Amanda
Dr., Studio City. Some remodelling
Motel for H. Schick and Associates,
Los Angeles
House for E. J. Gibling, Los Angeles.
See also 1941
Apartment building for P. P. Ott,
Beverly Hills
Laurelwood Apartments, 11833
Laurelwood Dr., Studio City.
In good condition
House for M. Sax, Los Angeles
Drive-in theatre, Los Angeles (?)

1949
Washington Palace Motel for H.
Schick, Los Angeles
House for A. Tischler, 175 Greenfield
Ave., Bel Air, 1949-50.
In good condition
House for Miss E. Janson,
8704 Skyline Dr., Hollywood Hills.
Remodelled
Beverly Hills penthouse, Beverly Hills
House for L. Blembel, Hollywood
Remodelling of house for B. Myers,
2040 Oakstone Way, Hollywood

House for Miss B. Inaya, Beverly Hills;
c. 1949–50

1950
House for W. E. Tucker, 8010
Fareholm, Dr., Hollywood.
Some remodelling
House for M. Ries, 1404 Miller Dr.,
Los Angeles; 1950-51.
Some remodelling
Remodelling of house for D. Gondon,
6853 Pacific View Dr.,
Hollywood Hills. In good condition
Building for Kaynor Manufacturing Company, 811 E. 17th St.,
Los Angeles
Additions to beach house for
Mrs. O. Zaczek, Playa del Rey
House for R. Erlik, 1757 Curson Ave., Hollywood; 1950–51.
Some remodelling
House foe S. Skolnik, 2567 Glendower
Ave., Los Angeles; 1950–52.
In good condition

1952
Apartment, Los Angeles
House for O. Elmer, Hollywood
Remodelling of existing house into
duplex for Esther McCoy (Tobey),
2434 Beverly Blvd., Santa Monica.
Never fully completed
House for Schlesinger, 1901 Myra
Ave., Los Angeles. In good condition

1953
Remodelling of house for S. Marks,
1052 Manzanita St., Los Angeles

さらなるシンドラー理解のために［読書ガイド］

James Steele, *R. M. Schindler*, Taschen, 2019.

シンドラーの生涯を簡潔に記した記述とシンドラーの主要な作品の図面・写真、実現作品リストなどからなる書。図面や写真もカラーのものが多く、判型もコンパクトで、シンドラーに関する入門書としては格好の書である。

Getty Museum, *OVERDRIVE, L.A. Constructs, The Future 1940-1990*, Getty Publications, 2013.

ゲティ・ミュージアムで開催された同名の展覧会のカタログである。一九世紀半ばのゴールド・ラッシュまでは砂漠同然であったロサンゼルスが、二〇世紀にはメトロポリスへと変貌を遂げる過程を、デザインの展開とともに示さんとする展覧会である。シンドラーが、生涯の活動の地とし、活動を開始する一九二〇年代では、まだまだ閑散とし、茫漠とした拡がりを呈していたロサンゼルスという地とその後の変容が理解されよう。

ロサンゼルス郡立美術館編『カリフォルニア・デザイン 1930-1965　モダン・リヴィングの起源』新建築社、二〇一三

二〇一一年にロサンゼルス郡立美術館において行われた、同名の展覧会のカタログの邦訳である。いわゆるミッド・センチュリー・モダンの代名詞とも言える、カリフォルニアにおけるデザインへの試みを包括的にまとめた書籍である。

Thomas S. Hines, *Architecture of the Sun, Los Angeles Modernism 1900-1970*, Rizzoli, 2010.

リチャード・ノイトラに関する碩学で、ロサンゼルスの近・現代建築に関する多数の著作を有する筆者による、ロサンゼルス近代建築の形成とその発展過程を詳細に記した待望の書。七〇〇頁を越える大部の本書において、これまで断片的に研究が進められてきたロサンゼルス近代建築について包括的に論じられており、本書によりロサンゼルス近代建築の全貌とその現代的意義が明らかにされている。

田中厚子、村角創一・写真『アメリカの名作住宅に暮らす』建築資料研究社、二〇〇九

アメリカ近代建築の住宅に幅広い知識を有する筆者による、アメリカの近代から現代にかけての名作で現存する住宅一六題に関する著。著者による解説はもちろん、居住者へのインタビューなども含まれる。シンドラーの住宅については二題が取り上げられている。

Julius Shulman／Pierluigi Serraino, *Julius Shulman Modernism Rediscovered*, Taschen, 2009.
ロサンゼルスを拠点に、その近代建築の展開を写真を通して広く世に知らしめたジュリス・シュルマンの写真を編纂した書。ロサンゼルス近代建築がいかに芳醇なものであったかを窺い知ることができる。なお、二〇〇七年にはシュルマンの集大成ともいえる書籍が、同書名で大判の一〇〇〇頁を超える三部作として同社から発行されている。

Tim Street-Porter, *L.A.MODERN*, Rizzoli, 2008.
ライト、グリーン・アンド・グリーンからシンドラーやノイトラを経てゲーリーまでの、ロサンゼルスの二〇世紀の名建築の写真集。

Judith Sheine, *R.M. SCHINDLER*, Phaidon, 2001.
本書の著者デヴィッド・ゲバードに代わり、新たにシンドラー研究の第一人者となったジュディス・シャインによる本格的なシンドラー論であり、現在ではシンドラーに関する論考の決定版ともいえよう。シンドラーの生涯に準じて考察を重ねていく点は、ゲバードによる本書とも通ずるものがあるが、ゲバードがどちらかというとスタイルに重きをおいて論を進めていたのに対し、本書では、シンドラーの特性を解明するために、著者が新たに平面図や断面図をスライス状に描き下ろして分析を重ねることで、シンドラーの空間創造の特性そのものが明確化され、新たなシンドラー像が結ばれることとなった。

***The Architecture of R. M. SCHINDLER*, MoCA／Harry N. Abrams, 2001.**
ロサンゼルス現代美術館で開催されたシンドラー展に合わせ出版された展覧会のカタログである。これまで未出の図面やドローイング・写真なども多数掲載され、なかでも、シンドラーの初期の活動や後期の活動といった、これまで十分検討されたとは言えない部分にまで検討を重ねている点に特色がある。

Kathryn Smith, *Schindler House*, Harry N. Abrams, 2001.
シンドラーの自邸である「キングス・ロードの自邸」のパンフレット。建設当時の写真や原図、当時のシンドラーやこの自邸にまつわるエピソードが紹介されている。「キングス・ロードの自邸」で購入可能。また、同著者・同書名で、本書の内容をより充実させた書籍もある。

R. M. Schindler『建築文化』彰国社、vol.54、no.635、一九九九年九月
我が国においてシンドラーを単独で特集した初めてで、現在のところ唯一の建築雑誌。シンドラーの住宅作品一三題をはじめ、国内外のシンドラーをよく知る識者による論考からなる。

R. M. Schindler : 10 Houses, 2G, No.7, 1998.
シンドラーの住宅作品一〇題を大判のカラー写真や図面で紹介している。ジュディス・シェインによる解説のほか、エンリック・ミラレスやマイケル・ロトンディによるシンドラー論を掲載している。

Judith Sheine, *R. M. Schindler*, Editorial Gustavo Gill, 1988.
GGによるワークス・アンド・プロジェクト・シリーズの一冊。シンドラーの作品や計画案を数多く収録している。コンパクトな判型で比較的安価なものではあるが、シンドラーの作品を概観するには十分な内容を有している。

ウエンディー・ケプラン、梅宮弘光訳「ユートピアの建設――アメリカ西海岸の先駆的モダニズム」『デザインのモダニズム』鹿島出版会、一〇七―一三〇頁、一九九七
カリフォルニアの近代建築の形成過程とその特色を簡潔に整理している。

Marla C. Berns ed., *The Furniture of R. M. Schindler*, University of Washington Press, 1996.
シンドラーの家具に関する展覧会のパンフレット。住宅別に建築と家具のデザインに関する考察が加えられている。また、シンドラーによる家具に関する論文も収録している。

James Steele, *How House: R. M. Schindler*, Academy Editions, 1996.
アカデミー・エディションズによる歴史的建築作品集の第六巻。シンドラーの二〇年代の作品であるハウ邸を取り上げたもので、居住者でもあったライオネル・マーチ（元カリフォルニア大学ロサンゼルス校建築学科教授）によるプロポーションに関する論考のほか、シンドラーとハウ氏の書簡も収録している。

Peter Noever ed., MAK Center for Arts and Architecture : *R. M. Schindler*, Prestel-Verlag, 1995.
キングス・ロードの自邸は、現在、MAK Center, LAとして、MAK-Austrian Museum of Applied Arts, Viennaと共同で芸術や

建築に関する展覧会等を行っている。本書は、MAKの概要とともに、現存するシンドラーの作品を紹介している。

ケース・スタディ・ハウスII—もうひとつの視点
『at』デルファイ研究所、一九九四年五・六月号

ケース・スタディ・ハウスの源流としてシンドラーを取り上げ、「キングス・ロードの自邸」の管理者やマッカルモン邸の居住者へのインタビューを収録している。

Lionel March and Judith Sheine ed., *RM Schindler : Composition and Construction*, Academy Editions, 1993.

ゲバードによるシンドラー論が、シンドラーの生涯の中でも、比較的一九二〇~三〇年代に重きを置いたものとなっていることをふまえ、シンドラーの一〇年代の自己形成期、そして四〇年代のシンドラーの後年の思想や作品とともに、二〇~三〇年代の代表的な作品に関して詳細な分析がなされた論集。大部の書ではあるが、バランスのとれた論集で、シンドラーへの理解を深めるためには必須の書ともいえる。

David Gebhard ed., *The Architectural Drawings of R. M. Schindler*, Garland Publishing, Inc., 1993, vol. 1- vol.4.

カリフォルニア大学サンタバーバラ校の建築図面コレクションが所有するシンドラーのすべての原図を収録した三〇〇〇ページに及ぶ図面集。

神田駿『「集合住宅」の再発見』相模書房、一九九〇

シンドラーのプエブロ・リベラ・コート、サッシュ・アパート、ローレルウッド・アパートの三軒の集合住宅について、それらの空間構成を、数多くの分析図で示すとともに、シンドラーの集合住宅の現代的意義を論じたもの。

August Sarnitz, *R. M. Schindler : Architect*, Rizzoli, 1988.

シンドラーの全論文や代表的な作品の写真・図版、そしてシンドラーの全作品リストといった一次資料が収録されたもので、シンドラー研究には必須の書である。

ロスアンジェルス・モダニズム『SD』鹿島出版会、一九八四年五月号

八束はじめ氏によるロサンゼルス近代建築の特性を示した論考をはじめ、菊池誠氏によるシンドラー論、さらに渡辺真理氏によるマッコイへのインタビュー等を収録している。なお、マッコイへのインタビューについては、岸和郎・植田実監修:『ケース・スタディ・ハウス』（住まいの図書館出版局、一九九七年）に再録されている。

Esther McCoy, Vienna to Los Angeles: Two Journeys, Arts + Architecture Press, 1979.

シンドラーとノイトラの親交から日々の活動まで、シンドラーの下で働き、その後も、ロサンゼルス近代建築と併走してきた、マッコイならではのエピソードにあふれた書。シンドラーとノイトラの書簡や、シンドラーとサリヴァンの書簡も収録している。

Esther McCoy, Five California Architects, Hennessey and Ingalls, Inc., 1987.

初版は一九六〇年に出版された。メイベック、ギル、グリーン兄弟、そしてシンドラーといったカリフォルニア近代建築の先駆者に関する評伝集であり、カリフォルニアにおける近代建築を再評価する出発点となった記念碑的な書である。マッコイはまた、カリフォルニア近代建築の第二世代をあつかった、Second Generation, Peregrine Smith Books, 1984. や、ケース・スタディ・ハウスをあつかった、Case Study Houses 1945-1962, Hennessey and Ingalls, Inc., 1977.（初版は一九六二年）を著している。

さらに、わが国の建築雑誌では、GA Housesが26号、53号、56号といったように、シンドラーの作品を取り上げることが比較的多い。

訳者あとがき

「この展覧会は、近年の創造的な建築を展示するものではなく、いわゆるインターナショナル・スタイルを中心とするものであると私には思われます。もしそうであれば、この展覧会に私の場所はないでしょう。私は、様式主義者でも、機能主義者でも、スローガンを唱える建築家でもないのです。私の作品は、おのおのに固有の建築的な課題を扱うものなのであり、これは現在の合理主義的な機械化社会において全く省みられないものです。住宅が、真に住宅であるのかということが、スチールやガラス、パテや空調設備でできているのかということより、私にとっては重要な問題なのです」。

シンドラーのフィリップ・ジョンソンへの書状（一九三二年）

ルドルフ・シンドラーは、あらゆる意味で辺境の建築家であった。ワーグナー、ロース、ライトに学び、カリフォルニアのモダン・デザインを先導し、一九二〇年代における近代建築の代表作の一つとされるキングス・ロードの自邸やロヴェル・ビーチハウスを設計するが、ノイトラに比べ、国際的な評価を得ないまま、その生涯を閉じる。

では、なぜ辺境の建築家にとどまったのか。その理由の一端を、シンドラーがジョンソンにあてた手紙に窺える。彼は、機能性や合理性、そしてスタイルといった二〇世紀前半の建築にとっての主要なテーマやその形式からの逃走を続けたのである。

近年、シンドラーに関する出版が相次ぎ、彼の再評価が進みつつある。これも辺境の建築家ゆえに、現在まで見過ごされていたさまざまな可能性が認められつつあるのであろう。そして、これらすべてのシンドラー論の起点となるのが本書、David S. Gebhard, *Schindler*, William Stout Publishers, 1997である。

著者であるデヴィッド・スタンレイ・ゲバード氏は一九二七年に生まれ、一九五八年にミネソタ大学を卒業し芸術学および建築史の学位を取得した。その後、ニューメキシコ大学教授、ロズウェル美術館・アートセンターのディレクターを務める。一九六一年からはカリフォルニア大学サンタバーバラ校美術学部助教授を経て同校教授。また同大学美術館のディレクターを兼務した。一九六三年には、同大学内に建築図面コレクションを創設している。ロサンゼルス近代建築史を中心に五〇冊をこえる書籍・展覧会のカタログを執筆するとともに、論文も多数に及び、ロサンゼルス近代建築史の第一人者のみならずアメリカ建築史界の重鎮となる。代表的なものとしては、本書をはじめ、『シンドラー建築図面集』、『ロサンゼルスの一九三〇年代』、『ロマンザ：ライトのカリフォルニア建築』、『ロサンゼルス建築ガイド』、『サンフランシスコ建築ガイド』等がある。近年では、全米の建築遺産の総覧で『ミネソタ州』、『アイオワ州』、『アールデコ』の各巻を執筆している。一九九六年逝去。

ゲバード氏が主管をしていたカリフォルニア大学・サンタバーバラ校の建築図面コレクションは、アメリカを主とした建築家の原図を多数収蔵していることで、世界的にも有名なもので、このコレクションについては、わが国でも鹿島出版会から故谷川正己先生の訳により『図面で見るアメリカの建築――ジェファソンからヴェンチューリまで』（一九八〇）として上梓されている。このコレクションの中でもっとも充実しているのが、シンドラー・アーカイブで、ここには、すべての原図、スペックシート、手紙をはじめとする大量の史料が保管されており、シンドラー研究の聖地となっている。本書は、これらの資料を精緻に再構成することで、シンドラーの活動とその意義を示したもので類例はない。本書は、一九七一年に初版が出版され、一九八〇年に第二版が、その後、一九九七年に第三版が出版された。この第三版は、文章こそ変わりはないものの、図版がより充実したものとなっており、訳書はその第三版を原書とした。

訳者がシンドラーに興味を抱いたのは、ワシントン大学留学中の建築行脚においてであった。キングス・ロードの自邸を見た時、現在も変わらぬご指導をいただいている安田丑作先生（神戸大学名誉教授）からいただいた修士論文のテーマ「アメリカの建築家であり、日本と関係のある建築家」というアドバイスに適った対象を見いだしたことを確信した（シンドラーについて少し勉強を始めると、アメリカ人でもなく、日本との直接的な関係も見いだしがたいことがすぐに判明することになる。強いて言えば、キングス・ロードの自邸の透視図に明らかな浮世絵からの影響をライト経由で受けているのかもしれない。しかし、それ以上に、キングス・ロードの自邸の空間に「日本」を感じ取ってしまったのである。さらに日本文化に関する様々な考察から実践へと結びつけておられる原研哉氏が『低空飛行―この国のかたちへ』（岩波書店、二〇二二）において、キングス・ロードの自邸をこれからの日本の建築のあり方の一つとして捉えられておられることも、訳者の意を改めて強くさせるものとなった）。

しかし、キングス・ロードの自邸、ロヴェル・ビーチハウス、バック邸、そしてテッシラー邸やジャンソン邸へといたる、シンドラーの作品の展開にとうてい理解が及ばず、それが訳者の興味をより強くした。そうした過程で、シンドラー・アーカイブの存在を知ることとなる。当時は、まだザルニッツ氏によるシンドラーの言説や作品を整理した著作も出版されておらず、とにかく資料を得たいとシンドラー・アーカイブを訪れた。その際、対応していただいたのがゲバード先生であった。大変お忙しいであろうに長時間にわたって資料を丁寧にご説明くださり、数多くの資料を頂戴した。それ以降、ロザンゼルスに行くたびに、サンタバーバラまで足をのばし、先生にお目にかかるのを楽しみにしてきた。ゲバード先生は、日本の人びとにも是非シンドラーのことを知ってほしいと何度も仰っていた。あいにく先生の生前には間に合わなかったものの、本書が出版できて、先生への恩返しが少しはできたのではないかと思っている。

故嶋田勝次先生（神戸大学名誉教授）、安田丑作先生、そして三輪康一先生（神戸大学名誉教授）には、訳者に研究者としての途を拓いていただいただけでなく、適切なご指導と温かいご援助を賜り、まず、これらの先生方からの学恩に謝意を表します。また、常日頃、さまざまな形で訳者を支えてくださる増岡亮大手前大学准教授、栗山尚子神戸大学准教授、後藤沙羅神戸大学助手にも謝意を表します。

近年、折にふれてシンドラーのことに言及されている隈研吾先生には、シンドラーとノイトラの形式への距離の差異とともに、シンドラーの常に形式から逃走する姿勢とその作品の現代的な意義を論じた序文をいただき、本書に新たな拡がりを与えていただきました。

また、一九九九年版では、鹿島出版会の故平田翰那社長に、シンドラーというマイナーな建築家の評伝を出版する機会を与えていただいただけでなく、訳出中は、辛抱強い叱咤激励をいただきました。そして今回、ＳＤ選書の一冊にと熱心に導いてくださった渡辺奈美氏と三宮七重氏。これらの方々に、この場を借りて謝意を表します。

最後に、訳者を終始変わらず見守り励ましてくれ、温かな理解と協力を差しのべてくれた、今は亡き父茂樹と母三枝、そして、平日・休日、朝・夜も構わず好きなことだけをする夫そして父を許し続けてくれている妻真紀、長女葉、長男海にも感謝したい。

二〇二三年三月　　末包伸吾

索 引（太字は図番号を表す）

［著者］

デヴィッド・スタンレイ・ゲバード　David Stanley Gebhard

一九二七年生まれ。一九五八年ミネソタ大学卒業、芸術学および建築史の学位を取得。その後、ニューメキシコ大学教授、ロズウェル美術館アートセンターのディレクターを務める。一九六一年からカリフォルニア大学サンタ・バーバラ校美術学部助教授を経て同教授、大学美術館のディレクターを兼務し、一九六三年には建築図面コレクションを創設。ロサンゼルス近代建築史を中心に五〇冊を超える書籍・展覧会のカタログを執筆するとともに、論文も多数に及び、ロサンゼルス近代建築史の第一人者のみならずアメリカ建築史界の重鎮となる。一九九六年逝去。『シンドラー建築図面集』『ロサンゼルスの一九三〇年代』『ロマンザ：ライトのカリフォルニア建築』『ロサンゼルス建築ガイド』『サンフランシスコ建築ガイド』、全米建築遺産の総覧『ミネソタ州』『アイオワ州』『アールデコの』各巻を執筆。

［訳者］

末包伸吾　すえかね・しんご

一九六三年大阪府生まれ。一九八六年神戸大学工学部建築学科卒業。一九八九年ワシントン大学大学院建築・都市計画学部建築学科修了（建築学修士）。一九九〇年神戸大学大学院工学研究科建築学専攻修了（工学修士）。一九九〇—一九九四年鹿島建設建築設計本部建築設計部。一九九四—一九九九年神戸大学工学部建設学科助手。一九九六年博士（工学）（神戸大学）。一九九九—二〇〇九年神戸大学工学部建設学科（建築学科）助教授・准教授。二〇〇九—二〇一四年関西大学環境都市工学部建築学科教授。二〇一四年より神戸大学大学院工学研究科建築学専攻教授。

本書は一九九九年に刊行した
『ルドルフ・シンドラー　カリフォルニアのモダンリビング』の改訳新装版です。

SD選書274
ルドルフ・シンドラー

二〇二三年六月二五日　第一刷発行

訳　者　末《すえ》包《かね》伸《しん》吾《ご》
発行者　新妻　充
発行所　鹿島出版会
〒一〇四―〇〇六一　東京都中央区銀座六―一七―一
銀座6丁目-SQUARE 七階
電話　〇三（六二六四）二三〇一
振替　〇〇一六〇―二―一八〇八八三

印刷・製本　三美印刷

ISBN 978-4-306-05274-1 C1352

URL: https://www.kajima-publishing.co.jp/
e-mail: info@kajima-publishing.co.jp

SD選書目録

四六判（＊＝品切）

001 現代デザイン入門 勝見勝著
002* 現代建築12章 L・カーン他著 山本学治訳編
003* 都市とデザイン 栗田勇著
004* 江戸と江戸城 内藤昌著
005 日本デザイン論 伊藤ていじ著
006* ギリシア神話と壺絵 沢柳大五郎著
007 フランク・ロイド・ライト 谷川正己著
008 きもの文化史 河鰭実英著
009 素材と造形の歴史 山本学治著
010* 今日の装飾芸術 ル・コルビュジエ著 前川国男訳
011 コミュニティとプライバシイ C・アレグザンダー著 岡田新一訳
012* 新桂離宮論 内藤昌著
013 日本の工匠 伊藤ていじ著
014 現代絵画の解剖 木村重信著
015 ユルバニスム ル・コルビュジエ著 樋口清訳
016* デザインと心理学 穐山貞登著
017 私と日本建築 A・レーモンド著 三沢浩訳
018* 現代建築を創る人々 神代雄一郎編
019 芸術空間の系譜 高階秀爾著
020 日本美の特質 吉村貞司著
021 建築をめざして ル・コルビュジエ著 吉阪隆正訳
022* メガロポリス J・ゴットマン著 木内信蔵訳
023 日本の庭園 田中正大著
024* 明日の演劇空間 尾崎宏次著
025 都市形成の歴史 A・コーン著 星野芳久訳
026* 近代絵画 A・オザンファン他著 吉川逸治訳
027 イタリアの美術 A・ブラント著 中森義宗訳
028* 明日の田園都市 E・ハワード著 長素連訳
029* 移動空間論 川添登著
030* 日本の近世住宅 平井聖著
031* 新しい都市交通 B・リチャーズ著 曽根幸一他訳
032* 人間環境の未来像 W・R・イーウォルド編 磯村英一他訳
033 輝く都市 ル・コルビュジエ著 坂倉準三訳
034 アルヴァ・アアルト 武藤章著
035* 幻想の建築 坂崎乙郎著
036* カテドラルを建てた人びと J・ジャンペル著 飯田喜四郎訳
037 日本建築の空間 井上充夫著
038* 環境開発論 浅田孝著
039* 都市と娯楽 加藤秀俊著
040* 郊外都市論 H・カーヴァー著 志水英樹訳
041* 都市文明の源流と系譜 藤岡謙二郎著
042* 道具考 榮久庵憲司著
043 ヨーロッパの造園 岡崎文彬著
044* 未来の交通 H・ヘルマン著 岡寿麿訳
045* 古代技術 H・ディールス著 平田寛訳
046* キュビスムへの道 D・H・カーンワイラー著 千足伸行訳
047* 近代建築再考 藤井正一郎著
048* 古代科学 J・L・ハイベルク著 平田寛訳
049 住宅論 篠原一男著
050* ヨーロッパの住宅建築 S・カンタクシーノ著 山下和正訳
051* 都市の魅力 清水馨八郎、服部銈二郎著
052* 東照宮 大河直躬著
053 茶匠と建築 中村昌生著
054* 住居空間の人類学 石毛直道著
055* 空間の生命 人間と建築 坂崎乙郎著
056* 環境とデザイン G・エクボ著 久保貞訳
057* 日本美の意匠 水尾比呂志著
058* 新しい都市の人間像 R・イールズ他編 木内信蔵監訳
059 京の町家 島村昇他編
060* 都市問題とは何か R・パーノン著 片桐達夫訳
061 住まいの原型Ⅰ 泉靖一編
062* コミュニティ計画の系譜 佐々木宏著
063* 近代建築 V・スカーリー著 長尾重武訳
064* SD海外建築情報Ⅰ 岡田新一編
065* SD海外建築情報Ⅱ 岡田新一編
066* 天上の館 J・サマーソン著 鈴木博之訳
067 木の文化 小原二郎著
068* SD海外建築情報Ⅲ 岡田新一編
069* 地域・環境・計画 水谷穎介著
070* 都市虚構論 池田亮二著
071 現代建築事典 W・ペーント編 浜口隆一他日本語版監修
072* ヴィラール・ド・オヌクールの画帖 藤本康雄著
073* タウンスケープ T・シャープ著 長素連他訳
074* 現代建築の源流と動向 L・ヒルベルザイマー著 渡辺明次訳
075* 部族社会の芸術家 M・W・スミス編 木村重信他訳
076 キモノ・マインド B・ルドフスキー著 新庄哲夫訳
077 住まいの原型Ⅱ 吉阪隆正他著
078 実存・空間・建築 C・ノルベルグ=シュルツ著 加藤邦男訳
079* SD海外建築情報Ⅳ 岡田新一編
080* 都市の開発と保存 上田篤、鳴海邦碩編
081* 爆発するメトロポリス W・H・ホワイトJr.他著 小島将志訳
082* アメリカの建築とアーバニズム(上) V・スカーリー著 香山壽夫訳
083* アメリカの建築とアーバニズム(下) V・スカーリー著 香山壽夫訳
084* 海上都市 菊竹清訓著
085* アーバン・ゲーム M・ケンツレン著 北原理雄訳
086* 建築2000 C・ジェンクス著 工藤国雄訳
087* 日本の公園 田中正大著
088* 現代芸術の冒険 O・ビハリメリン著 坂崎乙郎他訳

089* 江戸建築と本途帳　西和夫著
090* 大きな都市小さな部屋　渡辺武信著
091* イギリス建築の新傾向　R・ランダウ著　鈴木博之訳
092* SD海外建築情報V　岡田新一編
093* IDの世界　豊口協著
094* 交通圏の発見　有末武夫著
095 建築とは何か　B・タウト著　篠田英雄訳
096 続住宅論　篠原一男著
097* 建築の現在　長谷川堯著
098* 都市の景観　G・カレン著　北原理雄訳
099* SD海外建築情報VI　岡田新一編
100* 都市空間と建築　U・コンラーツ著　伊藤哲夫訳
101* 環境ゲーム　T・クロスビイ著　松平誠訳
102* アテネ憲章　ル・コルビュジエ著　吉阪隆正訳
103* プライド・オブ・プレイス　シヴィック・トラスト著　井手久登他訳
104* 構造と空間の感覚　F・ウイルソン著　山本学治他訳
105* 現代民家と住環境体　大野勝彦著
106* 光の死　H・ゼーデルマイヤ著　森洋子訳
107* アメリカ建築の新方向　R・スターン著　鈴木一訳
108* 近代都市計画の起源　L・ベネヴォロ著　横山正訳
109* 中国の住宅　劉敦楨著　田中淡他訳
110* 現代のコートハウス　D・マッキントッシュ著　北原理雄訳
111 モデュロールI　ル・コルビュジエ著　吉阪隆正訳
112 モデュロールII　ル・コルビュジエ著　吉阪隆正訳
113* 建築の史的原型を探る　B・ゼーヴィ著　鈴木美治訳
114 西欧の芸術1 ロマネスク上　H・フォシヨン著　神沢栄三他訳
115 西欧の芸術1 ロマネスク下　H・フォシヨン著　神沢栄三他訳
116 西欧の芸術2 ゴシック上　H・フォシヨン著　神沢栄三他訳
117 西欧の芸術2 ゴシック下　H・フォシヨン著　神沢栄三他訳
118* アメリカ大都市の死と生　J・ジェイコブス著　黒川紀章訳
119* 遊び場の計画　R・ダットナー著　神谷五男他訳
120 人間の家　ル・コルビュジエ他著　西沢信弥訳
121* 街路の意味　竹山実著
122* パルテノンの建築家たち　R・カーペンター著　松島道也訳
123 ライトと日本　谷川正己著
124 空間としての建築(上)　B・ゼーヴィ著　栗田勇訳
125 空間としての建築(下)　B・ゼーヴィ著　栗田勇訳
126 かいわい[日本の都市空間]　材野博司著
127* 歩行者革命　S・プライネス他著　岡並木監訳
128 オレゴン大学の実験　C・アレグザンダー著　宮本雅明訳
129* 都市はふるさとか　F・レンツローマイス著　武基雄他訳
130* 建築空間[尺度について]　P・ブドン著　中村貴志訳
131* アメリカ住宅論　V・スカーリーJr.著　長尾重武訳
132* タリアセンへの道　谷川正己著
133* 建築VS.ハウジング　M・ポウリー著　山下和正訳
134* 思想としての建築　栗田勇著
135* 人間のための都市　P・ペータース著　河合正一訳
136* 都市憲章　磯村英一著
137* 巨匠たちの時代　R・バンハム著　山下泉訳
138 三つの人間機構　ル・コルビュジエ著　山口知之訳
139 インターナショナル・スタイル　H・R・ヒッチコック他著　武沢秀一訳
140 北欧の建築　S・E・ラスムッセン著　吉田鉄郎訳
141* 続建築とは何か　B・タウト著　篠田英雄訳
142* 四つの交通路　ル・コルビュジエ著　井田安弘訳
143 ラスベガス　R・ヴェンチューリ他著　石井和紘他訳
144 ル・コルビュジエ　C・ジェンクス著　佐々木宏訳
145* デザインの認識　R・ソマー著　加藤常雄訳
146* 鏡[虚構の空間]　由水常雄著
147 イタリア都市再生の論理　陣内秀信著
148 東方への旅　ル・コルビュジエ著　石井勉他訳
149* 建築鑑賞入門　W・W・コーディル他著　六鹿正治訳
150* 近代建築の失敗　P・ブレイク著　星野郁美訳
151* 文化財と建築史　関野克著
152* 日本の近代建築(上)その成立過程　稲垣栄三著
153* 日本の近代建築(下)その成立過程　稲垣栄三著
154 住宅と宮殿　ル・コルビュジエ著　井田安弘訳
155* イタリアの現代建築　V・グレゴッティ著　松井宏方訳
156 バウハウス[その建築造形理念]　杉本俊多著
157 エスプリ・ヌーヴォー[近代建築名鑑]　ル・コルビュジエ著　山口知之訳
158* 建築について(上)　F・L・ライト著　谷川睦子他訳
159* 建築について(下)　F・L・ライト著　谷川睦子他訳
160* 建築形態のダイナミクス(上)　R・アルンハイム著　乾正雄訳
161* 建築形態のダイナミクス(下)　R・アルンハイム著　乾正雄訳
162 見えがくれする都市　槇文彦他著
163* 街の景観　G・バーク著　長素連他訳
164* 環境計画論　田村明著
165* アドルフ・ロース　伊藤哲夫著
166* 空間と情緒　箱崎総一著
167 水空間の演出　鈴木信宏著
168* モラリティと建築　D・ワトキン著　榎本弘之訳
169* ペルシア建築　A・U・ポープ著　石井昭訳
170* ブルネッレスキ ルネサンス建築の開花　G・C・アルガン著　浅井朋子訳
171 装置としての都市　月尾嘉男著
172 建築家の発想　石井和紘著
173 日本の空間構造　吉村貞司著
174 建築の多様性と対立性　R・ヴェンチューリ著　伊藤公文訳
175 広場の造形　C・ジッテ著　大石敏雄訳
176 西洋建築様式史(上)　F・バウムガルト著　杉本俊多訳
177 西洋建築様式史(下)　F・バウムガルト著　杉本俊多訳
178 木のこころ 木匠回想記　G・ナカシマ著　神代雄一郎他訳
179* 風土に生きる建築　若山滋著
180* 金沢の町家　島村昇著
181* ジュゼッペ・テッラーニ　B・ゼーヴィ編　鵜沢隆訳
182* 水のデザイン　D・ベーミングハウス著　鈴木信宏訳
183* ゴシック建築の構造　R・マーク著　飯田喜四郎訳
184 建築家なしの建築　B・ルドフスキー著　渡辺武信訳

185 プレシジョン(上) ル・コルビュジエ著 井田安弘他訳
186 プレシジョン(下) ル・コルビュジエ著 井田安弘他訳
187* オットー・ワーグナー H・ゲレツェッガー他著 伊藤哲夫他訳
188* 環境照明のデザイン 石井幹子著
189 ルイス・マンフォード 木原武一著
190 「いえ」と「まち」 鈴木成文他著
191 アルド・ロッシ自伝 A・ロッシ著 三宅理一訳
192* 屋外彫刻 M・A・ロビネット著 千葉成夫訳
193 「作庭記」からみた造園 飛田範夫著
194* トーネット曲木家具 K・マンク著 宿輪吉之典訳
195 劇場の構図 清水裕之著
196 オーギュスト・ペレ 吉田鋼市著
197 アントニオ・ガウディ 鳥居徳敏著
198 インテリアデザインとは何か 三輪正弘著
199* 都市住居の空間構成 東孝光著
200 ヴェネツィア 陣内秀信著
201 自然な構造体 F・オットー著 岩村和夫訳
202 椅子のデザイン小史 大廣保行著
203* 都市の道具 GK研究所、榮久庵祥二著
204 ミース・ファン・デル・ローエ D・スペース著 平野哲行訳
205 表現主義の建築(上) W・ペーント著 長谷川章訳
206* 表現主義の建築(下) W・ペーント著 長谷川章訳
207 カルロ・スカルパ A・F・マルチャノ著 浜口オサミ訳
208* 都市の街割 材野博司著
209 日本の伝統工具 土田一郎著 秋山実写真
210 まちづくりの新しい理論 C・アレグザンダー他著 難波和彦監訳
211* 建築環境論 岩村和夫著
212* 建築計画の展開 W・M・ペニャ著 本田邦夫訳
213 スペイン建築の特質 F・チュエッカ著 鳥居徳敏訳
214* アメリカ建築の巨匠たち P・ブレイク他著 小林克弘他訳
215* 行動・文化とデザイン 清水忠男著
216 環境デザインの思想 三輪正弘著
217 ボッロミーニ G・C・アルガン著 長谷川正允訳
218 ヴィオレ・ル・デュク 羽生修二著
219 トニー・ガルニエ 吉田鋼市著
220 住環境の都市形態 P・パヌレ他著 佐藤方俊訳
221 古典建築の失われた意味 G・ハーシー著 白井秀和訳
222 パラディオへの招待 長尾重武著
223* ディスプレイデザイン 魚成祥一郎監修 清家清序文
224 芸術としての建築 S・アバークロンビー著 白井秀和訳
225 フラクタル造形 三井秀樹著
226 ウイリアム・モリス 藤田治彦著
227 エーロ・サーリネン 穂積信夫著
228 都市デザインの系譜 相田武文、土屋和男著
229 サウンドスケープ 鳥越けい子著
230 風景のコスモロジー 吉村元男著
231 庭園から都市へ 材野博司著
232 都市・住宅論 東孝光著
233 ふれあい空間のデザイン 清水忠男著
234 さあ横になって食べよう B・ルドフスキー著 多田道太郎監修
235 間(ま)――日本建築の意匠 神代雄一郎著
236 都市デザイン J・バーネット著 兼田敏之訳
237 建築家・吉田鉄郎の『日本の住宅』 吉田鉄郎著
238 建築家・吉田鉄郎の『日本の建築』 吉田鉄郎著
239 建築家・吉田鉄郎の『日本の庭園』 吉田鉄郎著
240 建築史の基礎概念 P・フランクル著 香山壽夫監訳
241 アーツ・アンド・クラフツの建築 片木篤著
242 ミース再考 K・フランプトン他著 澤村明+EAT訳
243 歴史と風土の中で 山本学治建築論集①
244 造型と構造と 山本学治建築論集②
245 創造するこころ 山本学治建築論集③
246 アントニン・レーモンドの建築 三沢浩著
247 神殿か獄舎か 長谷川堯著
248 ルイス・カーン建築論集 ルイス・カーン著 前田忠直編訳
249 映画に見る近代建築 D・アルブレヒト著 萩正勝訳
250 様式の上にあれ 村野藤吾著作選
251 コラージュ・シティ C・ロウ、F・コッター著 渡辺真理著
252 記憶に残る場所 D・リンドン、C・W・ムーア著 有岡孝訳
253 エスノ・アーキテクチュア 太田邦夫著
254 時間の中の都市 K・リンチ著 東京大学大谷幸夫研究室訳
255 建築十字軍 ル・コルビュジエ著 井田安弘訳
256 機能主義理論の系譜 E・R・デ・ザーコ著 山本学治他訳
257 都市の原理 J・ジェイコブズ著 中江利忠他訳
258 建物のあいだのアクティビティ J・ゲール著 北原理雄訳
259 人間主義の建築 G・スコット著 邊見浩久、坂牛卓監訳
260 環境としての建築 R・バンハム著 堀江悟郎訳
261 パタン・ランゲージによる住宅の生産 C・アレグザンダー他著 中埜博監訳
262 褐色の三十年 L・マンフォード著 富岡義人訳
263 形の合成に関するノート/都市はツリーではない C・アレグザンダー著 稲葉武司、押野見邦英訳
264 建築美の世界 井上充夫著
265 劇場空間の源流 本杉省三著
266 日本の近代住宅 内田青藏著
267 個室の計画学 黒沢隆著
268 メタル建築史 難波和彦著
269 丹下健三と都市 豊川斎赫著
270 時のかたち G・クブラー著 中谷礼仁他訳
271 アーバニズムのいま 槇文彦著
272 庭と風景のあいだ 宮城俊作著
273 共生の都市学 園紀彦著
274 ルドルフ・シンドラー D・ゲバード著 末包伸吾訳